国网江苏盐城供电公司综合能源服务系列教材

# 综合能源服务概论

主　编　施泉生
副主编　张　强　张文华　李勇健
　　　　龚　彧　赵文会　王　辉

上海财经大学出版社

**图书在版编目(CIP)数据**

综合能源服务概论/施泉生主编. —上海：上海财经大学出版社，2019.3

ISBN 978-7-5642-3215-3/F・3215

Ⅰ.①综…　Ⅱ.①施…　Ⅲ.①能源经济-研究　Ⅳ.①F407.2

中国版本图书馆 CIP 数据核字(2019)第 042795 号

□ 责任编辑　江　玉

□ 封面设计　贺加贝

**综合能源服务概论**

施泉生　主编

上海财经大学出版社出版发行

（上海市中山北一路 369 号　邮编 200083）

网　　址：http://www.sufep.com

电子邮箱：webmaster @ sufep.com

全国新华书店经销

上海华业装璜印刷厂印刷装订

2019 年 3 月第 1 版　2019 年 3 月第 1 次印刷

710mm×1000mm　1/16　15 印张　220 千字

定价：52.00 元

国网江苏盐城供电公司

综合能源服务系列教材

# 编 委 会


组　长：张　强

副组长：李勇健

成　员：周长华　纪文华　高乃天　陶　建　施泉生

　　　　赵文会　王　辉

本书作者：

主　编：施泉生

副主编：张　强　张文华　李勇健

　　　　龚　彧　赵文会　王　辉

成　员：陈晓萌　浦荣菁　唐　沛　邵明静

　　　　黄　聪　高乃天　晏　伟　董佳瑛　丁建勇

# 总　序

随着我国经济社会持续发展，能源生产和消费模式正在发生重大转变，能源产业肩负着提高能源效率、保障能源安全、促进新能源消纳和推动环境保护等新使命。在此背景下，传统能源系统建设路径和发展模式亟需改变，构建综合能源系统成为新形势下能源企业的战略选择。目前，世界很多发达国家都已将综合能源系统研究作为国家战略，通过推动技术研发、装备研制、工程示范和标准制定等措施，以期在新一轮能源变革和世界竞争格局中取得优势地位。在我国，2014 年习近平总书记提到能源革命，实际上是我国综合能源发展的起点。

基于综合能源系统，综合能源服务应运而生。综合能源服务是一种新型的为满足终端客户多元化能源生产与消费的能源服务方式，涵盖能源规划设计、工程投资建设、多能源运营服务以及投融资服务等方面。综合能源服务可看作是一种能源托管模式，以及在大数据和综合能源系统背景下对能源项目的精细化管理与对用能客户的精细化服务。

综合能源服务已经成为世界各国和各企业战略竞争的焦点。基于此，电网企业理应发挥自身优势，不断拓展市场空间，提供增值服务，实现从过去单纯的供电服务到综合能源供应商的定位转型。除了改革驱动外，市场需求也是推动公司转型发展的重要因素。新一代电力客户也开始呈现出交互需求旺盛、服务需求多样等新特点。基于技术水平和需求市场的日臻成熟，为客户提供节能咨询、电费金融等能源增值服务，不仅是供电企业新的效益增长点，更是优化供电服务的必然要求。

2018 年，国家电网公司明确表态，将加快构建以客户为中心的现代服务体系，同时提出要大力提质增效，延伸电网业务价值链，加快组建省级综合能源服务公司，积极开拓园区、工业企业、大型公共建筑等新型能源消费市场。从传统电能供应商到综合能源服务商的角色转变，不仅要因势而动，更要势在必行。发展综合能源服务，与党中央“构建清洁低碳、安全高效的能源体系”要求相符，更是贯彻落实能源“四个革命”、实现国有资产保值增值的具体举措。

在此背景下，电力公司的经营环境将产生深刻变化，原有的电力营销理念、营销模式、营销方法已经不再适用于目前的经营环境和业务。在向综合能源服务商转变的过程中，如何对电力公司营销部门员工进行综合能源服务营销技能培训，让其尽快适应新的环境、熟悉新的业务、掌握新的技能，是摆在电力公司人力资源部门面前的一大难题。为此，电力公司迫切需要一套针对性、接地气、强技能的综合能源服务电力营销培训教材，以切实提升电力公司营销部门员工的综合能源服务的业务和技能水平，奠定电力公司在未来综合能源服务市场竞争中的优势。

国网江苏省电力有限公司盐城供电分公司与上海电力大学“校企合作”，站在可持续发展的高度，深刻把握中国电力行业的发展趋势和特征，联合成立了综合能源服务系列教材编写委员会，决定开发综合能源服务系列教材。本系列教材包括《综合能源服务概论》《综合能源服务市场分析》《综合能源服务技术框架及业务模式》3 本。为了保证本系列教材能够适应综合能源服务商的定位与需求，编写人员深入广东、浙江、江苏、上海等地的综合能源服务企业与电力公司营销部门，进行实地走访和调研，了解综合能源服务的现状与营销业务人员的现实需求。在编写过程中，编写人员还广泛征求综合能源服务与电力企业营销专家的意见和建议，以确保教材能够满足综合能源服务商的需求，同时兼顾业务之间的典型性与相关性。

为了做到教材通俗易懂、深入浅出，作者在编写中注重实际操作，配备大量的图表，针对业务流程中需要重点关注的问题、难点进行阐述，供学员巩固学习效果和考核使用。综合能源服务系列教材能够培养电力营销业务人员的综合能源服务业务流程知识和操作技能，理解综合能源服务业务的内涵，掌握综合能源服务技术基础，发现并妥善处理综合能源服务营销中的疑难问题。

本系列教材的作者具有很高的理论水平和丰富的实践经验。这套教材既可作为各地电力公司综合能源服务培训的教材和参考书，也可用作科研院所、高校学生和教师的参考书。

# 前　言

习近平总书记在十九大报告中指出，必须坚定不移地贯彻创新、协调、绿色、开放、共享的新发展理念，对能源电力走绿色发展道路提出了新要求；2015年，习主席在联大发展会议上倡导“探讨构建全球能源互联网，推动以清洁和绿色方式满足全球电力需求”的中国方案，得到联合国的积极响应，被纳入联合国《2030年可持续发展议程》；国家《电力发展“十三五”规划》等一系列文件提出构建全球能源互联网、优化能源电力结构、着力提高能源效率、发展清洁能源等能源电力发展方向。实现能源开发上的清洁替代和能源消费上的电能替代(两个替代)，根本上是实现能源结构从化石能源为主向清洁能源的转变，这种趋势必将给能源新材料、新技术、新装备、新产业、新业态等的研究带来革命性变化。

随着我国经济社会持续发展，能源生产和消费模式正在发生重大转变，能源产业肩负着提高能源效率、保障能源安全、促进新能源消纳和推动环境保护等新使命。构建综合能源系统，有助于打通多种能源子系统间的技术壁垒、体制壁垒和市场壁垒，促进多种能源互补互济和多系统协调优化，在保障能源安全的基础上促进能效提升和新能源消纳，大力推动能源生产和消费革命。同时，随着能源互联网技术，分布式发电供能技术，能源系统监视、控制和管理技术，以及新的能源交易方式的快速发展和广泛应用，综合能源服务(集成的供电/供气/供暖/供冷/供氢/电气化交通等能源系统)近年来在全球迅速发展，引发了能源系统的深刻变革，成为各国及各企业新的战略竞争和合作的焦点。国内企业也纷纷掀起了向综合能源服务转型的热潮。2017年10月22日，国家电网公司下发《关于在各省公司开展综合能源服务业务的意见》，指出将综合能源服务放在更加突出的位置上，有利于巩固公司售电市场、扩展业务范围、提升客户服务新能力；有利于带动公司相关产业发展，培育新的市场业态，增加新的效益增长点。工作目标是发挥公司各方资源优势，做强做优做大综合能源服务业务，推动公司由电能供应商向综合能源服务商转变，打造新的利润增长点，提升公司市场竞争力。

本书主要分为能源发展的趋势及挑战、综合能源服务概述、综合能源服务市场潜力分析、国外典型国家综合能源服务发展现状与典型案例、国内综合能源服务发展现状、国内主要综合能源服务商的业务模式、上海电力大学临港校区智能微电网示范项目、南方电网的综合能源服务案例、国内综合能源服务其他典型案例等部分。

本书在写作过程中兼顾理论与实际的结合、实用和最新学术成果的结合。编写过程中参阅和引用了不少前辈和同行的工作成果，是他们的一些工作成果使得本书能够比较系统、全面地反映一些有关综合能源服务方面的最新研究成果。书中所引用部分作者的研究成果已经在参考文献中列出，在此表示衷心的感谢。

本书适合作为电力行业从事综合能源服务的研究人员、高级技术管理人员和有关专职人员的培训教材，也可作为从事能源行业，特别是新能源方面的相关从业者的培训教材和自学参考书，同样适合在校相关专业的高职、本科生和硕士研究生、高校教师与科研工作者使用。

由于作者的水平有限，书中难免有疏漏和不妥之处，恳请各方面专家、学者及广大读者批评指正。作者的电子邮箱：shiqs@126.com。

作 者

2019年3月

# 目　录

# 第一章○○○○○○○○○

# 能源发展的趋势及挑战

## 第一节　能源发展的基本特征

能源作为经济发展的动力和基础，为社会的进步提供了有力的支撑。以智能电网为核心的能源系统革命在全世界范围内推动了电力系统的信息化和智能化。对能源发展的预测已经成为了世界各国政府、能源企业进行规划和投资决策的重要依据。目前，国际上从事此类研究的机构众多，主要包括国际权威机构如国际能源署(IEA)、全球风能理事会(GWEC)、美国能源信息署(EIA)，大型能源公司如埃克森美孚(Exxon Mobil)、英国石油公司(BP)，国际能源公司如彭博新能源财经(BNEF)等。此类机构会发布能源展望或能源市场报告，统计能源发展数据，并对中长期全球能源市场发展趋势进行一定的预测分析和研判。

### 一、能源需求增加，结构低碳转型

多家能源研究机构认为，技术进步带来的能源效率的提升会使世界能源需求增速有所下降，但是未来世界能源需求总量仍将持续增长。英国石油公司预测在未来的 25 年里能源需求将增长约 33%，相较而言，埃克森美孚认为全球能源需求增长或在 25%左右,估计较为保守。[①]

英国石油公司和埃克森美孚均认同以中国和印度等国家为代表的新兴经济体将成为未来全球能源需求增长的主要驱动力。埃克森美孚认为,非经济合作与发展组织成员国(例如中国和印度等)对能源需求的增长或将达到 40%左右。英国石油公司的预测显示,到 2040 年,中国和印度将会占据全球能源需求增长的一半,随着中国向更可持续的经济增长模式过渡,其能源增长速度将会放缓,印度则将超越中国,成为全球增长最快的能源市场。

多能源研究机构预测,向更低碳的能源结构转型将会持续进行。美国能源信息署认为,到 2040 年,世界范围内除煤炭外其他燃料消费量均呈增加态势。彭博新能源财经预测,在 2018—2050 年,全球发电行业的煤炭消费量将下降 56%。英国石油公司指出,可再生能源的持续快速增长正在导致有史以来最多元化的能源结构,2040 年,预计石油、天然气、煤炭和非化石能源将提供世界能源的占比约为 25%,超过 40%的能源需求增长将来自可再生能源(如图 1－1 所示)。在"渐进转型"情境下,到 2040 年,全球碳排放将增加约 10%,高于为执行《巴黎协定》所需达到的降幅。而在"更快的转型"情景下,2040 年能够实现碳排放比 2016 年下降近 50%,电力行业接近完全脱碳,因为额外的减排量大部分来自发电。

中国是过去 20 年间世界最大的能源消费国,也是全球能源增长的最主要来源。英国石油公司的《世界能源展望(2018 年版)》表示,到 2040 年,中国将占世界能源消费总量的 24%,占全球净增长量的 27%。同时,中国能源结构将发生显著变化,在"渐进转型"情景下,煤炭在一次能源中的占比将从 2016 年的 62%下降至 2040 年的 36%,相对地,天然气比重几近翻番至 13%,可再生能源迅速扩张,将从 2016 年的 3%攀升至 2040 年的 18%,可再生能源将接替石油成为中国第二大能源来源。

---

① 王佳丽．世界能源未来何去何从——2018 全球主要能源展望报告分析[J]．能源,2018(9):92—96.

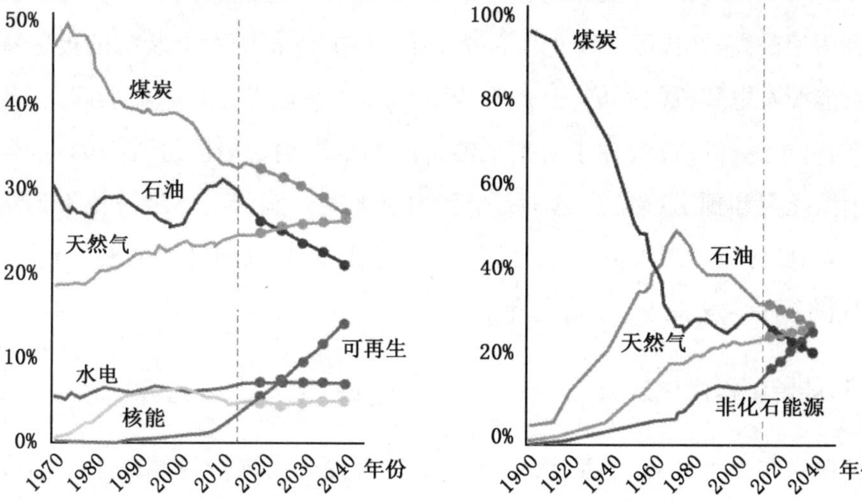


资料来源:英国石油公司。

**图 1—1　能源需求增长预测**

## 二、能源供需失衡,存在能源危机

自 2008 年金融危机以来,全球能源供应趋势呈现显著变化。原油价格从 2008 年逼近每桶 150 美元的最高位回落到 2015 年的每桶 30 多美元。据英国石油公司 2017 年最新统计,2016 年的原油价格是自 2004 年以来最低的年均价,尽管 2016 年全球天然气消费上升了 1.5%,但仍低于 2.3%的 10 年平均水平,而全球煤炭消费已连续两年下滑,全球能源消费乏力,2016 年一次能源消费仅增长 1%,几乎只有过去 10 年平均增长速率的一半。

当前全球能源供应过剩、供需失衡的格局已是不争的事实。一方面,能源生产国为获得能源收入,并无减产意向。2014—2015 年的油价暴跌就与沙特、伊拉克等石油输出国的大量增产密切相关。另一方面,一些重要的产油国受到能源供需失衡的严重冲击,委内瑞拉几乎面临国家破产的危局;而俄罗斯则因其与乌克兰的争端,受到欧美经济制裁,其向西方国家的原油出口被大规模限制,从而直接影响到本国经济发展和国民生活。然而,在全球传统能源市场哀鸿遍野之际,可再生能源却表现出强劲增长势头。据 21 世纪可再生能源政策网络(REN21)于 2017 年发布的数据显示，2016 年全球新增可再生能源装机容量达到历年最高，在连续 5 年的时间内，可再生能源新增发电装机的投资额约是化石能源发电装机的两倍，于 2016 年达到 2 498 亿美元。毫无疑问，在政策扶持下，可再生能源投资并未受到低油价的严重影响。但值得警惕的是，全球能源消费乏力却预示着经济走向一个新的衰退期。倘若实体经济找不到新的增长点，新能源危机爆发的可能性就会依然存在，一旦其与经济的波谷重合，极可能对整个社会发展造成致命重创。

## 三、能源结构优化升级

能源结构加速优化升级，清洁化水平显著提升。煤炭终端需求逐步被替代，2030 年在终端能源消费中占比将降至 20%左右，2050 年将降至 10%以下。天然气消费快速增长，油品增长相对缓慢，2050 年油气占终端能源消费的比重提升至 40%上下。电能在终端能源消费结构中的比重持续上升，在 2030 年前将超过煤炭成为最主要的终端用能品种。一次能源结构持续朝着清洁低碳方向调整，非化石能源在 2035—2040 年将成为第一大能源品种，2050 年占一次能源需求总量的比重将达到 46%～58%。

煤炭需求已进入下降通道，清洁高效利用势在必行。煤炭需求峰值出现在 2013 年，峰值消费量为 28 亿吨标准煤。在常规转型情景下，煤炭需求在经历峰值平台期后较快下降，2030 年将降至 24.4 亿吨标准煤，2050 年将降至 10.0 亿吨标准煤。在电气化加速情景下，煤炭需求下降速度更快，2030 年将降至 22.6 亿吨标准煤，2050 年将降至 7.2 亿吨标准煤。随着煤炭清洁高效利用步伐加快，终端散煤利用逐步转为发电供热集中利用，终端煤炭需求和污染物排放将大幅下降。

电气化水平持续提升，电能成为能源供应和消费主体。电能在终端能源消费结构中的占比持续提升，2030 年将提高至 30%左右，2050 年将增至 35%～46%。建筑部门是电气化水平和提升潜力最高的部门，电气化水平从 2015 年的 29%将提高到 2050 年的 46%～66%。工业部门电气化水平从 2015 年的 23%将提高到 2050 年的 42%～49%。随着终端电气化水平的提高，发电能源占一次能源的比重也持续上升，常规转型情景下在 2035 年将超过 50%，电气化加速情景下在 2025 年即超过 50%，并在 2050 年达到 69%左右。①

图 1—2 为中国能源消费结构预测。未来 20 年，随着经济发展方式转变和能源效率不断提高，我国能源消费增速将不断下降。预计我国能源需求将由 2016 年的 43.6 亿吨标准煤增长到 2035 年的 51.4 亿吨标准煤，增长 17.9%，年均增长 0.9%。化石能源中，天然气年均增长 4.6%，石油年均增长 1.6%，煤炭年均下降 0.6%。核电和非水电可再生能源增长较快，年均增速分别达到 6.1%和 7.4%。能源结构优化取得显著成效，化石能源的比重将由目前的 88%下降到 2035 年的 80%左右。非化石能源的比重将由目前的 13.4%提高到 2035 年的 20.0%，其中风电、光伏等其他可再生能源的比重将由 1.4%提高到 8.3%。②

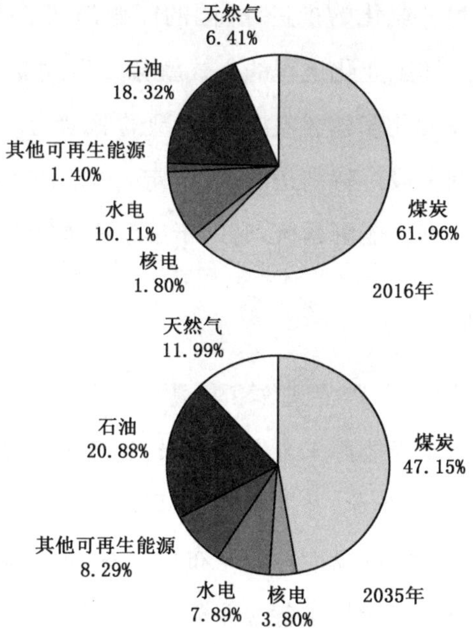


**图 1—2 中国能源消费结构预测**

① 张宁，邢璐，鲁刚．我国中长期能源电力转型发展展望与挑战[J]．中国电力企业管理，2018(13)：58—63.

② 刘国华，谷屹，孙庆丰，等．新能源发展趋势研究[J]．石油石化绿色低碳，2018，3(1)：6—14.

## 第二节　能源发展的基本趋势

虽然智能电网建设取得了显著的成绩，但是人们逐渐意识到单靠智能电网难以实现大规模可再生能源的消纳，以及能源系统的综合规划、运行、管理和梯级利用，难以实现能源系统总体安全可靠性的增强，以及能源费用的降低。传统的能源生产、传输和消费方式极大限制了个体作用发挥的空间，如单个能源用户、小型分布式发电供能设备拥有者以及小型能源服务商（如分布式能源聚合商），从而丧失了能源市场化的重要原动力。[①]

### 一、能源战略转型

随着经济的发展和工业化的推进，一国的能源消费总量逐渐达到上限，以能源消费推动经济发展和工业化进程的方式就会发生改变，环境保护和能源安全将成为能源战略向多元化和清洁化方向转型的驱动力。我国目前正处于这一关键的能源战略转型阶段。特别是《巴黎协定》正式生效后，我国能源战略转型更是迫在眉睫。构建综合能源系统，有助于推动我国能源战略转型。[②]

### 二、业务模式创新

在能源发展的大趋势下，跨界进军新能源行业增多，单一能源企业会向综合性能源企业转变。基于新能源未来发展前景，近年来诸多国际油气公司纷纷调整发展战略，进军新能源行业，并加大投入，以求实现从油气公司向综合性能源公司的转变。从各大公司的新能源战略布局来看，各公司在风能、太阳能、生物质、地热能源、氢燃料及储能技术各大业务板块各有侧重，取得了不同程度的竞争优势。[③]

---

① 吴建中．欧洲综合能源系统发展的驱动与现状[J]．电力系统自动化，2016，40(5)：1—7.

② 曾鸣．构建综合能源系统[J]．中国电力企业管理，2018(10)：57—59.

③ 刘满平．新能源产业的六大挑战和八大趋势[J]．中国石化，2018(8)：33—36.

国内，中国石油、中国石化、中国海油三大石油石化公司也较早就进入新能源产业，加大力度推进清洁能源的开发和生产。例如，中国石油侧重发展生物质能源产业，中国石化高调进军甲醇开发，中国海油未来重点发展海上风力发电等。此外，部分非能源企业例如房地产开发企业恒大集团、华夏幸福，制造企业格力，互联网企业百度、阿里巴巴等，也纷纷宣布将进入新能源行业。可见，未来将有更多的传统能源企业和非能源企业跨界进军新能源行业，之前单一的能源企业将向综合性能源企业转变，以培育新的业绩增长点，提高抵抗市场风险的能力。

在能源业务模式方面，能源行业内的新模式、新业态将大量涌现。随着我国新一轮电力体制改革的深入推进，再加上大数据、能源互联网、物联网、智慧能源、区块链技术、人工智能等相关能源科技日新月异的发展，未来新能源行业将催生很多不同于传统的企业模式，其经营方式也会发生很大改变。例如，新兴的互联网技术与新能源产业的结合将给新能源行业带来颠覆性的变革，共享经济有可能使新能源的边际成本降到零，越来越多的企业、公用建筑和家庭，在消费新能源的同时，开始成为新能源生产者。再如，在电动汽车、灵活性资源、绿色能源灵活交易、能源大数据与第三方服务等领域内，已经出现多种企业创新模式，正在重塑新能源行业的商业模式，推动新能源市场开放和产业升级，形成新的经济增长点。

## 三、可再生能源蓬勃发展

### （一）政策推动可再生能源发展

受环境约束影响，根据 21 世纪可再生能源政策网络统计，目前全球已经有 173 个国家和地区设定了可再生能源发展目标，146 个国家和地区颁布了可再生能源支持政策（上网电价、配额制等）。例如，苏格兰提出，到 2020 年，其近 100％的电力消费来自再生能源；德国提出，到 2030 年可再生能源占能源最终消费比率为 30％，可再生能源发电将占全部电力消费的 50％；法国提出，2030 年可再生能源占其电力消费总量的 40％；巴西提出，2030 年非水电可再生能源占其电力总消费量的23%；中国提出，2030年非化石能源占能源消费总量的20%；美国提出，2030年将电力消费中的可再生能源占比提高至20%；越南提出，到2020年实现可再生能源发电量占比至少达到7%，到2030年将该比例进一步提高到10.7%；印度提出，到2022年实现太阳能装机容量达到100吉瓦，风电装机容量达到60吉瓦。如果上述目标得以实现，将极大促进可再生能源发展，届时风电和太阳能发电装机将至少增加3～5倍。①

（二）可再生能源消费占比将快速上升

国际能源署2016年的预测数据显示，到2021年可再生能源在全球能源消费结构中的占比将增至42%，与此同时，可再生能源发电在电力能源中的占比将达到28%(2015年为23%)。根据英国石油公司预测，到2035年，可再生能源(包含生物燃料)在能源整体消费量的占比将从目前的3%上升到8%。增长最快的能源是可再生能源(年均6.3%)，核能(年均1.8%)和水电(年均1.7%)的增速也超过总能源消费增速。国际能源署预计，到2040年，可再生能源发电将占总发电量的37%，在这之中，几乎一半电力来自风能、太阳能，并且大多数可再生能源发电不依赖任何补贴也极具竞争力。其中，供热和交通领域的新增潜力最大。而国际货币基金组织(IMF)在2017年1月公布的《世界经济展望报告》预测，未来两年全球经济将分别增长3.4%和3.6%，明显高于2016年的3.1%。全球经济预期的好转将在很大程度上加速可再生能源进入高速发展期。

（三）可再生能源成本将急剧下降

可再生能源技术的进步将直接降低其投资成本及使用成本，较化石能源更具竞争力，尤其是太阳能和风能发电的成本将急剧下降。国际能源署预计，2020年陆上风电成本有望比2015年降低12%，公共事业规模光伏发电成本则有望降低25%。国际可再生能源署预计，太阳能光伏发电的成本到2025年将比2015年下降59%，从13美分/千瓦时降至5.5美分/千瓦时；槽式聚光光热发电成本将下降37%，从17美分/千瓦时降至11美分/千瓦时；塔式光热发电

① 汪波，李朝前．全球可再生能源发展现状及趋势[J]．中国物价，2018(5)：44—47.

成本将下降43%，从17美分/千瓦时降至9美分/千瓦时；陆上风电成本将下降26%，从7美分/千瓦时降至5美分/千瓦时；海上风电成本将下降35%，从18美分/千瓦时降至12美分/千瓦时。彭博新能源财经预计，2016—2040年，全球可再生能源领域将吸引投资7.8万亿美元，从而使太阳能光伏发电和陆上风电的平准化成本比2015年分别下降41%和60%。

（四）非欧国家可再生能源发展将实现弯道超车

收入和人口是能源需求增长背后的关键推动因素。因此，中国、印度等发展中大国毋庸置疑将成为可再生能源最大的增长点。2015年，中国的能源消费增长1.5%，创近20年来的最低增幅。尽管如此，中国已连续15年成为全球最大的能源增长市场。彭博新能源财经预测，到2021年中国在全球水电领域的份额将占到36%左右，风力发电约占40%，太阳能约占36%。根据中国《可再生能源发展"十三五"规划》，到2020年，中国预计新增水电装机60吉瓦，新增风电装机80吉瓦，新增太阳能发电装机70吉瓦，可再生能源领域共计新增投资2.5万亿元人民币。英国市场调研公司（IHS）预计，印度的太阳能市场蓄势待发将使印度超越日本成为世界第三大市场。另根据英国石油公司预测，短期内欧盟继续引领可再生能源使用，但到2035年，欧盟可再生能源的增量将被美国超越，而中国增量将超过欧盟和美国之和。

（五）国际顶尖企业跨界能源领域

进军可再生能源业成为国际顶尖企业尤其是高科技公司发展的潮流。这一趋势不可小觑，顶尖企业跨界有望重塑全球新能源格局。目前，在美国硅谷等地区，诸多顶尖企业都开始购买可再生能源，同时生产自需能源。根据波士顿大学可持续能源研究所研究显示，目前购买可再生能源最多的有24家企业，包括谷歌、亚马逊、微软、宜家、Equinix、玛氏、陶氏化学、沃尔玛、Facebook等。除此之外，还有中国的阿里巴巴也参与其中。面对传统能源形成的多种行政壁垒，高科技公司进入能源业，首选的就是新能源，如风能、太阳能等。此外，由于油价疲软，壳牌也开始大量投资绿色能源领域，进军英德两国海上风电市场；挪威国家石油公司也在2017年投资阿布扎比海上风电。当高科技和海量资本进入可再生能源界，传统能源巨头需重新审视自身竞争力，可再生能源领域竞争将更加激烈。

作为经济发展的动力和血脉，无论发达国家还是发展中国家，都把能源发展和安全摆在重要的战略位置。对于当前宏观经济正面临着转型升级重大挑战的中国而言，能源的重要性愈发凸显。目前，中国已成为全球发展最快的原油、炼油和天然气生产大国以及全球原油和天然气消费大国。受制于能源结构禀赋以及新能源技术本身的突破瓶颈等因素，中国在新能源推广上显得步履维艰，能源转型已经被提升到国家战略层面。从整体来看，无论是传统能源技术升级还是新能源技术快速突破，中国能源工业都面临着从结构到技术、从管理到体制等一系列重大的挑战。①

## 第三节　能源发展面临的主要挑战

### 一、可再生能源发展受限

与 2016 年相比，2017 年我国可再生能源发展有了长足的进步，特别是在继续新增发电装机的情况下，全国各地的弃风、弃光率都有了明显的下降。虽然困扰风电、光伏发电的并网问题有了明显缓解，但仍没有得到根本消除，特别是重点地区仍然比较严重。根据国家能源局的统计数据，2017 年前 3 个季度，川桂滇 3 省区的弃水电量超过了 400 亿千瓦时，全国弃风电量接近 300 亿千瓦时、弃光电量 50 亿千瓦时，合计 750 亿千瓦时，是我国第二大水电站溪洛渡电站年平均发电量的 1.3 倍。其中，重点地区的甘肃、新疆的弃风率达到 30％，弃光率也在 20％左右。

此外，风电、光伏发电的补贴拖欠问题仍没有得到有效解决。虽然国家在 2017 年推出了“风电平价上网示范”，并通过开展第三批光伏“领跑者”竞争性招

① 张化冰．从国家层面以系统政策推进中国能源转型——访中国社会科学院工业经济研究所能源经济研究室主任朱彤[J]．电力设备管理，2018(7)：32—36.

标方式促进成本下降，但在2020年前，新能源依赖补贴的局面仍将持续。而可再生能源电价附加补助自2015年从0.004元/千瓦时提高到0.019元/千瓦时之后，就没有再进行调整。到2016年底，补贴缺口估计在600亿元以上，2017年创纪录地新增了新能源发电装机，致使补贴缺口进一步扩大。补贴发放目录也没有进一步更新，自2016年8月公布了第六批可再生能源电价附加资金补助目录后，2017年仅组织申报了第七批目录，也仅涉及2016年3月底前的并网项目，没有公布第七批最终补贴目录。补贴缺口扩大及延迟发放，已成为影响企业的经济效益和可持续发展能力的重大不确定性因素。[①]

## 二、"5・31"新政对光伏产业的影响

2018年5月31日，国家发展和改革委员会、财政部、国家能源局三部委联合下发《关于2018年光伏发电有关事项的通知》(发改能源〔2018〕823号)，如图1—3所示，对2018年光伏发电新增建设规模、补贴退坡、资源配置市场化等事项做出安排。该文件于6月1日在国家发展和改革委员会、国家能源局官网公开发布。"5・31"新政几乎重塑了光伏价格政策体系，改写了光伏行业的游戏规则。

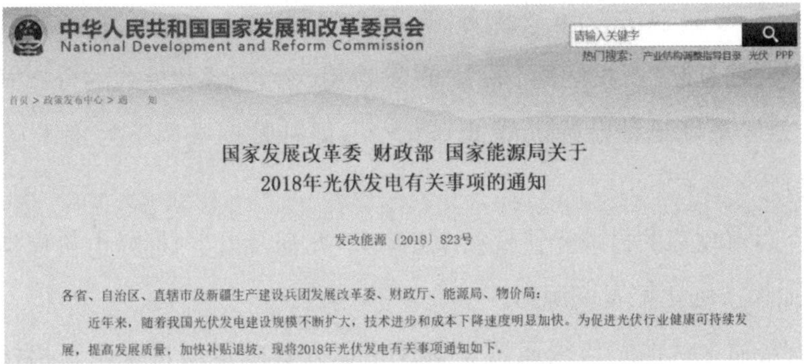
中华人民共和国国家发展和改革委员会
National Development and Reform Commission
请输入关键字
热门搜索：产业结构调整指导目录 光伏 PPP
首页 > 政策发布中心 > 通　知

国家发展改革委 财政部 国家能源局关于
2018年光伏发电有关事项的通知

发改能源〔2018〕823号

各省、自治区、直辖市及新疆生产建设兵团发展改革委、财政厅、能源局、物价局：

近年来，随着我国光伏发电建设规模不断扩大，技术进步和成本下降速度明显加快。为促进光伏行业健康可持续发展，提高发展质量，加快补贴退坡，现将2018年光伏发电有关事项通知如下。

**图1—3　关于2018年光伏发电有关事项的通知**

① 高虎，肖新建.2017年我国非化石能源发展形势及展望[J].中国能源，2018,40(1):23—26.

(一)“5·31”新政主要内容

这份文件的主要内容可以用“降”字来概括:降规模,降补贴,降上网电价。

1. 暂不安排2018年普通光伏电站建设规模

在国家未下发文件启动普通电站建设工作前,各地不得以任何形式安排需国家补贴的普通电站建设。

2. 分布式光伏规模限于1 000万千瓦且截止点提前至5月31日

2018年安排1 000万千瓦左右规模用于支持分布式光伏项目。各地在2018年5月31日(含)前并网的分布式光伏发电项目纳入国家认可的规模管理范围,未纳入国家认可规模管理范围的项目由地方依法予以支持。

3. 继续支持光伏扶贫项目,有序推进领跑基地建设

在各地落实实施条件、严格审核的前提下,及时下达“十三五”第二批光伏扶贫项目计划。至于2018年是否再组织领跑基地建设及安排多大规模、何时启动,将视光伏发电规模优化情况再行研究。

4. 标杆电价和分布式度电补贴统一下调5分钱

自发文之日(2018年5月31日)起,新投运的光伏电站标杆上网电价每千瓦时统一降低0.05元,Ⅰ类、Ⅱ类、Ⅲ类资源区标杆上网电价分别调整为每千瓦时0.5元、0.6元、0.7元(含税)。

自发文之日起,新投运的、采用“自发自用、余电上网”模式的分布式光伏发电项目,全电量度电补贴标准降低0.05元,即补贴标准调整为每千瓦时0.32元(含税)。

符合国家政策的村级光伏扶贫电站(0.5兆瓦及以下)标杆电价保持不变。

5. 加大市场化配置资源力度

所有普通光伏电站均须通过竞争性招标方式确定项目业主。招标确定的价格不得高于降价后的标杆上网电价。

积极推进分布式光伏资源配置市场化,鼓励地方出台竞争性招标办法配置除户用光伏以外的分布式光伏发电项目,鼓励地方加大分布式发电市场化交易力度。

各地、各项目开展竞争性配置时,要将上网电价作为重要竞争优选条件。

在文件发布当日,国家能源局还发布政策解释文章,针对下一步如何支持光伏发展这一问题,提出了保障光伏发电消纳、规范光伏发电发展、推进市场化交易以及落实优先调度要求四点措施。其中,关于光伏市场化交易,能源局明确,将在试点基础上,出台鼓励光伏发电与用户直接交易的支持政策,有效降低交易费用,继续推进新能源微电网等有利于分布式光伏发展的新业态和新模式。

(二)"5·31"新政的影响:行业依靠补贴无法壮大

行业依靠补贴无法壮大是共识,降电价是大势所趋。从企业来看,依然没有来得及考虑未来光伏应该怎么发展。继续等待国家能源局以这种规模管控的方式每年给一定的指标,还是彻底调整当前的电价机制,未来光伏市场应如何参与售电市场,未来瓶颈是什么,这些问题才是关系到我国光伏前景的重点。①

无论从电力市场角度还是从行业发展的阶段,标杆上网电价政策都走到了要改革的路口。现有的标杆电价是通过"装机成本+合理收益"倒推出来的,在行业发展早期,固定电价对投资收益的保障很有必要。但随着市场规模越来越大,成本下降比预期要快很多,电价下降速度慢于成本下降速度就会出现大量装机,补贴资金要么增加来源,要么就会出现缺口,规模越大,缺口越大。

在这种情况下,应尽快进行电价政策改革,首先由固定电价转向度电固定补贴,即"国家每度电补多少钱"。另外,再通过规模来指导电价的下调,而不是通过固定的时间节点来下调。譬如 0.37 元/千瓦时的电价有 15 吉瓦的新增规模,一旦新增量达到之后,电价会继续下调一档。电价如果确实很高,会有很多开发企业抢装,市场迅速填满。对于分布式项目,小而分散是最大的特点,如果走招标,公共管理成本较高,完全可以考虑这种规模指导电价的模式。

对于地面或者大型电站走全额上网模式的,全部走竞价流程。国家能源局曾经在 2016 年、2017 年推动各省份的普通地面招标,但是各省份并不希望电价

① 彭澎."531"新政下的光伏市场[J]. 中国电力企业管理,2018(16):45—47.

出现大规模下调，所以招标都是很小幅度的下降，没有起到大幅降电价的作用。最后是领跑者基地通过城市之间和开发企业的两轮竞争，实现标杆电价大幅下降。青海领跑者投标的最低电价已经低于当地脱硫脱硝火电上网电价，为国家节约了大量补贴。未来地面光伏的招标模式，要参考领跑者基地的经验和基础，通过地方、项目两轮竞争，一定会出现比脱硫脱硝火电更低的电价，完全可以倒补给可再生能源基金。

（三）新政严格指标的例外：扶贫

在此次新政中，国家能源局对各路指标严格控制，但唯有一个例外：光伏扶贫。①

新政明确："支持光伏扶贫。落实精准扶贫、精准脱贫要求，扎实推进光伏扶贫工作，在各地落实实施条件、严格审核的前提下，及时下达'十三五'第二批光伏扶贫项目计划。"在 2018 年 6 月 1 日的答记者问中，国家能源局更是明确：当年将下达"十三五"第二批光伏扶贫项目计划。

根据"十三五"规划，2018 年全年扶贫指标在 8 吉瓦左右。第一批光伏扶贫规模 4.186 吉瓦，集中式扶贫电站于 6 月 30 日前实现并网，村级扶贫电站年底建成。按照往年下发规模，第二批扶贫项目规模在 4 吉瓦左右，全年合计 8 吉瓦左右。

除此之外，扶贫上网电价不下调。新政明确：为积极支持光伏扶贫，维持符合国家政策的村级光伏扶贫电站（0.5 兆瓦及以下）标杆电价不变。

## 三、能源转型困难

近年来，在应对全球气候变化成为国际主流议题的大背景下，以大力发展可再生能源替代化石能源为主要方式的能源转型已成为很多国家能源政策的重要内容。

国际能源署预计，2020 年中国能源需求将达到 50 亿吨标准煤，到 2035 年

---

① 王康鹏，史雅桑．531 新政最后的四个机会[EB/OL]. https://news.solarbe.com/201806/13/288951.html.

将超越美国成为全球最大的能源消耗国。中国能源改革创新刻不容缓，转型面临诸多挑战，但雄心勃勃的发展目标难以掩盖能源转型进程的艰难。

相比世界其他主要经济体和能源消费大国，中国能源转型的难度和复杂性居于首位，大体上，中国能源转型之难有四：一是能源消费体量大，中国已经成为世界第一大能源消费国；二是中国工业化和城市化均未完成，能源消费总量还处于递增阶段，能源消费总量在一段时期内依然有继续增长的内在动力，而德国、日本、英国和其他后工业化国家已经进入能源消费总量下降阶段；三是中国能源消费结构中煤炭占比极高，虽然增长较快，但在前些年作为化石能源中清洁能源的天然气占比非常低，长期以来属于全球最低的国家之一；四是碳减排压力大，时间紧。中国承诺到 2030 年碳排放达到峰值。虽然近几年碳排放增速下降加快，但无论从能源的量级、能源需求的增长还是能源结构和碳减排目标看，中国的能源转型将面临前所未有的、其他国家所难以想象的挑战。

## 四、能源转型障碍

中国能源转型的首要障碍在于产业界、理论界和实操部门不同程度地存在着对能源转型简单化、程式化的理解倾向。而在这一思维和观念影响下，中国向可再生能源转型的障碍主要表现在三个方面：

第一，能源转型被简化为单纯提高可再生能源份额问题，能源转型的推进也被归结为完全取决于政府的决心。似乎只要政府政策力度大，补贴到位，能源转型就能成功。

第二，目前的主流观点倾向于把可再生能源的成本竞争力作为向可再生能源转型的关键问题，认为随着风电和光伏发电成本进一步下降到可以与常规能源竞争，向可再生能源发展面临的问题就迎刃而解。然而，向可再生能源转型中的关键问题其实不是成本问题。

第三，能源转型的长期性和复杂性没有得到正确理解和足够重视。人类历史上的能源转型都需要经历相当长的时间：煤炭取代薪柴成为主导能源经历了 140 年左右，石油超过煤炭成为主导能源经历了 90 年左右。可再生能源由于能量密度低、资源的位置限制、转换效率等方面的限制，其要替代化石能源注定要花更长的时间。比如，从19世纪70年代末法国最早开始利用水力涡轮机发电到今天，虽已经历了130多年，但水电在全球一次能源消费中的比重也仅为6%左右，20世纪30年代风力涡轮机发电、60年代光伏发电产生以来，风电与光伏发电在全球一次能源消费中的比重迄今只有2%多一点。

然而，实践中诸如可再生能源转型的这种“长期性”和“复杂性”却没有成为推动全面、深入研究能源转型的动力，反而被一些不愿意推进能源转型的市场主体作为借口拖延转型进程。缺乏对能源转型具体历史进程的深入研究和深刻理解，直接导致了对能源转型的简单化理解，进而造成当前中国能源转型实践战略思维缺位，政策应对往往抓不住主要矛盾，经常是头痛医头、脚痛医脚，甚至是头痛医脚。

能源转型通常表现为一次能源品种主导地位的更替，新能源取代旧能源。但新能源份额的提升只是能源转型的一个浅层表现，或者说，仅仅是一次成功的能源转型的自然结果。对一个国家而言，完整理解能源转型的内涵是确立正确的能源转型战略，以及能源转型能够顺利推进的前提，至少应从三个方面来理解很多国家当前正在推进的能源转型。

首先，能源转型决不仅仅是在现有能源体系中单纯提高可再生能源或非化石能源比重，更重要的是要有能源体系的结构性变化。其次，每次能源转型都会涉及利益关系的再调整，都会产生失败者和成功者。随着石油逐步替代煤炭，石油供应商及相关企业崛起，部分煤炭供应及相关企业倒闭；随着可再生能源对化石能源替代的深入，可再生能源企业与化石能源企业之间的竞争将日益激烈。再次，对当前能源转型的长期性和复杂性要有清晰认识与足够重视，尤其是电网系统要主动进行变革，以适应可再生能源发展的要求。

与化石能源特性完全耦合的现有能源体系特别是电力系统，必须变革以适应可再生能源分布式、小功率特点。没有能源体系特别是电力系统的适应性变革，现有能源体系容纳可再生能源发展的空间相当有限。在这种情况下，如果政府不能正确把握能源转型的大方向，以及由此导致的利益关系的再调整，或者受到旧能源集团的影响，就可能出台阻碍能源转型的政策。

例如在19世纪初，荷兰传统主导能源泥炭的消费地位受到发热量更高的进口煤炭威胁时，荷兰政府采取各种措施，包括征收煤炭进口关税，来保护本国泥炭产业，其结果不仅延迟了荷兰能源体系向煤炭转型，而且使本已开始衰退的荷兰经济雪上加霜。事实上，从能源转型的历史看，一种能源替代另一种能源并获得主导地位，需要几十甚至上百年时间。而当前的能源转型实质是可再生能源对化石能源的替代，从宽泛的意义上讲，也可以说是非化石能源对化石能源的替代。与历史上的能源转型相比，其复杂性与长期性均更胜一筹。

从复杂性看，可再生能源是多个品种的集合，其中任何一个能源品种都不具备成为单一主导能源的潜质。而且这些可再生能源品种的技术特性也不完全相同：水电基本与现有基于化石燃料的电力系统兼容，风能和太阳能则更适合分布式、小功率，生物质能则分布式、集中式均可。从长期性看，作为替代能源主力军的可再生能源，其能量密度与被替代的化石能源相比并无优势，即使考虑到政策的积极因素，也需要更长的时间来使其孕育出竞争优势，方有可能成为主导能源。

要将这些能源利用技术整合为一个有机的新能源体系，将面临更多的技术、组织和制度方面的复杂性。对此，政府的政策制定与实施部门应予高度重视。

## 五、电力系统调度灵活性与运行管理制度挑战

我国自改革开放以来所采用的能源和电力发展战略成功地保障了电力供应，为快速增长的经济提供了动力，目前依然影响着电力系统的发展。我国经济进入新常态以来，煤炭发电厂产能过剩明显，在未来的电力系统中，有出现投资搁浅和化石能源技术锁定的风险。此外，电厂和互联电网的调度运行受到传统电力市场交易制度和地方利益壁垒的影响，无法适应大规模风电和太阳能发电等波动性电源的发展。我国的电力体制改革正在进行，这些问题均应得到解决，为电力系统的运行和发展创造一个全新的框架。然而，由于制度障碍以及

缺乏针对不同省份的共同目标，目前电力市场改革推进缓慢，区域电力市场在市场设置和计划安排方面的合作往往存在明显的利益冲突。在电力体制改革不到位的情况下，的确会影响不同省市现实的本身利益。可喜的是，党的十九大的定调一定会加快电力体制改革的进程，上述问题会在电力体制深化改革的过程中逐步得到解决。①

## 第四节 能源互联网与综合能源管理

能源互联网的概念最早见于美国学者杰里米·里夫金的著作《第三次工业革命》。里夫金的构想是希望借助信息和通信技术（Information and Communication Technology，ICT）和智能电网，将各类分布式发电设备、储能设备和可控负荷有机统合，从而为用户提供清洁便利的能源供应，并使用户可以参与到能源的生产、消费与优化的全过程。

此后，能源互联网理念得到很多学者及 IT 企业的积极响应，并已成为近期能源领域的一个研究热点。但与综合能源系统一样，能源互联网至今尚未形成统一定义。有学者尝试给出一种定义框架：能源互联网是以电力系统为核心，以互联网及其他 ICT 技术为基础，以分布式可再生能源为主要一次能源，并与天然气网络、交通网络等系统紧密耦合而形成的复杂多网络多能量流系统。

能源互联网解决方案由于受互联网理念的影响，强调能源的对等开放、即插即用、广泛分布、高度智能以及实时响应等特性，需要借助 IT 领域的云计算、物联网、大数据等热点技术来解决其所面临的挑战，使得除能源企业外，还有大量 IT 企业积极参与该领域的研究和技术推广。②

### 一、能源互联网发展理念

近年来，随着化石能源枯竭以及环境危机加重，人类社会发展与传统能源

① 陈向国．能源系统发展面临的问题及挑战[J]．节能与环保，2017(11)：18—19.

② 余晓丹，徐宪东，陈硕翼，等．综合能源系统与能源互联网简述[J]．电工技术学报，2016，31(1)：1—13.

结构的矛盾日益突出，世界范围内对能源供给与结构转变的需求愈发高涨，能源产业催生众多发展方向，出现了能源互联网、分布式能源、低碳、可再生能源、绿色能源和智慧智能等热词。这些词汇存在一些内在的共性：互联、高效、服务和友好。互联是指同类能源互联（区域电网、气网等）、不同能源互联（如燃气转换为电、电转换为热等）以及信息互联（如大数据与智慧城市、不同行业和部门间的信息沟通等）；高效是指通过系统优化配置实现能源高效利用；服务是指从传统工程模式转化为向用户直接提供服务的模式；友好是指不同供能方式之间、能源供应与用户之间友好互动。

能源互联网是能源与信息深度融合的产物，是推动能源改革的必然之路。目前能源供应模式已从集中式逐渐向集中式、分布式、微电网、户用式等多元供应发展。新能源发电技术、清洁能源发电技术、储能技术以及信息技术的发展，使能源互联网在技术上成为必然。另外，信息技术包括物联网、大数据和云计算等技术，支撑着能源高效互联以及用户侧的友好交互。能源互联网的重点包括分布式发电、智能配电、智能用电以及用户侧的服务，其体现了三个密集特点：技术密集、资金密集和资源密集。在能源互联网的背景下，需求侧响应以及综合能源服务快速发展。

## 二、我国对能源互联网关注的重点

在我国，有效提升能源领域的科技创新和装备制造水平是一项重大国家战略。因此，继智能电网大规模建设后，能源互联网同时吸引了包括政府部门、研究机构、能源企业、IT 企业、互联网企业和金融企业的高度关注。李克强总理多次提及里夫金的著作，并以国家形式推动“互联网＋”行动，在能源领域即表现为能源互联网。为此，国家能源局制定并将颁布能源互联网国家行动计划，将其提升至国家战略层面。

能源领域的国家电网公司提出了全球能源互联网概念，可视为国家“一带一路”战略在能源领域的一次大胆尝试。新奥集团在其泛能网理念基础上，进一步推出互联网能源系统概念。华为公司专门成立电力、石油及天然气行业的研发团队，进军分布式光伏发电以及智能变电站等领域，并提出全联接电网概念。从中可感受到中国民营企业在能源领域的灵敏嗅觉。

## 三、全球能源互联网

全球能源互联网方案由国家电网公司提出，它是以特高压电网为骨干网架，并以输送清洁能源为主，以实现“一极一道”为目的构建的跨国乃至跨洲大型能源网络。尽管该方案存在技术上的可行性，但国际间的任何能源合作与网络互联均涉及复杂的国与国之间的政治博弈，其实现的壁垒往往不在技术层面。类似的问题也存在于欧洲各国的互联电网，它是伴随着欧洲各国一体化进程而实现的，若没有这一重大政治因素的有力推动和支持，其能否实现必然要打上一个问号。一个很好的例证，就是欧洲所提出的跨越地中海连接非洲和欧洲的 Super Grid 计划，多数工作至今仍停留在论证阶段，何时完成尚未可知。

## 四、综合能源服务与管理

综合能源服务作为在区域能源互联网下实质性开展的业务内容，在 PPP 和新电改条件下，出现了新的产业发展契机。综合能源服务核心是分布式能源以及围绕它进行的区域能源供应，同时可以将公共热冷、电力、燃气甚至水务整合在一起的一种综合能源服务形式。

随着我国经济社会持续发展，能源生产和消费模式正在发生重大转变，能源产业肩负着提高能源效率、保障能源安全、促进新能源消纳和推动环境保护等新使命。传统能源系统建设以单一系统的纵向延伸为主，能源系统间物理互联和信息交互较少。能源生产和消费模式的重大转变，要求改变传统能源系统建设路径和发展模式，构建综合能源系统。构建综合能源系统是“建设清洁低碳、安全高效的现代能源体系”的题中应有之义。

综合能源系统是指一定区域内的能源系统利用先进的技术和管理模式，整合区域内石油、煤炭、天然气和电力等多种能源资源，实现多异质能源子系统之间的协调规划、优化运行、协同管理、交互响应和互补互济，在满足多元化用能需求的同时有效提升能源利用效率，进而促进能源可持续发展的新型一体化能源系统。多能互补、协调优化是综合能源系统的基本内涵。多能互补是指石油、煤炭、天然气和电力等多种能源子系统之间互补协调，突出强调各类能源之间的平等性、可替代性和互补性。协调优化是指实现多种能源子系统在能源生产、运输、转化和综合利用等环节的相互协调，以实现满足多元需求、提高用能效率、降低能量损耗和减少污染排放等目的。构建综合能源系统，有助于打通多种能源子系统间的技术壁垒、体制壁垒和市场壁垒，促进多种能源互补互济和多系统协调优化，在保障能源安全的基础上促进能效提升和新能源消纳，大力推动能源生产和消费革命。

## 五、能源互联网与综合能源管理差别

通过对综合能源系统和能源互联网的对比分析不难看出，综合能源系统和能源互联网均追求可再生能源的规模化开发（开源）以及能源利用效率的显著提升（节流），其最终目的都是为了解决能源可持续供应以及环境污染等问题，但两者关注点各有侧重，存在如下显著不同：

能源互联网的追求目标，决定了电力网和电能必将在其中起主导作用。这主要源于电力网络具有能源实时传输、自动化程度较高和用户侧已基本实现即插即用等优点，而电能本身也具有易于传输、转换和使用的特点。因此，将智能化的电力网作为骨干网络或核心平台，更利于能源互联网目标的实现，而里夫金在其《第三次工业革命》一书中，更是做出智能电网＋分布式能源即是能源互联网的论断。

综合能源系统追求的是能源系统的协同优化，不同的能源形式在不同应用场合会承担不同角色，主导能源会随着应用场景的不同而不同。对于能量的长距离和大容量传输，往往需由电力网和天然气网完成，此时电能和天然气将占主导地位；对于能量存储，则会根据品级高低、容量大小以及响应速度快慢等因素，选择电储能、天然气储能或冷/热储能，对应的能源形式将在其中起主导作用。而在微网中，为满足用户的电/冷/热等多样性用能需求，则可能出现多种组合方式，如可采用单一电力网供能，其他所需的冷热能均由电能转换获得；也可以是电力＋天然气供能方式，电/冷/热需求既可来源于电能，也可来源于天然气；还可以是电力＋天然气＋热力混合供能。三种方式下，电/气/冷/热等能源所担负的角色各不相同，没有必然的主导能源形式。

# 第二章○○○○○○○○

# 综合能源服务概述

## 第一节　综合能源服务提出的背景①

能源是社会和经济发展的动力和基础。充分利用互联网和现代能源技术，大力开发环境友好、经济可行的可再生能源，建设具有一定市场化程度的能源及其排放交易机制，加快推进清洁能源利用，提高能源梯级、高效和节约利用水平，加强企业能源管理体系建设，满足社会经济发展对能源日益增长的需求，实现十九大提出的“推进能源生产和消费革命，构建清洁低碳、安全高效的能源体系”新时代能源发展目标，是能源开发与生产、输送和供应、存储、转换和利用等单位和企业的新使命。

在全球范围内，绿色发展和低碳发展已成为一种共识。绿色低碳发展的关键在于推动能源革命。国际经验证明，通往现代化的必由之路并非高碳发展，

---

① 封红丽．国内外综合能源服务发展现状及商业模式研究[J]．电器工业，2017(6)：34—42．
国家电网营销〔2017〕885 号．国家电网公司关于在各省公司开展综合能源服务业务的意见．
丰丹，黄金．论“新电改”背景下综合能源服务市场的催生[J]．人力资源管理，2018(3)：311—312．

而是低碳发展。从国内外的发展经验可知，能源革命的推动和低碳的发展势在必行。然而，从综合能源服务的具体特征可以看出，在“新电改”背景下，综合能源市场的催生是绿色低碳环保的必然要求。综合、共享、高效、互联和友好的综合能源服务能推动能源革命，实现绿色发展和循环发展，继而开创出环境保护和社会进步协调发展的大好局面。

当前，能源供应模式已由原本的单一模式向多元化发展，并涌现出了多种模式，如分布式、集中式、微电网和户用式等。随着储能技术、信息技术、清洁能源发电技术、新能源发电技术的日渐成熟与发展，能源互联网在技术上愈加成熟，并发展为一种必然。云计算、大数据、物联网均属于信息技术的范畴，它们一同支撑着能源的高效互联和相关用户的友好交互。能源互联网的发展与应用，就是要突破既有的消费模式、能源生产模式和能源体制，通过这一技术革命（能源互联网）来调整能源结构、能源体制和消费体制。在此过程中，数字信息技术和能源互联网技术的高度整合，纵向网络、能源和储存的深度结合与横向多能互补的结合，极大地推动了国家能源格局的变迁，使综合能源发展成为一种必然趋势，从而催生了综合能源服务市场。伴随需求网络的不断拓展和“互联网 +”能源供给的优化，传统电力企业转型为综合能源服务运营商成为一种必然趋势。

随着新能源比重不断增加，传统能源系统的基本特征发生变化，重点就是能源供给侧的随机性增强，可控性降低。因为可再生能源随机波动比例越来越多，供给侧随机性波动可控性下降。需求侧新需求波动，有了电动汽车和储能以及分布式，需求波动和原来不一样。同时，需求侧的要求是高效化、清洁化。未来整个系统安全风险会增加，整体性凸显。整体性凸显就是指源、网、荷、储要求整体互动。但是，这里存在体制、技术和市场三个方面的壁垒。首先，多种能源系统之间在规划和运行方面存在管理和体制上的壁垒。其次，各种能源特点不一样，例如，“油”“气”“电”，“电”中有多种发电方式，所以各种能源包括储能还有生产传输使用中的各种环节要想实现互补，目前都有一定的困难，技术上还不太成熟。最后，目前能源和能源之间缺乏一种价值转换的媒介和机制。

例如，储能的价值如何转换，媒介是什么，油、气与电之间如何转化，一次能源与二次能源的转换价值的支撑媒介是什么，反应机制是什么等。因此，目前难以实现能源互补之后带来的社会和经济效益。

同时，随着能源互联网技术，分布式发电供能技术，能源系统监视、控制和管理技术，以及新的能源交易方式的快速发展和广泛应用，综合能源服务（集成的供电/供气/供暖/供冷/供氢/电气化交通等能源系统）近年来在全球迅速发展，引发了能源系统的深刻变革，成为各国及各企业新的战略竞争和合作的焦点。国内企业也纷纷掀起了向综合能源服务转型的热潮。

## 第二节 综合能源服务基本定义[①]

综合能源服务通常有两层含义：一是综合能源，涵盖多种能源，包括电力、燃气、水和油等；二是综合服务，包括工程服务、投资服务和运营服务。综合能源服务包含三个要素：资金、资源和技术。

“综合”，根据《当代汉语词典》，是指将不同种类、不同性质的事物组合在一起。“能源服务”，根据《能源词典》，是指通过能源的使用为消费者提供的服务。按照专业关联的紧密程度和业务发展模式的相似程度，可将能源服务归纳为三类。第一类是能源销售服务，包括售电、售气、售热冷、售油等基础服务，以及用户侧管网运维、绿色能源采购、利用低谷能源价格的智慧用能管理（例如在低谷时段蓄热、给电动汽车充电）、信贷金融服务等深度服务。第二类是分布式能源服务，包括设计和建设运行分布式光伏、天然气三联供、生物质锅炉、储能、热泵等基础服务，以及运维、运营多能互补区域热站、融资租赁、资产证券化等深度服务。第三类是节能减排服务及需求响应服务，包括改造用能设备、建设余热回收、建设监控平台、代理签订需求响应协议等基础服务，以及运维、设备租赁、

① 封红丽．电力企业向综合能源服务转型的思考[EB/OL]．http://shupeidian.bjx.com.cn/news/20180709/911407.shtml.

电力企业向综合能源服务转型[EB/OL]．http://www.sohu.com/a/216008810_743972.

调控空调、电动汽车、蓄热电锅炉等柔性负荷参与容量市场、辅助服务市场、可中断负荷项目等深度服务。

综合能源服务从字面上来看，即建立在综合能源基础上为各方面的能源需求而展开的服务。至此，综合能源服务可归纳为一种新型的为满足终端客户多元化能源生产与消费的能源服务方式，以用户侧需求为导向，根据客户对能源利用（电力、工业蒸汽、采暖、制冷等）的需求，借助于科学合理的分配、转换及利用技术，为用户提供经济、节能、环境、生态等多目标优化的能源服务，涵盖能源规划设计、工程投资建设、多能源运营服务以及投融资服务等方面。综合能源服务是在国内刚开始发展、有广阔前景的新业态，它意味着能源行业从产业链纵向延伸走向横向互联，从以产品为中心的服务模式转向以客户为中心的服务模式，成为实现国家能源革命的新兴市场力量。

从本质上来看，综合能源服务是由新技术产生、新能源崛起而导致的产业结构改革，从而衍生出新的商业模式、服务方式和新业态。综合能源服务的具体特征是综合、共享、高效、互联和友好。其中，综合指的是集成化，主要涉及能源供给品种、服务方式和解决方案的综合化；共享是指通过信息系统、综合能源管理平台、能源输送网络，从而实现价值流、人员流和信息流的互动与交换；高效就是指通过优化配置来高效利用能源，改变原本的传统工程模式，直接服务于用户；互联指的是同类型或者不同类型能源之间的互联以及各种信息资料的互联，通常以混搭或跨界的组合方式出现；友好指的是不同的能源供应和不同的供给方式以及用户之间的友好互动，可以整合电力、燃气和水务等。综合能源服务有力地支撑了可再生能源的规模化开发，并极大地提升了能源的有效利用率。

## 第三节　综合能源服务的意义[①]

1980—2017 年，我国综合能效水平不断提升，单位 GDP 能耗由 13.14 吨标

① 王伟亮，王丹，贾宏杰，陈沼宇，郭炳庆，周海明，范孟华．能源互联网背景下的典型区域综合能源系统稳态分析研究综述[J]．中国电机工程学报，2016，36(12)：3292—3306.

丰丹，黄金．论“新电改”背景下综合能源服务市场的催生[J]．人力资源管理，2018(3)：311—312.

准煤/万元大幅降至 0.59 吨标准煤/万元。如今,在保障能源安全和应对气候变化背景下,提高能效水平已成为能源转型的首要任务。而提高能效水平,就是用更少的能源投入提供同样的能源服务。在能源供给可靠的基础上,综合能源服务可利用多种能源形式间的耦合互补特性,实现不同能源形式间的梯级利用,提升综合能源利用效率。

随着工业生产和居民生活对能源需求的日益增加以及环境问题与能源开发的日益矛盾,能源问题成为近年来学术界和工业界探讨的热点,探究如何在环境友好的前提下提高能源使用率成为世界各国共同关注的主要问题。近年来,可再生能源相关技术发展迅速,源端与受端的能源多样化发展以及能源传输方式与设备的革新促使能源系统进一步耦合。

近年来,国家电网各省公司充分发挥品牌、技术、客户资源等优势,以节能服务公司为实施主体,为客户广泛开展了能源诊断、用能监测、节能改造、电能替代的服务。天津、江苏、湖南等公司为公共建筑、工业企业、园区等用户提供了集水、电、气、热(冷)等多种能源的综合能源服务,已取得良好成效。开展综合能源服务有利于落实国家能源发展战略,推动全社会节能减排;有利于巩固公司售电市场、拓展业务范围、提升客户服务新能力;有利于推进电能替代,带动公司相关产业发展,培育新的市场业态,增加新的效益增长点。

综合能源服务的出现,从根本上来说,既有社会需求的外部驱动,也有技术创新的内在动力。一方面,节能减排的社会共识及多元化的用户需求催生庞大的能源服务市场,这是外因。资源和环境问题已成为全社会的共同关注,绿色低碳发展成为能源转型方向,催生了绿电使用、节能改造、能效服务等一系列综合能源服务。同时,用户需求个性化、多样化发展需要以用户为中心提供多元化能源服务,综合能源服务市场潜力巨大。根据外部测算结果,到“十三五”期末,国内综合能源服务产业产值有望超过 8 万亿元。另一方面,能源互联网技术发展,使得能源之间的互联、能源和信息的融合进一步加强,为发展综合能源服务提供了可能,这是内因。热电联供技术、新能源发电技术、储能技术发展为电力企业延伸产业链、提供多种能源产品提供了可能;信息技术发展,包括物联网、云计算、大数据、人工智能等技术发展，不但有效支撑了能源高效互联以及用户侧的友好交互，而且集合了大量数据资产，并能够将数据资产转换为多样化增值服务。

当前，我国正处于能源转型的关键时期，能源成本高等问题十分严重。综合能源服务可有效提高能效，降低投资运营成本，有利于推进能源供给侧改革，带动和提升能源相关产业的国际竞争力。在我国，制造业占能源消费量的55%，能源成本是仅次于人工、原材料外的最大成本。传统能源供应系统相对独立，电力企业、热力公司、燃气公司等能源供应商各自为战，规划、建设和运营等缺乏统一协调和优化，采取综合能源服务的方式无疑能有效缩短能源链，降低用能和服务成本。尤其是在当前美国页岩气革命带来能源成本大幅下降，积极的税改政策又大幅降低企业税赋，促进大量制造业回流的背景下，推动综合能源服务业的发展，能够降低制造业等大型用能企业能源成本，对提升企业国际竞争力具有重要的社会意义。

## 第四节　售电服务与综合能源服务①

电力服务是区域能源互联网下综合能源服务的主要内容之一，同时，电力并网销售也对区域能源互联网的建设运行产生直接影响。

售电的模式分为竞争性售电和保底性售电。对竞争性售电模式而言，现阶段开展的是售电代理和负荷集成，关注两个方面即竞价机制和用户资源的圈定。可在售电基础上附加节能服务和增值服务，同时风险控制（负荷预测和调控）和需求响应均可包含在售电模式中。

2018年售电公司普遍盈利惨淡，售电市场进入了新一轮洗牌阶段。《广东电力市场2018年半年报告》显示，在广东电力市场规模扩大的背景下，售电公

---

① 封红丽．国内外综合能源服务发展现状及商业模式研究[J]．电器工业，2017(6)：34—42.
国家电网营销〔2017〕885号．国家电网公司关于在各省公司开展综合能源服务业务的意见．
丰丹，黄金．论“新电改”背景下综合能源服务市场的催生[J]．人力资源管理，2018(3)：311—312. html.

司利润与同期相比却在锐减。2018 年上半年，广东电力市场交易规模 723.6 亿元，比 2017 年同期增长 47.76%；而广东售电公司获利 1.4 亿元，比 2017 年同期下降近 77.46%。售电主体不断增加，价差不断缩小，市场竞争日趋激烈，仅靠价差盈利的售电模式早已不是售电公司的生存之道。2018 年 4 月 21 日"回顾三周年展望新征程"电力体制改革论坛的专家点评环节，国家电投火电与售电部副总经理赵风云提出："售电公司单独通过购销差价盈利是不会持久的，是没有出路的。售电公司应该发展新业态，应该作为一个服务业，要为用户提供增值服务，怎么用电，怎么更好地用电？用户不是很清楚，至少不如我们电力系统的人清楚。我们应该转型发展，除了买卖电能之外，发展综合能源服务。不仅购销挣钱了，可能服务更挣钱，更是一种新业态。"

发电企业、电网企业、燃气企业、设备商、ESCO（节能服务公司）、系统集成商以及专业设计院都在策划综合能源服务转型，导致综合能源服务产业竞争激烈。而在转型综合能源服务的过程中要考虑其核心竞争力、主体驱动力以及盈利模式三个方面。

## 一、核心竞争力

综合能源服务公司的核心竞争力主要有两方面：一是在收益来源方面，收益来源体现在电源、配网和大用户三个要素；二是获利能力方面，获利能力体现在技术、资金和资源三个要素。首先，技术层面需突破，包括负荷预测、运行优化等技术能力；其次，资金方面需稳定的融资平台和融资渠道；最后，资源方面需掌握园区等用户，或与上下游的电力、燃气或热力相互联系。开展上述业务的关键是资源整合。

## 二、主体驱动力

综合能源服务的实施过程中，要考虑主体驱动力。在整个项目实施过程中会涉及政府、园区、电网、燃气、发电和用户等主体，其中政府、园区和电网是被动方，而燃气、发电和用户是主动方。政府在节能环保指标考核和经济发展指标的压力下，园区在产业环境的形势下，电网在电力消纳和电网安全的背景下，未来将化被动为主动，积极开展综合能源服务业务。而燃气公司考虑燃气消纳和产业转型，发电企业考虑增产增效，用户考虑节能降本，将积极参与综合能源服务业务，但是后续主体角色定位可能会相互转换。

## 三、盈利模式

综合能源服务的基本业务模式可从供能侧和用能侧出发，通过能源输送网络、信息物理系统、综合能源管理平台以及信息和增值服务，实现能源流、信息流、价值流的交换与互动。

进一步梳理综合能源业务模式后构建的综合能源服务的理想盈利模式中，除了产业链和业务链的构建之外，其盈利主要来源于四个方面：一是潜在的收益来源，包括土地增值和能源采购。这种模式主要应用于园区。土地增值方面，主要体现为入驻率上升、开工率上升和环境改善；能源采购方面，主要体现为园区用能增加，电力、燃气以及 LNG 的议价能力提高。二是核心服务，包括能源服务和套餐设计。能源服务方面，主要体现为集中售电、热、水、气等能源，节约成本；而套餐设计方面，主要体现为综合包、单项包、应急包和响应包。三是基础服务，即能源生产，包括发电和虚拟电厂。发电方面主要体现为清洁能源发电和可再生能源发电，若自用电比例越高，则收益越好；而虚拟电厂方面，主要体现为储能、节能、跨用户交易和需求侧响应。四是增值服务，包括工程服务和资产服务。工程服务方面主要体现为实施平台化和运营本地化；而资产服务方面体现为设备租赁、EMC（合同能源管理）和碳资产。整个综合能源服务可看作是一种能源托管模式，如图 2－1 所示。

值得注意的是，在理想盈利模式中，需要结合各区域具体条件、各阶段政策经济条件、各能源服务公司自身能力等因素，分阶段、有选择、有分工地开展和实施，能源服务公司除自身能力建设之外，还需要作为一个资源整合平台，构建有竞争力的业务模式和业务生态。

而对于售电公司，现阶段可以从以下三个方面切入综合能源服务：

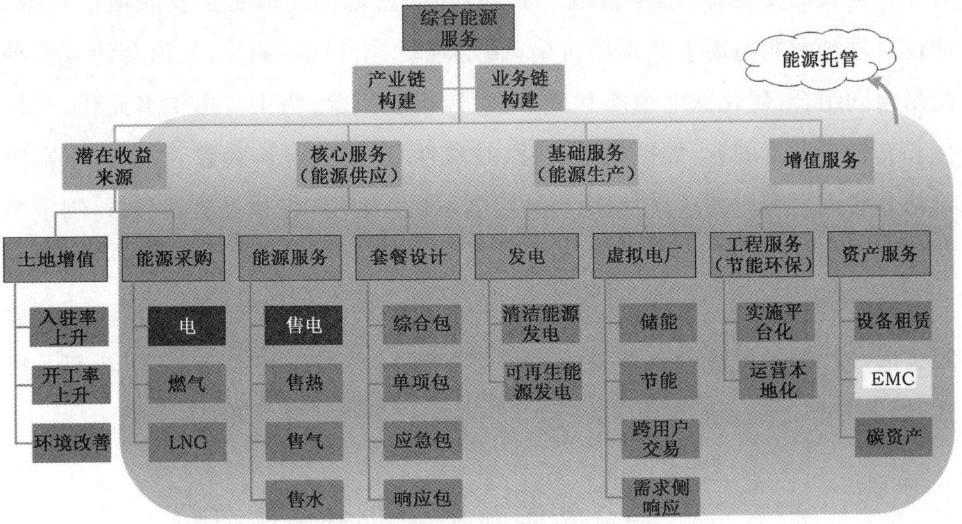


**图 2—1　综合能源服务结构**

一是能源侧：可以做多能互补、分布式能源抑或提供投资能源的服务。

二是电网侧：可以从配网投资、工程建设等方面切入。

三是用户侧：可以通过售电公司，或从用户配电资产的投资、配用电管理（节能服务、电务服务、电力工程、能源托管）等方面入手。

对于售电公司来说，要想转型做综合能源服务商，还应该结合自身的定位和业务来综合考量。在众多售电公司中，最有可能发展为综合能源服务商的是拥有配电网运营权的售电公司。而工业园区则是他们的必争之地，因为这里用电企业特别是大用户聚集，用电规模大，有条件开展集中服务，是增值服务能落地、见实效的很好的实验示范地。能为园区内电力用户提供增值能源服务的售电公司将获得深度收益。

售电公司可将售电业务与其他供水、供热、供气业务打捆，向用户提供综合能源服务，同时可以承担代理用户购电、运维电务工程等多种多样的服务；根据用户的需求，积极响应用户不断变化的服务升级，开发更便宜、更清洁的能源供给和整体节能方案，并在用户综合用能成本的下降中与用户共享收益。

单纯以赚取价差为核心业务的独立售电公司也可以发展综合能源服务，随着业务模式的变更，除基本售电业务外，独立售电公司应更多发展增值业务。通过合理预测购电需求和市场价格，制定现货、中长期、期货、差价合约等多种交易合同组合，优化购电策略和成本，对冲市场风险；为用户提供多元化、个性化和套餐式电价服务，如提供季节性、时段性、定制式电价套餐等，通过丰富的价格套餐满足客户需求；根据用户的用电习惯，为用户提供经济性分析，制定节能方案，改善用户的用电消费行为。

总之，售电公司应立足自身背景、资源和技术优势，拓展服务内容，更要放眼长远，以“提供集成创新能源解决方案”为目标，加强技术储备，创新商业模式，提供差异化综合能源服务。

## 第五节 综合能源服务的业务领域范畴①

### 一、电网企业综合能源服务的主要业务

通过对电网企业定位的分析，结合电网企业资源优势，未来电网企业综合能源服务的六大主要业务可如图 2—2 所示。能源基础服务业务具体包括综合能源服务平台、电力设施建设运维、综合管廊业务、能源服务设施制造；清洁能源开发与供应业务具体包括船舶岸电与电动汽车充电服务、清洁能源发电、冷热电三联供和电能替代；能源资源综合利用业务具体包括分布式电能建设与运营、能源托管、微网和多能互补项目规划与建设、储能项目规划与建设、工业余热余压综合利用和生物质综合利用；节能服务业务具体包括工业节能、建筑节能、绿色照明、电网节能、电厂节能；能源数据增值服务业务具体包括区域负荷资源化管理、能效咨询与管理、“互联网＋”用电信息服务、碳资产咨询与管理；金融服务业务具体包括用电保险服务、融资租赁服务、电子商务、征信服务。

---

① 综合能源服务业务的四种布局方式［EB/OL］. http://www.ne21.com/news/show-102732.html.

黄建平，俞静，陈梦，赵伟博，王思羽. 新电改背景下电网企业综合能源服务商业模式研究［J］. 电力与能源，2018，39(3)：344—346，399.

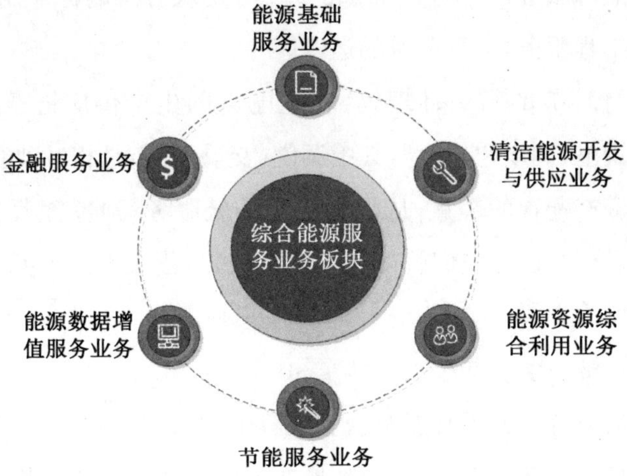


图 2—2 综合能源服务业务

## 二、不同类型公司在综合能源服务领域的切入方式

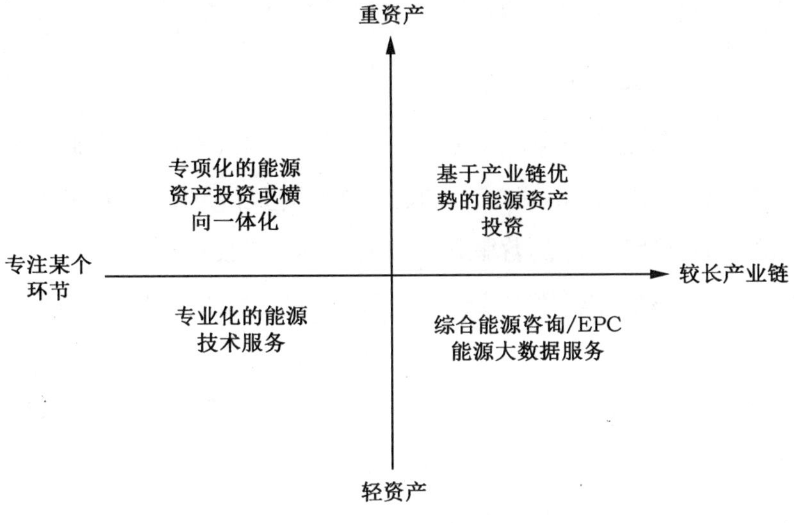


图 2—3 综合能源服务涉及领域

在图 2—3 中，横轴代表不同公司在综合能源服务产业链的介入深度，横轴左侧代表专注于某个或某几个产业环节，右侧代表涉及的产业链环节较多。

对于综合能源服务产业链最抽象的理解，是从上游的标准制定，到设计规划、产品制造、工程服务，再到下游的运营。

对于产业链环节的另一种理解，就是电力的生产供应链条，即“发电、输(变)电、配电、用电、调度(交易)”，其中调度(交易)环节是相对独立的。

纵轴代表资产配置的轻重，从没有资产的轻服务，到包含大中型能源基础设施的重资产投资。这样我们就得到了四个象限，代表不同类型公司在综合能源服务领域的切入方式。

(一)长产业链的重资产模式

这种模式最适合大型国有能源企业或者电网公司。它们一方面在能源、电力产业链中本身就掌握了大量重资产，另一方面也适应重资产投资、建设、运营的方式，最有可能以原有的产业链优势，向综合能源服务领域迈进。

从现实的情况看，无论是五大发电集团布局增量配电网、多能互补，还是国网、南网在综合能源服务领域的动作，都是这种较长产业链布局的重资产模式，未来也将延续这种投资拉动的形态，估计更多的资产配置是在分布式电源和配网/微网领域。

(二)长产业链的轻资产模式

这种模式比较适合各类设计院、EPC单位、工程服务企业，它们原来已经在电力、能源产业链中开展相关的工程服务，在综合能源服务领域，可以开展综合能源咨询、工程EPC、综合运营服务等相关的轻资产服务。

另一种长产业链的轻资产模式就是以大数据为轴线，贯穿发配用环节，形成基于云平台的产业链服务。其轴线有两个方向：一是以能量流为目标，实现能量流的优化配置，比如配电＋购电＋售电＋能源管理，实现能源成本的最优；二是以资产全生命周期为目标，实现资产管理最优化。

(三)专注某些领域的重资产模式

专注某个领域或者某几个领域进行重资产投资，并形成可盈利的商业模式，与长产业链重资产模式形成差异化竞争，这种模式相对适合大型民营企业或者民营上市公司。

实践中我们也看到这样的案例，比如新奥的泛能网、协鑫的能源互联网，都是在配用电或者用电环节进行投资，实现多能互补＋微电网＋分布式能源的布局。只是目前在没有充分市场化的环境下，这种模式最大的问题是没有成熟的商业模式，只有等待若干年后的现货市场放开，才具有较强的资产变现能力。这就考验这些民营企业的产业布局节奏、现金流保持能力和融资水平了，并且需要在局部形成试点突破，在细分市场或者小范围实现盈利，以增强市场信心。

#### （四）专注某些领域的轻资产模式

基于某些领域的轻资产模式，也就是能源专业服务。这种模式与长产业链的轻资产模式的最大区别就是在某个环节的服务深度，也就是细分市场的挖掘深度，因为综合能源服务市场太大，很多细分市场都是有待挖掘和突破的，某些细分市场的规模也足以成就若干家上市公司。传统的国有设计院，或者习惯了EPC、成套施工的工程服务企业，在技术、文化、理念等方面要想深度挖掘某个领域是存在一定困难的，这就是中小型民营企业和创新企业的细分机会。

某种程度上，市场化的本质就是专业化，市场化程度越深，专业化细分的程度就越高，电力行业也是如此。即使在当下的电力市场化水平上，也已经可以发现有不少具有盈利空间的细分市场，是传统电力工程服务企业看不上或者做不了的。未来随着市场的开放、数据的积累和用户付费意识的增强，细分市场将会更为丰富。

在综合能源服务领域，目前没有成熟的商业模式和业务模式，未来也不会有统一的一种模式包打天下，每个企业的DNA不一样，每个项目的特征不一样，所以切入的方式和路径也不一样。重资产烧钱，轻资产烧技术，越往电网侧走投资越大，越往用户侧走服务水平要求越高。这就考验每家企业的战略规划、业务落地能力，最终来看，得用户者得天下，综合能源服务还是更靠近用电环节的业务，服务为王，这也是本轮电改的核心诉求之一，市场经济就是用户经济。

### 三、综合能源服务的主要利益相关者

#### （一）电力用户

电力用户在关注用电成本的同时，也会注重电力供应的安全稳定，而且不

同用户的业务需求不同，这就对电网企业提出了安全化、差异化服务的要求。电网企业应针对不同客户进行消费习惯和用能需求细分，提供针对性的消费套餐和服务。

（二）互联网公司

电网企业将积极与互联网公司开展合作，寻求技术支持，建立数据管理平台，为客户提供“互联网＋”用电等信息服务。

（三）综合能源设备供应商

能源设备供应商为电网企业发展综合能源提供清洁能源开发利用设备、节能设备、储能设备等。专业可靠的能源设备供应商能够提供优质先进设备，为电网企业发展高效综合能源服务做好基础保障。

（四）金融机构

未来，配套金融服务将成为电网企业的创新性服务。一方面，金融机构为电网企业提供资金和技术支持；另一方面，电网企业把客户信用等数据进行处理后与金融机构共享，帮助金融机构测评用户信用，做出投资决策。

# 第三章○○○○○○○○○

# 综合能源服务市场潜力分析

## 第一节　综合能源服务市场主体①

目前，国内综合能源服务尚处于起步阶段。综合能源服务这一新业态的出现，打破了不同能源品种、单独规划、单独设计、单独运行的传统模式，提出综合能源一体化解决方案，实现横向“电热冷气水”能源多品种之间，纵向“源—网—荷—储—用”能源多供应环节之间的生产协同、管廊协同、需求协同以及生产和消费间的互动，具有综合性、就近性、互动性、市场化、智能化、低碳化等特征。形势变化将催生出各种新的消费模式和商业模式，综合能源服务既有利于中小企业创新创业，也有利于推动传统能源企业转型，可以采用混合所有制、PPP等各种灵活模式，推动信息产业与能源产业融合、轻资产与重资产融合、金融产业与实体经济融合。

新时代下的能源综合服务具有传统能源生产消费的技术和运营属性，融合了新的商业模式和业态，将更具有战略和商业属性。综合能源服务的主要市场

---

① 封红丽. 电力及其他相关企业向综合能源服务转型研究[EB/OL]. http://shoudian. bjx. com. cn/news/20180326/887626-2. shtml.

参与主体可大致归纳为能源公司、售电公司、技术公司和服务公司四类。

## 一、能源公司

能源公司主要是重资产企业，规模相对较大，以大型国企为主。一类是传统能源企业转型，如电网公司等；另一类以产业链延伸为主，如新奥燃气泛能网、协鑫能源互联网等。

配售电改革给部分传统能源企业提供了转型和延长产业链的机遇，为部分新能源企业提供了资源整合和升级的契机，推动公司由单一能源供应商向综合能源服务商转变，打造新的利润增长点，提升公司市场竞争力。与传统能源公司相比，新型的能源服务公司直接面向用户或增量能源市场(新开发的区域里建立新的能源基础设施)，业务往往包含多种能源。

这类公司通常规模较大，具有较强的实力，一定程度上具备资质、技术、资本、客户、线下服务能力等资源，可能主导或者参与发展综合能源服务。受电力体制改革、煤炭去产能、低油价等因素影响，电力、煤炭、油气企业纷纷开始向综合能源服务转型。如中石化在 2017 年 12 月成立了河南中原油田能源服务有限公司，开展购电、售电、配电网投资建设以及检修等服务；陕西延长石油申请了陕西安塞区多能互补集成优化示范工程；神华成立了神华富平综合能源有限公司，开展富平区域综合能源示范项目；传统电力企业借势电改契机转型升级，全面推进由单一火电向发电、配电、售电、供热、供冷、供水等一体化综合能源供应商转变；国家电网公司出台了将综合能源服务作为其主营业务的相关文件。为抓住当前体制改革红利及能源形势变化的有利时机，新能源企业也纷纷延长自身产业链努力成为综合能源服务商。如新奥是以燃气为主导，同时往燃气的深度加工——发电、冷热供应方向发展；协鑫以光伏、热电联产为主导，同时往天然气、智慧能源布局。

## 二、售电公司

售电公司主要是新成立的企业，既有国有企业，也有民营企业，以中小企业规模为主，是围绕售电展开业务的综合能源服务商。

目前我国成立的售电公司有上万家，公示的有3 000家左右。从市场的参与者来看，在政策的趋势下，售电公司的市场主体呈现出了多元化的特点。按照2015年3月15日发布的电力体制改革9号文，鼓励进入售电公司领域的主体主要包含以下几类：现有供电公司、大型发电企业、节能服务公司、工程建设公司、大型工业园区以及有条件的社会资本。除了上述参与者，目前参与到售电领域的企业还包括民营电气设备企业、分布式能源企业等。截至2017年9月，国电电力、科陆电子、比亚迪、漳泽电力等超过20家上市公司已进入售电市场。

由于售电公司的进入门槛较低，市场竞争主体相对较多，且售电公司的类型各式各样，加上售电公司可以参与增量配电网投资运营，竞争也将更加激烈。尽管售电公司注册数量大，但参与市场程度低，采取赚取差价红利的商业模式，因创新不足而很难实现可持续发展。从2017年上半年广东电力市场交易情况来看，交易电量基本被电厂窗口型售电公司、拥有大用户的售电公司以及综合能源服务商三类瓜分。由此可见，定位为用电需求侧的综合能源服务商，售电与提供各种增值服务融合发展将是未来售电公司最为可能的趋势。

### 三、技术公司

技术公司主要是轻资产企业，包括互联网公司、微电网技术公司等，运用大数据、云计算等技术提供用能优化和管理方案，如国网电子商务公司、阿里云综合能源服务方案、远景能源等。

这类公司涵盖传统能源技术公司以及以大数据、云计算、物联网、区块链技术、人工智能等新业态为主的技术公司，主要将信息技术与能源相融合，适合开拓一些新型增值服务。如国网综合能源服务电子商务平台，打造智慧园区，把园区的安全监控、环境保护、应急管理、能源供应以及融资服务、数据资讯等与移动互联网、云计算、大数据、物联网相结合，建设电子商务综合服务平台，培育能源与互联网融合发展新模式。阿里云综合能源服务云方案的业务模式是通过大数据云计算，制定综合能源服务的解决方案。远景能源通过智能控制技术、先进的通信和信息技术建设能源互联网，形成格林威治™ 云平台、智慧风场 Wind OS™ 平台、阿波罗光伏云™ 平台，成为智慧能源资产管理服务公司。

## 四、服务公司

服务公司主要是轻资产企业，包括各类设计院、EPC 单位、工程服务企业、节能服务公司、需求响应服务公司、分布式能源方案设计单位、智慧能源解决方案服务商等。这类公司根据用户需求可提供各种增值服务，如提供蓄热受托、能效管理、用能诊断、设备维护、整体供电方案等多元化服务，以及搭建多种生活产品交易平台，实现电力、自来水、燃气、热力的批发和零售，提供从电力、天然气到可再生能源供应等一系列的综合解决方案。

值得一提的是，节能服务、分布式能源服务企业发展较缓，需求侧响应也还未构成独立的商业模式。这类企业存在规模小、融资成本高的问题。综合能源服务概念的出现将极大可能盘活节能服务、分布式能源服务和需求响应服务市场，推动其向综合化服务方向发展。以节能服务为例，一直以来节能服务市场发展比较缓慢，企业规模普遍偏小、融资难，企业盈利性差。如果节能服务转型升级，扩大业务范围，提供能源供应，节能服务作为其附加值，将大大增加企业盈利空间。由于这类公司不具有上游资源、核心技术等，因而在刚进入市场时缺乏一定的竞争优势，需要与能源为主业的公司开展合作，逐步过渡为真正的综合能源服务商。

基于以上分析，最有可能成为综合能源服务商的主力军是能源公司和售电公司，而大多数能源公司主要以大型国企背景的公司为主具有先天优势，另外像协鑫、新奥这样有实力的民营企业也不容小觑，此外最有可能崛起的就是售电公司。售电公司将以售电为切入点，进行业务拓展，而这部分公司中存在大量的民营企业，只要有好的商业模式就会迅速崛起。

## 第二节　综合能源服务市场价值分析

综合能源服务的出现创造了新的商业机遇，将带动相关产业的发展，培育新的市场业态，增加新的利润增长点，但同时也给传统能源企业带来了新的挑战。

### 一、政策变化，改变能源供应市场结构，催生新的商业模式

2014 年 6 月 13 日，习近平总书记亲自主持召开中央财经领导小组第六次会议，明确提出了我国能源安全发展的“四个革命”战略思想，即：推动能源消费革命，抑制不合理能源消费；推动能源供给革命，建立多元供应体系；推动能源技术革命，带动产业升级；推动能源体制革命，打通能源发展快车道。随后电力体制改革 9 号文出台，按照“管住中间，放开两头”的原则，提出“三放开、一独立”政策，而供给侧结构性改革着力在去产能方面发力，特别是煤炭去产能成为能源领域的重要内容，并以“互联网＋”智慧能源这一新概念促进能源系统扁平化，加上多能互补的发展方向，这一系列政策的出台（具体见图 3－1）有效地推动了能源供应结构向多元化发展，从而促进新业态的发展，催生新的商业模式，即综合能源服务的诞生。

### 二、新概念、新技术出现，改变能源消费模式，衍生新的增值服务

互联网、大数据、云计算、物联网等技术与能源的深度融合（具体见图 3－2）推动能源消费模式向智能化转变，从而衍生出更多新的增值服务。最典型的就是能源互联网推动思维方式的转变：传统思维下，资源集中度高，市场竞争意识弱，对用户实际用能需求考虑较少；而能源互联网思维下，会催生多元化的新的商业模式和投资机会，彻底打破能源体系封闭垄断的结构，向以用户需求为中心转变。能源互联网可以在广域能源协调方面做规划，不再是以各领域割裂孤立的方式去做，推动多种类型能源横向跨界融合与优势互补。综合能源服务新

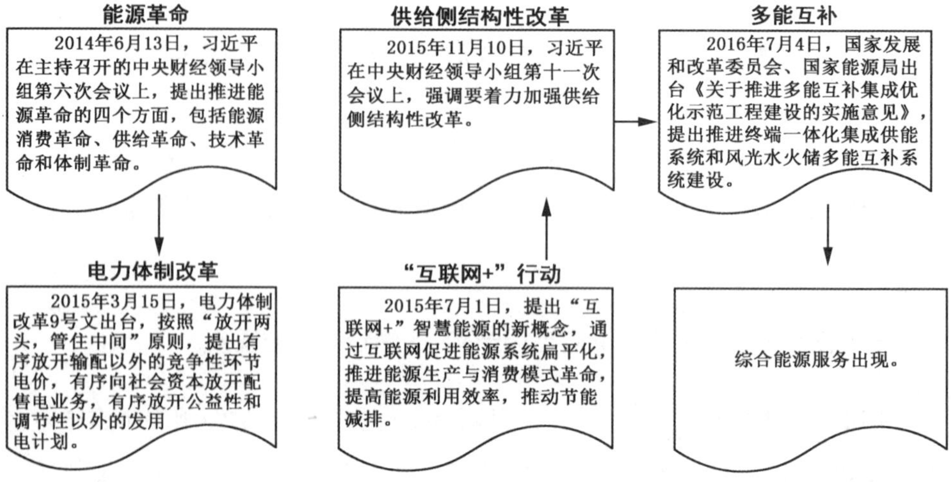


**图 3—1　能源政策变化**

业态的出现，构建出多种能源优化互补的综合能源供应体系，实现了能源、信息双向流动，逐步形成以能源流为核心的“互联网＋”公共服务平台，促进能源与信息的深度融合，推动能源生产和消费革命。

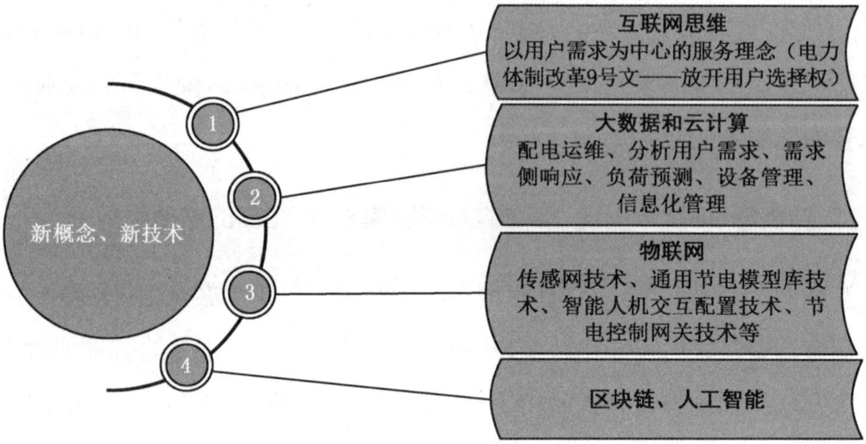


**图 3—2　新概念和新技术的出现**

大数据和云计算技术可以用于分析用户需求、负荷预测、设备管理、信息化管理、配电运维、需求响应等，提供有效的决策支撑服务。运用物联网技术，可以根据环境、设备状态智能感知，通过自适应调控电机、照明设备的电源及工作状态，达到有效节电的目的。

通过互联网促进能源系统扁平化，以“互联网＋”、大数据技术、云计算技术、电子商务、互联网支付及金融服务等先进技术为综合能源系统建设提供强有力的支撑，从而形成智慧应用的新型能源消费市场。

## 三、环境约束及新能源技术进步，改变能源消费结构，倒逼能源供应多元化

受环境约束及新能源技术进步因素影响，能源消费结构进一步优化，倒逼供应能源多元化，新能源比重明显提高。国家能源局数据显示，2017 年，可再生能源发电量 1.7 万亿千瓦时，同比增长 1 500 亿千瓦时；可再生能源发电量占全部发电量的 26.4%，同比上升 0.7 个百分点。其中，水电 11 945 亿千瓦时，同比增长 1.7%；风电 3 057 亿千瓦时，同比增长 26.3%；光伏发电 1 182 亿千瓦时，同比增长 78.6%；生物质发电 794 亿千瓦时，同比增长 22.7%。光伏和风电增速最快，主要得益于其成本的快速下降。2017 年，风电和光伏发电建设成本分别下降了 20%和 60%。

此外，储能技术进步、电动汽车逐渐普及，为构建综合能源系统提供了良好的基础。储能作为智能电网、可再生能源高占比能源系统、“互联网＋”智慧能源的重要组成部分和关键支撑技术，在可再生能源并网、分布式发电与微网、调峰调频、需求响应等领域有重要作用。而储能成本也在快速下降，以 4 小时容量的储能系统为基准，2007 年大规模锂电池储能系统的成本大约是每千瓦时 8 000～10 000 元；到 2017 年，该成本已经下降到每千瓦时 1 800～2 000 元。预计未来 3 年左右，锂电池储能系统的成本将降低到每千瓦时 1 500 元。世界著名的钠硫电池生产商 NGK 公司表示，预计到 2020 年，钠硫电池成本可以降到 200 美元/千瓦时。此外，电动汽车的车载电池作为移动储能电站，通过能源互联网与可再生能源可以构成最佳搭配，在光储式充换电站、快速充电站、需求响应充电中发挥储能作用，且动力电池梯次利用将降低储能电池应用成本。

## 四、电力市场形势变化，重塑能源主体竞争格局，动摇电网原有市场垄断地位

新一轮的电力体制改革放开了配售电业务、公益性和调节性以外的发用电计划以及输配以外的竞争性环节电价，重塑了电力市场竞争格局，动摇了电网原有市场垄断地位。对于电网企业而言，在新电改之前，几乎完全负责输配售环节，售电模式基本为发电企业售电给电网企业，再由电网企业售电给用户。但通过电改，输配与销售环节分开，输配环节的电价由政府核定。电网公司市场地位变化主要体现在以下三点：

一是"放开两头"使得用户被动埋单的模式一去不复返。电力用户成批准入，售电公司成立上万家，其中两千多家准入市场。电力用户拥有向不同市场主体购电的选择权，使得传统计划经济体制下沿袭的"政府根据发电成本变化和发电企业诉求调整上网电价，电网公司'转手'顺导价格，用户被动埋单"的模式一去不复返。

二是电网公司统购统销赚取差价的垄断局面被打破。全国已经注册了上万家售电公司，并陆续进入电力交易市场。售电侧放开改变了目前电网公司统购统销的局面，电力买卖双方可自由选择，自行决定电量、电价。

三是电网公司"独家办(配)电"的局面被打破。伴随着第一批(105 个)、宁东增量配电网试点、第二批(89 个)、第三批(要求覆盖地级市，每个市至少申报 1 个，目前全国共有 380 个地级市)增量配电业务试点全面铺开，"独家办(配)电"的局面被打破。其中，第一批 105 个试点中，民企控股或参与 23 家，占比超 1/5。

从电改的效果来看，电力市场化交易量显著上升。2017 年我国电力市场化交易电量累计 1.63 万亿千瓦时，同比增长 45%，占全社会用电量比重达 26% 左右，较上年同期增长 7 个百分点，其中，2017 年国网和南网市场化交易电量占比均超总售电量的 1/3，2018 年市场化交易将进一步激活电力市场。

在当前所处的电改情况下，电网公司若再不推出综合能源服务，将竞争不过运营增量配电网业务的售电公司，到时电网公司恐怕会成为单纯的电力运输商。

# 第三节　供应侧市场潜力分析

目前，我国的综合能源服务市场尚处于起步阶段。综合能源服务的出现促进售电市场能源供应模式多元化，推动信息产业（互联网、大数据、云计算、物联网等技术）和能源产业的融合，使传统供能（供电、供热、供冷、供水等）系统、各类型分布式可再生电源、储能设备、电动汽车、智能电网/微电网以及其他可控负荷之间实现协调优化控制，同时实现电力终端系统中局部系统的微平衡和局部系统之间的关联平衡，使得各种能源形式优化配置、互联互通，也催生出更多的消费模式和商业模式。综合能源服务内涵宽、层次多、形式丰富、潜在需求和节能减排贡献潜力巨大。据相关测算，到“十三五”期末，我国综合能源服务产业有望超过 8 万亿元产值规模。

## 一、供电市场潜力分析①

### （一）需求预测

“十三五”期间，电力增速将较“十五”“十一五”期间两位数的增长有所下降，由高速增长转为中速增长，我们将以低于 1 的弹性系数、适中的电力增长速度支撑我国经济较快增长。从目前至 2020 年，以“全面建成小康社会”为目标，全社会用电量年均增速 5.5%～6.5%，电力弹性系数介于 0.8～1 区间，2020 年达到 7.6 万亿～8 万亿千瓦时，人均用电量达到 5 500～5 700 千瓦时，用电结构中第二产业用电占比由 74%下降至 70%左右，第三产业和居民生活用电量占比由 24%提高至 28%左右。2020 年之后，以全面小康为新起点，向实现“中等发达”的长期目标稳步迈进。展望到 2030 年，我国全社会用电量达到 10 万亿～11 万亿千瓦时，人均用电量约为 7 000～8 000 千瓦时，期间用电增速进一步下降，用电结构中第二产业用电占比继续下降，第三产业和居民生活用电占

---

① 中国“十三五”电力发展前景研判以及电力格局展望[EB/OL]. http://news.bjx.com.cn/html/20160516/733440-2.shtml.

比继续提升。

（二）发展前景

中央财经领导小组第六次会议的召开，标志着我国在全面建成小康社会的征程中，进入到能源生产和消费革命的新阶段。按照能源革命的总体要求，要加快电力结构优化调整，实施非化石能源发展和化石能源高效清洁利用并举，形成水电、可再生能源、核电、煤电、气电等各类电源协调发展、多轮驱动的电力生产和供应体系。既要注重整体的结构调整，又要充分挖掘每个品种的优化潜力。

截至 2014 年底，我国发电装机总容量达到 13.6 亿千瓦，其中煤电、气电等化石能源发电装机占约 2/3，水电、核电、风电、太阳能发电等非化石能源发电装机占约 1/3。初步测算 2020 年我国发电装机总需求约 20 亿千瓦左右，2015—2020 年约需新增 6.5 亿千瓦左右。展望到 2030 年，电源装机总需求约 28 亿千瓦左右。未来电源发展要综合考虑开发潜力、开发成本、市场消纳、技术进步、环境社会影响等因素。

从资源禀赋和发展潜力来看，各类电源都具有较大发展空间，特别是非化石能源开发潜力相对较大。煤炭资源丰富，保有储量 1.38 万亿吨，按未来煤炭产量及可供用于发电用煤量来估算，可支撑装机 15 亿千瓦以上。通过积极进口补充，远景天然气用于发电的资源量可支撑气电装机 2 亿千瓦以上。水能、风能、太阳能资源丰富，其中常规水电技术可开发量约 6.6 亿千瓦、待开发程度达 60%，据有关机构测算，风电、太阳能理论可支撑装机均可达到 10 亿千瓦以上。通过国内开发、海外开发、国际贸易等多渠道并举，未来核电开发有较为充足的资源保障。

与此同时，随着非化石能源的快速发展，“十三五”期间电源发展的清洁化、低碳化水平将明显提高，总体发电成本、整体电价水平将呈现上升趋势。随着清洁高效煤电技术的推广应用，煤电工程造价将保持稳中有升，考虑碳税等外部成本内部化后，发电成本将有所提高。气电国产化有利于工程造价降低，但用气价格上升将提高发电成本。后续水电大多远离负荷中心，要妥善处理好生态保护、库区移民、国际关系等问题，工程造价、发电成本、送出成本将显著提高。随着核电安全标准的不断提高，核电工程造价总体上保持上升的趋势。随着可再生能源发电的规模化发展和装备技术的成熟，工程造价将会降低，但由于风电、太阳能发电具有随机性和波动性，需要通过加强系统调峰储能能力建设、健全辅助服务市场机制等手段来促进系统安全、稳定、经济运行。

按照“优先利用非化石能源发电、按需发展化石能源发电”的总体原则，要积极发展水电，安全发展核电，大力发展可再生能源发电，优化发展气电，清洁高效发展煤电。初步测算，到 2020 年，非化石能源和化石能源发电装机比约为 4∶6，非化石能源发电装机比重较 2014 年提高约 6 个百分点。其中，水电（含抽水蓄能）装机达到 3.9 亿千瓦左右，新增 9 000 万千瓦左右；核电装机达到约 5 800 万千瓦，新增约 3 800 万千瓦；风电、太阳能发电装机达到 3 亿千瓦左右，新增 1.8 亿千瓦左右；煤电、气电装机达到 12.2 亿千瓦左右，新增 3.3 亿千瓦左右；其他发电装机约 3 000 万千瓦左右。展望到 2030 年，非化石能源发电装机比重将进一步上升，非化石能源和化石能源发电装机比约为 4.5∶5.5。

售电市场之所以能够吸引上万家公司的加入，主要得益于其万亿级的市场需求容量。根据国家能源局发布的数据，2017 年我国全社会用电量为 63 077 亿千瓦时；按照国家能源局 2017 年 12 月发布的《2016 年度全国电力价格情况监管通报》，2016 年电网企业平均销售电价为 0.614 83 元/千瓦时（不含政府性基金及附加，含税，同比下降 4.55%），假设 2017 年仍按此速度下降，则电价约为 0.586 86 元/千瓦时。据此测算，2017 年全国售电市场容量为 3.7 万亿元。

《电力发展“十三五”规划（2016—2020 年）》提出，到 2020 年全社会用电量预期为 6.8 万亿～7.2 万亿千瓦时。2018 年政府工作报告提出，“要降低电网环节收费和输配电价格，一般工商业电价平均降低 10%”。随着电改的不断推进及技术进步，电价还将继续下降，这意味着全国电网企业平均电价下降速度将超过 5%，假设每年按 5%的速度下降，预计 2020 年电价约为 0.5 元/千瓦时，届时电力销售市场规模约为 3.4 万亿～3.6 万亿元。

（三）电力市场投资空间

“十三五”期间，我国电力工业将由规模扩张型发展向质量效益型发展转变，发展质量明显提升，结构更加优化，科技含量显著加强，电力建设和投资空间依然巨大。尽管“十三五”期间电力增速由高速转为中速，但由于我国电源装机基数巨大，年均增量装机规模仍将创历史新高。平均每年的新增装机约 1.1 亿千瓦，相当于意大利或巴西的装机，也相当于我国 1988 年的总装机。大致匡算 2015—2020 年电源项目投资需求约 3.2 万亿元左右，其中化石能源发电投资约占 40%，非化石能源发电投资约占 60%。

与此同时，国际电力建设和投资前景十分广阔。广大的新兴经济体将是未来经济发展主要的“增长极”，我们与新兴经济体的互动和共同发展将创造出巨大的空间。“一带一路”倡议从构想步入实施阶段后，我国将加快形成全方位开放的新格局，为促进产业转型升级、缓解过剩产能、充分利用两个市场和两种资源提供难得的机遇。“加强能源基础设施互联互通合作”是“一带一路”倡议的合作重点之一。目前，全球有 32 个新兴经济体的人均装机低于中国，若要使其人均装机达到中国水平，将有约 16.5 亿千瓦的装机建设空间，按照平均单位造价约 8 000 元/千瓦测算，投资需求约 13 万亿元，需求最大的印度装机建设空间达 7.5 亿千瓦，投资需求约 6 万亿元。电力建设需要巨大的资金、装备、技术和人才投入，我们可以充分发挥在电力装备制造、工程建设等方面的领先优势，同时借助亚洲基础设施投资银行、丝路基金、金砖国家开发银行等金融平台有效解决电力项目投融资难题，为促进新兴经济体电力基础设施的持续、快速发展，打造合作共赢的“中国＋N 命运共同体”做出积极贡献。

电力工业具有资金密集、资源密集、技术密集以及项目建设周期长的特点，为避免电力发展的大起大落，电力工业应适度超前于国民经济和社会发展。“十三五”期间既是全面建成小康社会的攻坚阶段，也是电力工业发展的关键时期，电力建设任务依然繁重。有必要超前谋划、合理安排，把握好发展的节奏，更好地满足国民经济和社会发展需要。

## 二、供热市场潜力分析[①]

### （一）产业现状

近年来，政府对集中供热系统建设的投入逐年上升，由2008年的270亿元增至2013年的450亿元。受政府对基础设施建设投资力度加大及供热需求持续增长的双重影响，集中供热行业取得了快速发展，全国的集中供热面积和供热量得到稳定增长。2013年，全国的集中供热面积约58亿平方米，当年集中供热总量约30亿吉焦，供热管网长度约18万公里。按热力消费市场的终端客户划分，热力供应行业可划分为工业市场和居民采暖市场两大类。目前工业部门是我国热力消费的主要领域，占全国热力消费总量的比重超过70%，但是居民采暖的热力消费增速高于工业领域，占全国热力消费总量约30%且比重不断提高。我国供热产热总热量中，热电联产占62.90%，区域锅炉房占35.75%，其他占1.35%。随着节能减排淘汰落后产能政策在全国的推广，各级地方政府加快了拆除高耗能、高污染、低热效率的区域小锅炉的步伐，而热电联产机组及大吨位锅炉具有节约燃料和减少环境污染的特点，在未来将成为我国主要的集中供热主体。

### （二）市场容量

房地产业的蓬勃发展和城镇化的提升，受益于原有大中城市供热面积快速增长（新增建筑＋旧区改造）和新兴县镇供热市场（超过1 100个）逐步开启，预计城市供热市场未来3～5年将保持15%的复合增速。我国城市供热行业仍以燃煤为主要燃料（占比超过80%），其年耗煤量超过1.5亿吨；行业内高污染、低效率的落后产能超过50%。我国集中供热覆盖率仍处于较低水平，目前仅在北方各省份的主要城镇建有集中供热系统，且平均覆盖率不到50%；南方城镇和我国广大的农村地区则基本没有集中供暖设施，仅能依靠天然气炉、空调、电炉和蜂窝煤等独立供热方式取暖。而芬兰和丹麦等发达国家的城市集中供热覆盖率达90%，其全国平均水平也在60%以上。未来房地产业的蓬勃发展、城市

---

① 中国城市供热行业发展监测分析与市场前景预测报告(2015—2020)[EB/OL]. https://wenku.baidu.com/view/4aca3f9114791711cd79175a.html.

化率的提高、区域小锅炉的拆除和旧城区的管网建设改造等均为集中供热市场创造了巨大而持续的需求，我国集中供热行业有非常广阔的发展前景。

（三）市场格局

据中国产业调研网发布的《中国城市供热行业发展检测分析与市场前景预测报告（2015—2020 年）》显示，目前，供热行业正处于体制改革、设备更新、技术进步阶段，市政公用行业的市场化进程加快，外资、民营等多种经济成分已进入供热市场，供热市场的竞争日益激烈。供热市场准入、特许经营、用热商品化、热计量收费等改革将进一步深化，节能高效、多热源、大吨位、联片集中供热、地源供热、科学运行等运营方式将不断推进发展。

近年来，我国城镇建筑取暖面积持续增长。根据《北方地区冬季清洁取暖规划（2017—2021 年）》数据显示，截至 2016 年底，我国北方地区城乡建筑取暖总面积约 206 亿平方米。其中，城镇建筑取暖面积 141 亿平方米，农村建筑取暖面积 65 亿平方米。城镇地区主要通过集中供暖设施满足取暖需求，城乡结合部、农村等地区则多数为分散供暖。按照 20～40 元/平方米/采暖季测算，2017 年北方供暖面积已经达到 156 亿平方米，仅北方城镇取暖市场规模就可达到 0.31 万亿～0.62 万亿元。根据《住房城乡建设事业"十三五"规划纲要》，"十三五"期间，城镇新建住房面积累计达 53 亿平方米左右。据此测算，预计 2020 年北方城镇取暖面积将达到 190 亿平方米，仅北方城镇供暖市场规模就可达 0.38 万亿～0.76 万亿元左右。此外，由于人们对于生活质量的要求提高，南方供暖需求呈不断上升趋势，因此，供暖市场潜力十分巨大。

## 三、供气市场潜力分析①

我国是以可持续发展作为发展的战略目标，因此，兼顾国民经济增长、国家能源安全和环境保护的多重目标是其重要的命题。无论是借鉴国际经验，还是中国能源系统自身转型的需要，能源结构逐步从高碳向低碳乃至无碳转型是大势所趋。

---

① 2018 年中国天然气行业市场需求预测及发展前景分析[EB/OL]. ttp://finance.eastmoney.com/news/1350,20180802918765215.html.

天然气消费市场潜力巨大[EB/OL]. https://mp.weixin.qq.com/s/Rzmts5luIAuXfnE2zV6V—A.

天然气作为一种清洁、高效能源，不仅具有比煤炭、石油更低的温室气体、二氧化硫和颗粒物排放量，而且能够有效弥补风能和太阳能不易存储、供应不稳定的缺陷，将在中国近中期的能源大转型中发挥重要的作用，具有很大的发展空间，并且符合能源可持续发展战略，未来前景不可限量。

2016 年我国能源消费总量 43.6 亿吨标准煤，较 2000 年已实现近 2 倍的增长。根据《能源发展"十三五"规划》，至 2020 年，我国能源消费总量有望实现近 50 亿吨标准煤。受制于"富煤、贫油、少气"的资源特点约束，我国的能源消费结构也呈现以煤炭消费为主的特征。天然气消费总量远低于煤和石油等传统燃料。原煤虽然在能源消费中处于绝对地位，但占比呈现逐年下降的趋势；天然气消费量占比虽然在几种能源中排名最低，但占比逐年上升，至 2016 年达 6.4%。从全球范围来看，石油、煤炭和天然气仍然为主要消费能源，2016 年天然气消费量占比 24%，远高于中国 6.4%的水平，可见中国天然气能源地位存在提升空间。

2016 年 12 月，国家发展和改革委员会、国家能源局印发的《能源发展"十三五"规划》提出，至 2020 年，天然气消费比重力争达到 10%，煤炭消费比重降低到 58%以下。根据国家发展和改革委员会运行快报统计，2017 年我国天然气消费量 2 373 亿立方米，目前全国天然气平均销售价格约为 2～3 元/立方米，据此计算，2017 年我国天然气市场规模约为 0.47 万亿～0.71 万亿元。2017 年 6 月，国家发展和改革委员会会同各部委印发了《加快推进天然气利用的意见》(发改能源〔2017〕1217 号)，指出逐步将天然气培育成为我国现代清洁能源体系的主体能源之一，并提出至 2020 年和 2030 年，天然气在一次能源消费结构中的占比力争达 10%和 15%左右的目标。

面对碳减排、大气污染防治、环境保护日益增长的压力，中国对发展清洁能源和生态环境保护的重视程度日益提高，而天然气在能效、环境可持续性、能源安全与弹性方面具有多重优势，具有巨大的消费潜力。

近年来，我国天然气市场发展迅猛。"十一五"至今，除 2015 年外，天然气消费量的增速始终维持在 10%以上。2017 年 1—9 月，天然气累计消费量同比增速为 13.4%。根据《能源发展"十三五"规划》目标，我们测算 2017—2020 年天然气消费量复合增速在16%左右。

虽然中国经济已进入新常态，但2020年前保持6%～7%的增长速度问题不大，保守估计也需要3%～3.5%能源消费增速的支撑，因此，提高居民气化率、大力推进燃煤锅炉“煤改气”、鼓励天然气发电和分布式能源发展以及天然气在车船领域的应用势在必行。此外，未来随着碳交易市场在全国层面的展开以及环境税政策的引入，能源尤其是煤炭的外部性将在很大程度上得到内部化，有利于提升天然气的竞争力。

根据2000年以来中国天然气消费量、消费结构的增长规律，考虑到天然气市场化改革促使天然气价格下跌因此而提升的需求，结合美国天然气消费增长的经验，经过多方测算，预计到2020年，中国天然气消费量可达4 000亿立方米，在一次能源消费中的占比达到10%以上。同时，消费结构不断优化。考虑到天然气供应紧张和技术进步因素，价格增减相抵消，天然气价格仍按2～3元/立方米测算，届时我国天然气消费市场潜力将达到0.8万亿～1.2万亿元。其中，城市燃气为1 040亿立方米（占比26%），城镇化和气化率水平的提高使居民用气保持快速增长，交通用气仍具有较大的发展潜力；工业燃料用气为1 560亿立方米（占比39%），主要是采掘和制造业的用气增长以及工业锅炉的煤改气所致；发电用气为920亿立方米（占比23%），主要用于调峰燃气电厂、天然气热电联产以及天然气分布式能源；化工用气为480亿立方米（占比12%），在合成氨和甲醇产能过剩以及煤化工的经济性增强的背景下，用气比重持续降低。

## 四、储能市场潜力分析①

储能是智能电网、可再生能源高占比能源系统、“互联网＋”智慧能源的重

① 刘勇：储能技术路线及目前市场前景分析[EB/OL]. http://toutiao.manqian.cn/wz_19ves631x_Jv.html.

2018年中国储能电池市场发展现状及发展趋势分析[EB/OL]. http://www.chyxx.com/industry/201804/627527.html. 2018.04.

储能行业发展前景分析[EB/OL]. https://baijiahao.baidu.com/s?id=1606874860024131477&wfr=spider&for=pc. 2018.07.

刘英军，刘畅，王伟，胡珊，郝木凯，徐玉杰，刘嘉，吴艳．储能发展现状与趋势分析[J]. 中外能源，2017，22(4)：80—88.

要组成部分和关键支撑技术。作为综合能源系统的重要支撑，储能可以起到削峰填谷作用，提高风、光等可再生能源的消纳水平，支撑分布式电源及微网，促进能源生产消费开放共享和灵活交易，实现多能协同。储能电池发展潜力巨大，但由于成本、技术、政策等原因仍处于市场导入阶段，相对于动力电池增长滞后。我国能源体量大，但能源结构复杂且具有一定的特殊性，西北部地区能源存量丰富，但需求较低，东南部人口密集，能源需求量较大，能源与需求存在地域上的错位。而储能产业是能源结构转型的关键和推手。加快储能产业的发展，对推动经济发展和建设健康的能源产出与消费体系具有重要意义。2017年，中国储能锂电池产量为 3.48 吉瓦时，同比增长 11.5%，未来随着技术逐渐成熟、成本逐步下降，储能市场也有望成为拉动锂电池消费的另一增长点。

目前已有的储能技术主要包括抽水蓄能、压缩空气储能、飞轮储能、超导储能、铅酸电池、锂电池、钠硫电池、液流电池及超级电容器等。储能、储热、储氢技术也得到了一定进展。我国储能技术总体上已经初步具备了产业化的基础。近年来，储能市场在政策支撑下，产业发展态势较好。国内外支持储能产业发展的政策频繁出台，国家级储能项目有望带动产业发展。截至 2017 年底，中国已投运储能项目累计装机规模 28.9 吉瓦，同比增长 19%。其中，电化学储能项目累计装机规模达 389.8 兆瓦，同比增长 45%。在各类电化学储能技术中，锂离子电池以 58%的占比位居首位。

随着下游需求的爆发式增长，储能的商业化应用也愈益迫切。2015 年之前，项目以示范应用为主，集中在可再生能源并网、调频辅助服务、电力输配、分布式发电及微电网、电动汽车光储式充电站；2015—2020 年，开始出现若干初具商业但还不备规模的项目，逐步向商业化迈进；2020 年之后，储能将逐步在各个领域实现商业化发展。

2017 年 10 月，国家发展和改革委员会、国家能源局等五部门联合印发《关于促进储能技术与产业发展的指导意见》，明确提出“十三五”期间储能产业的主要目标是实现储能由研发示范向商业化初期过渡，“十四五”期间实现由商业化初期向规模化发展转变。可以看出，未来储能产业将突破商业化应用的门槛，形成健康可持续的发展态势，成为推动能源生产和利用方式变革、推动经济社会发展的新功能。

(一)储能市场规模

2017 年中国储能产值 55 亿元，同比增长 5.8%。2017 年增长动力仍然来自家庭储能、电网储能及通信基站。受 4G 的大面积普及和 2015 年成立中国铁塔公司的影响，锂电池在通信领域的应用将持续保持上升态势，具体见图 3—3。

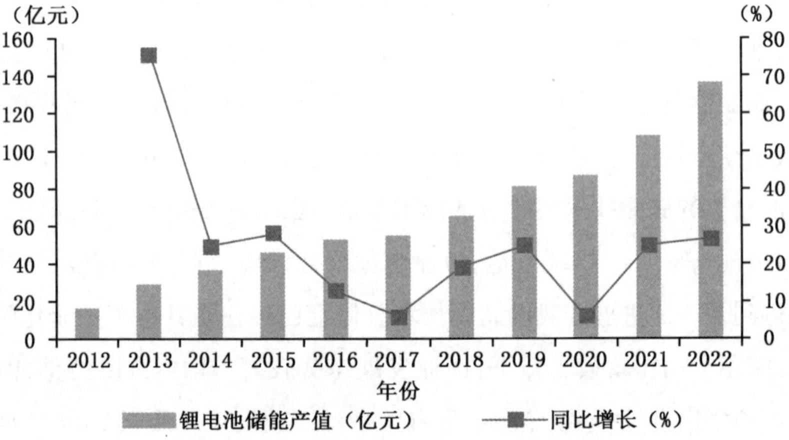


**图 3—3 2012—2022 年中国锂电池储能产值预测**

国内储能装机稳定增长，下游增长强劲。2016 年，我国储能累计装机规模为 24.3 千兆瓦，同比增长 4.7%。2018 年我国储能累计装机规模达到 30.4 千兆瓦，未来 4 年(2019—2022 年)年均复合增长率约为 18.82%，2022 年装机规模将达到 60.7 千兆瓦，具体见图 3—4 和图 3—5。

储热技术目前也是一个重要的储能技术的解决方案。它是一种大容量的储能技术方案，是解决电网调峰和可再生能源消纳问题，并实现清洁能源供暖的主要方案，同时在光热电站和压缩空气储能电站中作为一种主要部件用于提升能源系统效率，主要应用于电网的虚拟调峰、分布式能源系统及工业节能技术。

(二)储能发展趋势

我国储能锂电池行业将进入成长期，未来 5 年复合增速将超过 15%，市场

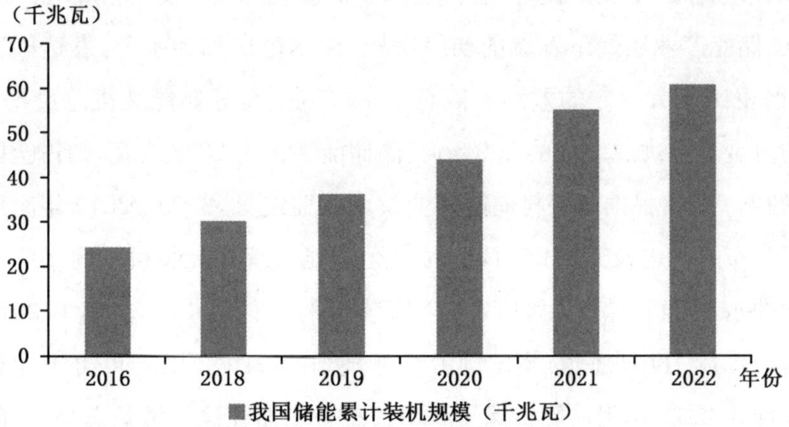


图 3－4　2016—2022 年我国储能累计装机规模统计情况及预测

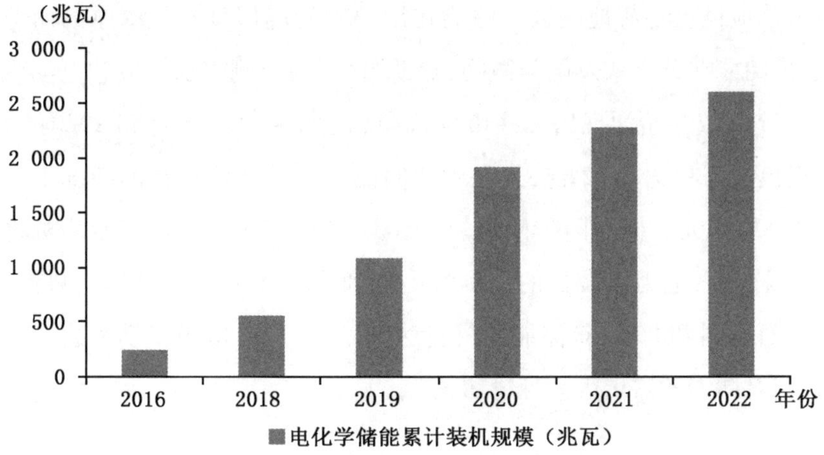


图 3－5　2016—2022 年我国电化学储能累计装机规模统计情况及预测

潜力较大。在日渐兴起的能源互联网中，由于可再生能源与分布式能源在大电网中大量接入，结合微电网与电动车普及应用，储能技术将成为协调这些应用的至关重要的一环，储能环节将成为整个能源互联网的关键节点，能源互联网的兴起将显著拉动储能的需求。锂电池生产技术快速进步，使得锂电池产品成本下降，从而提升储能锂电池产品相对于其他储能技术的竞争力。锂电池在储能领域的市场渗透率逐渐提升，也将进一步推动应用市场规模相应增长。

我国储能产业还处于发展的初级阶段，以示范应用为主，与发达国家的产业化进程相比还有一定的差距。截至2015年底，全球储能装机总量约为167吉瓦，约占全球电力总装机的2.9%；我国储能装机为22.8吉瓦，约占全国电力总装机的1.7%。根据中关村储能产业技术联盟统计，2000—2016年应用于用户侧（即分布式发电及微电网领域）的投运储能系统累计装机量为107.9兆瓦（不包含抽水蓄能和储热项目），占全部装机的比例为57%。其中2015年7月—2016年12月用户侧安装比例占全部规划的54%。随着可再生能源比例的增加，预计2017年用户侧将保持高增长态势。而在这一增长态势中，园区依旧是热点，在东南沿海等地区，已有很多园区开始参与储能系统建设，特别是新建园区。不仅如此，很多企业参与园区储能建设的积极性也很高。此外，政府的很多示范项目也将落地园区。储能在用户侧的应用具有最浓厚的商业化气息，特别是储能在分布式发电与微网、辅助服务、用户侧需求响应和电动汽车车电互联系统领域开始涌现出一些市场机会和创新模式。预计到2020年，储能总装机规模最高将达24.2吉瓦，在后续储能补贴等政策出台的情况下市场规模将达1 000亿元。根据国际能源署的预计，到2050年全球储能装机将达到800吉瓦以上，占电力总装机的比例将提高到10%～15%，市场规模将达数万亿美元。而我国到2050年储能装机将达到200吉瓦，市场规模将达2万亿元以上，我国对储能的需求巨大且迫切。

## 五、微电网市场潜力分析①

微电网（Micro-Grid）也译为微网，是指由分布式电源、储能装置、能量转换装置、负荷、监控和保护装置等组成的小型发配电系统。微电网是一个能够实

---

① 智能微电网发展前景之分析[EB/OL]. https://www.sohu.com/a/221663884_99901228.

封红丽．综合能源服务的市场潜力分析[EB/OL]．http://shoudian.bjx.com.cn/news/20180326/887626.shtml.

全球微电网市场规模及发展前景分析[EB/OL]．http://www.escn.com.cn/news/show-476717.html.

现自我控制、保护和管理的自治系统，既可以与外部电网并网运行，也可以孤立运行。并网型微电网既可以与外部电网并网运行，也可以离网独立运行；独立型微电网不与外部电网连接，电力电量自我平衡。微电网的提出旨在实现分布式电源的灵活、高效应用，解决数量庞大、形式多样的分布式电源并网问题。微电网是相对传统大电网的一个概念，是指多个分布式电源及其相关负载按照一定的拓扑结构组成的网络，并通过静态开关关联至常规电网。开发和延伸微电网能够充分促进分布式电源与可再生能源的大规模接入，实现对负荷多种能源形式的高可靠供给，是实现主动式配电网的一种有效方式，使传统电网向智能电网过渡。

博思数据发布的《2017—2022 年中国微电网市场竞争格局分析与投资前景研究咨询报告》指出，全球微电网快速发展。全球微电网市场规模稳步成长，目前全球规划、在建以及投入运行的微电网示范工程超过 400 个，辐射到北美、欧洲、东亚、非洲、拉美等地区。预计 2023 年微电网产业覆盖到的市场规模将达到 1 550 亿美元以上。图 3－6 和图 3－7 为 2016—2020 年全球微电网市场规模预测和发电量预测。

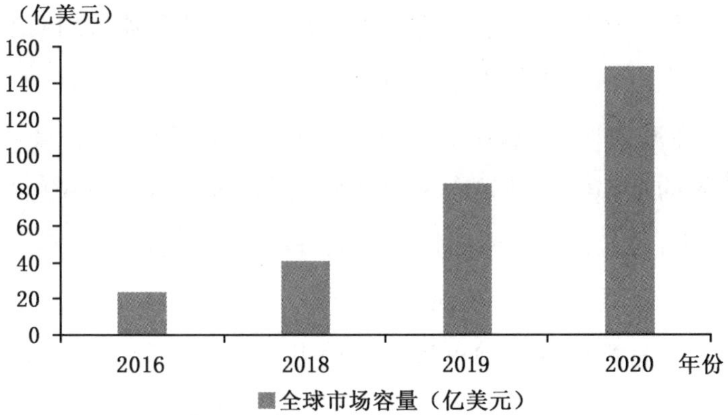


**图 3－6　2016—2020 年全球微电网市场规模及预测**

中国产业调研网发布的全球及中国微电网技术行业发展监测分析与发展趋势预测报告（2018—2025 年）显示，环境保护和能源枯竭的双重压力，迫使我

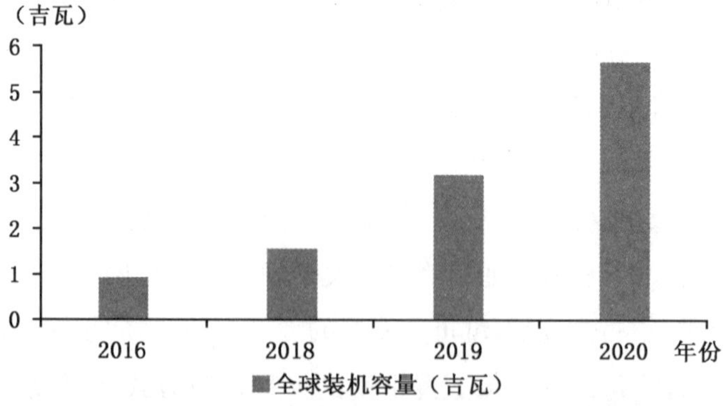


**图 3—7 2016—2020 年全球微电网发电量预测**

们大力发展清洁的可再生能源。高效分布式能源工业(热电联供)的发展潜力和利益空间巨大。提高供电可靠性和供电质量的要求以及远距离输电带来的种种约束都在推动着在靠近负荷中心设立相应电源。通过微电网控制器可以实现对整个电网的集中控制,不需要分布式的就地控制器,而仅采用常规的量测装置,量测装置与就地控制器之间采用快速通讯通道。采用分布式电源和负荷的就地控制器实现微电网暂态控制,微电网集中能量管理系统实现稳态安全、经济运行分析。微电网集中能量管理系统与就地控制器采用弱通讯连接。

迄今为止,微电网主要是以小型电厂的形式存在,通过总计 400 兆瓦的可再生能源发电容量为偏远地区和岛屿提供电力。不过,有关待建项目数据显示,微电网市场的重心已经开始向工业和商用项目转移,这不仅包括很多位于偏远地区的矿山,还包括许多希望提高供电可靠性、促进可再生能源整合,并使用电网服务的工业园区和校园设施。现阶段,全球约 80%的待建项目均位于我国。我国政府已出台政策,鼓励可再生能源电力产出向需求中心转移、推动电力产出的分散化,并刺激针对配电网的投资建设。受此鼓励,绝大部分微电网项目都集中在工业园区。

微电网作为"互联网+"智慧能源的重要支撑以及与大电网友好互动的技术手段,可以提高电力系统的安全性和可靠性,促进清洁能源的接入和就地消纳,提升能源利用效率,在节能减排中发挥重要作用。券商预计,"十三五"期间，微电网将撬动数百亿元的增量市场需求。

## 六、分布式光伏潜力分析[①]

2010 年以来，全球太阳能光伏发电蓬勃发展，年增长率为 40%。我国作为太阳能光伏的引领者，截止到 2017 年，太阳能光伏装机容量已高达 130 吉瓦，其中，分布式太阳能光伏发电出现爆发式增长，增长速度明显快于大型太阳能发电站。国家能源局数据显示，2017 年我国分布式光伏新增装机 1 944 万千瓦，增幅高达 3.7 倍，占新增光伏总装机的 36.6%，较 2016 年提升 24 个百分点，创历史新高。2017 年 1—11 月，我国分布式光伏累计装机 2 966 万千瓦，分布式光伏发电量达 137 亿千瓦时，考虑各级政府补贴后的电价约为 1～2 元/千瓦时，市场容量约为 0.01 万亿～0.03 万亿元。

随着巴黎协定对全球碳减排指标的明确，各国都加紧了对非化石能源的关注，在电源组成方面也体现出了对可再生清洁能源的倾斜。根据国际能源署预测，到 2030 年，全球光伏累计装机量有望达到 1 721 吉瓦，到 2050 年将进一步增加至 4 670 吉瓦。目前光伏装机量远小于预测值，可见在今后相当长的一段时间内，全球范围内光伏产业具有很大发展潜力。

就我国而言，太阳能资源十分丰富。据公开数据显示，我国仅利用现有建筑屋顶安装分布式光伏发电，其市场潜力就达到 3 亿千瓦左右。并且，国内长期依靠燃煤发电为主的电源结构，造成了严峻的环境问题。因此，使用太阳能光伏发电，同时结合用户需求进行分布式电力供应，成为能源格局调整的迫切需求。仅 2016 年，我国太阳能发电量达到 662 亿千瓦时，同比增长 72.0%，新增并网太阳能发电设备容量为 3 459 万千瓦，较上年同期增长 1.5 倍，远大于其他电源种类增速。就分布式光伏发电来看，《能源发展“十三五”规划》指出，到 2020 年，我国太阳能发电规模将达到 1.1 亿千瓦以上，其中分布式光伏为 6 000 万千瓦。国家能源局统计数据表明，截至 2016 年底，我国现有分布式光伏累计装机容量为 1 032 万千瓦。这表明今后 4 年内分布式光伏装机量每年将至少新

---

① 宁翔．国内分布式光伏发电产业现状与发展前景[J]．节能，2017，36(11)：14—19.

增 1 242 万千瓦。2017 年上半年，全国新增光伏发电装机容量 2 440 万千瓦，同比增长 9%，其中分布式光伏 711 万千瓦，同比增长 2.9 倍。

另外，由于光伏电池组件效率提升、制造工艺进步以及原材料价格下降等因素，光伏发电成本持续下降。根据中国光伏行业协会的数据，2013—2016 年我国硅材料成本降低了 44.4%，组件成本降低了 41.6%，逆变器成本降低了 57.1%。同时，“十三五”期间，硅基太阳能电池组件效率预计可保持每年 0.2%～0.5%的增速。成本降低有利于实现光伏平价上网，提高市场竞争力。目前光伏标杆电价在 0.80～0.98 元/千瓦时左右，针对电价较高的工商业用电已经实现了在用户侧的平价上网。预计 2020 年左右，光伏发电成本可达到 0.3～0.7 元/千瓦时，在部分地区即可实现发电侧的平价上网。成本降低同时带来光伏产业利润大幅度提高，将持续吸引资本投入，促进光伏市场发展。

目前，我国的分布式太阳能光伏发电装置主要安装在经济最繁荣的东部和南部，大约 52%的产能来自浙江、山东、江苏和安徽 4 个省份。2017 年，我国分布式太阳能光伏发电装机容量约为 19.4 吉瓦，比 2016 年高 3.6 倍，在我国太阳能光伏发电总装机容量中的占比为 27.1%，产生了 13.7 太瓦时的电力，足以为北京所有家庭供电 7.5 个月。图 3—8 为 2018—2025 年光伏新增装机量预测，图 3—9 为近 5 年分布式光伏与集中式光伏装机容量对比。

按照《能源发展“十三五”规划》，到 2020 年，分布式光伏发电装机将达 6 000 万千瓦，建成 100 个分布式光伏应用示范区，园区内 80%的新建建筑屋顶、50%的已有建筑屋顶安装光伏发电。由此可见，适合安装在工业园区、经济开发区、大型工矿企业以及商场学校医院等公共建筑屋顶的分布式光伏正渐入佳境。考虑到光伏成本将继续快速下降、后期将逐步取消补贴以及极有可能提前完成“十三五”规划目标等因素，价格仍按 1～2 元/千瓦时计算，光伏发电全国全年平均利用小时数按 1 204 小时计算，预计 2020 年的市场潜力将超 0.07 万亿～0.14 万亿元。

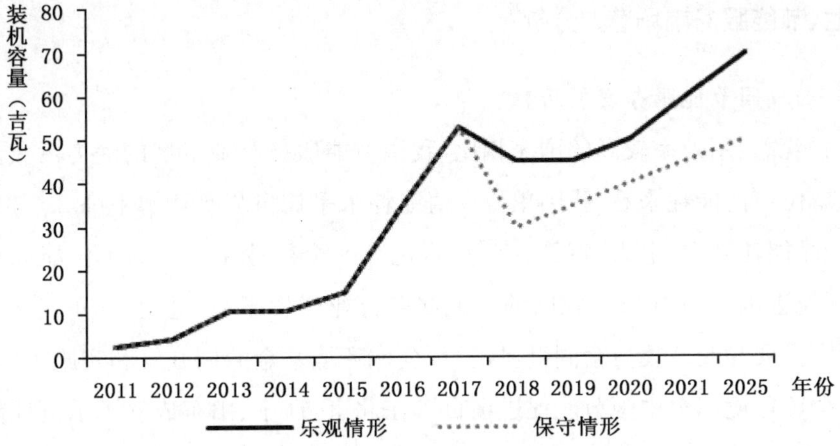


图 3—8 2018—2025 年光伏新增装机量预测

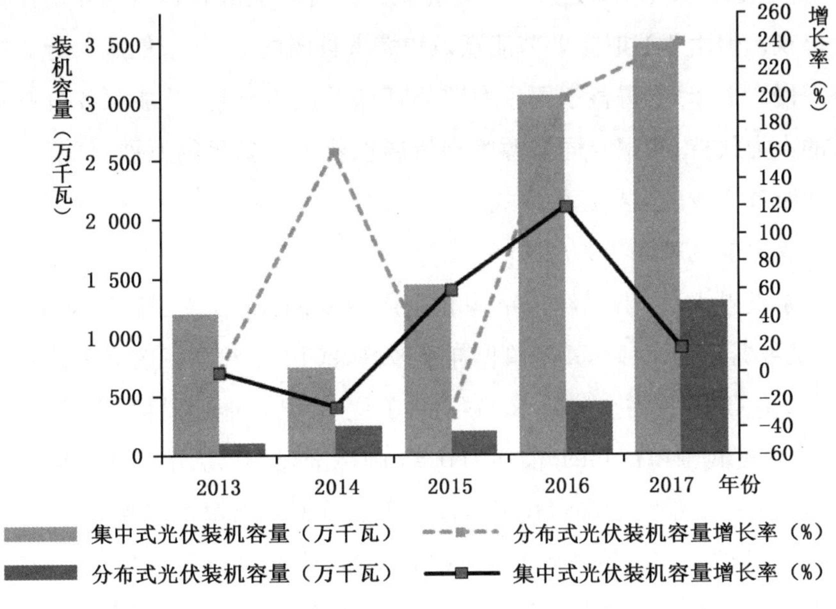


图 3—9 近 5 年分布式光伏与集中式光伏装机容量对比

## 七、节能服务市场潜力分析①

（一）我国节能服务发展历程

与能源利用效率较高的国家相比，我国节能服务行业发展的潜力巨大。首先，从单位产值能耗来看，我国单位产值能耗水平比世界平均水平高 2.4 倍；从单位产品能耗来看，电力、钢铁、有色、石化等 8 个行业主要产品单位能耗平均比国际先进水平高 40%。我国的节能服务行业产生于 20 世纪 90 年代。1997 年，国家发展和改革委员会同世界银行、全球环境基金共同开发和实施了"世界银行/全球环境基金中国节能促进项目"，在北京、辽宁、山东成立了示范性能源管理公司，项目一期示范的节能新机制获得很好的效果：以盈利为目的的 3 家示范合同能源管理公司运用合同能源管理模式运作的节能技改项目成功率超过 99%，节能效果显著，深受客户喜爱和欢迎。合同能源管理模式开始在我国市场上出现。但由于当时企业节能意识和需求较弱的原因，节能服务行业在我国发展缓慢。近年来，得益于国家对节能环保的政策支持，节能服务行业获得了政策的大力扶持，我国合同能源管理市场也获得了长足的发展，目前已成为我国节能服务产业的主导运作模式。

（二）我国节能服务行业现状

相比于世界水平，由于经济结构和生产效率的原因，我国能耗水平较高。Wind 资讯数据显示，我国 GDP 单位耗能较高，2012 年我国一次能源消耗占全球约 21%，但 GDP 仅占全球的 10%左右，单位 GDP 耗能超过世界平均水平的 2 倍，2013 年度我国单位 GDP 能耗为 0.74 吨标准煤/万元，单位耗能仍旧超过世界平均水平的 2 倍。近些年我国出台了多部政策要求调整产业结构，淘汰落后产能，提高能效水平，并加强工业、建筑、交运、农业等行业的节能管理工作，逐渐建立并完善了节能行业产业链，包括节能相关材料（上游）、节能设备制造（中游）、节能应用和服务（下游）。

根据中国节能协会服务产业委员会最新发布的《2017 节能服务产业发展报

① 能源经济效率偏低：节能服务行业潜在效益十分可观[J]. 宁波节能，2017(6)：36—37.

告》,节能服务产业持续较快增长,规模效应初显。2017 年我国节能服务产业产值达 4 148 亿元,较上年同期增长 16.3%,增速较上年提高 2 个百分点。其中,2017 年合同能源管理投资额达到 1 113.4 亿元,比上年增长 3.7%;合同能源管理项目融资预计超过 700 亿元。这表明,节能服务公司在做大做强的道路上呈现出良性发展态势。截至 2017 年,从事节能服务的企业有 6 137 家,较上年增加 321 家,年均增长率较 2016 年降低 1.7%。

照此发展势头,《"十三五"全民节能行动计划》提出的"到 2020 年,节能服务产业产值比 2015 年翻一番,预计达到 6 000 亿元"的目标任务,有望提前完成。

(三)市场供求状况及变动原因

1. 新型城镇化建设

2015 年,我国城镇化率达到 56.10%,远低于发达国家 80%的平均水平。我国城镇化水平仍有较大的发展空间。中共中央、国务院先后出台了《国家新型城镇化规划(2014—2020 年)》《关于深入推进新型城镇化建设的若干意见》(国发〔2016〕8 号)等重要政策,促进我国新型城镇化建设。《国家新型城镇化规划(2014—2020 年)》指出:到 2020 年,我国常住人口城镇化率将达到 60%左右,户籍人口城镇化率将达到 45%左右。到 2020 年,城镇绿色建筑占新建建筑比重将达到 50%,重点发展智能建筑,实现建筑设施、设备、节能、安全的智慧化管控。

新型城镇化建设中,推动城市绿色发展,将促进绿色建筑以及建筑节能服务产业的发展。因此,我国的新型城镇化将有效扩大建筑智能化工程与节能服务的市场需求。

2. 房地产市场

近年来,虽然我国房地产调控政策频繁出台,但在市场供需影响下,房地产市场整体保持了持续发展态势。2011—2015 年,商业营业用房与办公楼施工面积逐年增长,年均复合增长率分别达到 15.49%和 19.97%;2015 年商品住宅施工面积虽有所下降,但仍保持在较高水平。

《住房城乡建设事业"十三五"规划纲要》数据显示，"十三五"期间，我国城镇新建住房面积累计达53亿平方米左右，到2020年，城镇居民人均住房建筑面积将达到35平方米左右。因此，建筑智能化与绿色节能建筑在房地产市场仍具有广阔发展空间。

3. 公共机构

公共机构不仅是实施建筑节能的重要领域，也是建筑智能化的重要应用领域。既有公共机构的建筑智能化、节能改造以及新建智能化建筑、绿色建筑将对行业形成强劲的市场需求。

未来，人民健康需求的持续提升将进一步促进医疗卫生事业的发展。根据国务院发布的《全国医疗卫生服务体系规划纲要(2015—2020年)》，到2020年，我国医疗卫生服务体系资源要素配置将持续提升。新建医疗卫生机构也将带动建筑智能化工程、绿色建筑的建设。

近年来，在国家大力普及高等教育，提高教学水平与教育质量的措施下，各阶段教育机构校舍面积逐年增长，民办教育、职业教育等第三方教育机构也蓬勃发展。教育系统的建筑智能化工程、节能改造项目亦前景广阔。

我国高度重视文化建设，积极推进文化惠民工程，文化事业取得显著成绩。近年来，我国公共图书馆、博物馆、群众文化机构等数量逐年增长，相应的建筑面积也持续扩大。《中华人民共和国国民经济和社会发展第十三个五年规划纲要》将公共文化设施建设列入"十三五"期间文化重大工程中，未来文化设施建设的持续开展亦为建筑智能化与节能服务市场的发展提供了广阔的市场空间。

随着我国经济的持续发展，体育、社会服务等事业也取得了显著成绩，体育场馆与社会服务等相关设施建设持续展开。2015年，社会服务业在建项目建设规模达4 087.3万平方米。未来，在《全民健身计划(2016—2020年)》《体育发展"十三五"规划》《民政事业发展第十三个五年规划》等政策的驱动下，公共体育设施、社会服务设施的建设将进一步扩大，也为建筑智能化与节能服务市场提供了良好的发展机遇。

## 八、电动汽车市场潜力分析[①]

电动汽车是全部或部分以电力作为驱动系统动力源的汽车，相对以燃油作为动力的传统汽车而言，电动汽车在环保、节能等方面占据着明显的优势。由于传统汽车依赖的石油燃料是不可再生的化石能源，而电动汽车使用的电能是二次能源，其来源除煤炭等不可再生能源外，还可以是水能、风能、太阳能、核能等多种清洁、可再生能源，发展电动汽车可实现多种能源资源和电力资源的合理利用。因此，电动汽车作为新型节能环保电力负荷，其广泛普及是缓解大气环境污染和能源紧缺的有效方式，省级电网公司大力推动电动汽车的发展，既是实施国家能源发展战略、履行社会责任的重大战略举措，同时也可以利用电动汽车低谷充电高峰放电的工作方式调节峰谷负荷，改善电网负荷特性，进一步促进电网节能减排。目前，我国的电动汽车正处于从研发向规模产业化过渡的重要阶段，是难得的战略机遇期，省级电网公司应该把电动汽车的研发和推广作为重点领域，积极促进用户侧的节能减排。

（一）电动化与能源低碳化要密切结合

新能源与电动汽车产业都是我国战略性的新兴产业，也是推动能源革命的核心。目前，我国已经成为全球最大的风电、太阳能发电以及电动汽车推广应用的国家。但随着市场的高速发展，新能源与电动汽车也面临着日益严峻的挑战。一方面，随着大量风电、太阳能发电接入电网，部分地区出现了大规模弃风、弃光现象。另一方面，由于当前我国电源结构以火电为主，在我国大规模发展电动汽车一直存在全生命周期内是否环保的争议。

实际上，电动汽车低碳化的关键在于电的来源要向可再生能源发展，因而电动化需要和新能源紧密结合，进行能源纵向整合。随着两者的规模化发展，新能源发电与电动汽车存在巨大的协同发展潜力，使用绿色电源能够解决电动

---

① 新能源与电动汽车协同发展潜力巨大[EB/OL]. http://www.tyncar.com/News/hy/20170713_28126.html.

丁宇．省级电网公司促进用户侧节能减排的思路分析[J]．电力需求侧管理，2011，13(3)：10—14.

汽车是不是足够清洁、环保的问题，也可以给电动汽车产业带来更有利的发展空间。

（二）分布式新能源与电动汽车更般配

我国大型风光基地的新能源电力与电动汽车、储能并没有直接联系。这是因为：一方面，我国大型风光基地与电动汽车的目标市场在地理上是分离的；另一方面，依靠增加本地储能来消纳新能源电力并不现实。实际上，消纳大规模风光基地的电能，应主要依靠输电网传输能力的提升，把电力用到负荷中心，或通过产业调整提高本地负荷。

实际上，真正相互需要、密不可分、需要协同的是分布式新能源、电动汽车及储能。分布式新能源与电动汽车的发展，极大地增加了电网的不确定性。而电动汽车具有与生俱来的能源互联网基因，是应对电网不确定性的最佳手段。

美国经济学家杰里米·里夫金（Jeremy Rifkin）在其《第三次工业革命》一书中就提到5个要点，其中一个要点就是分布式能源，而解决分布式能源的核心问题就是电动汽车。目前，按照这一模式发展企业的是特斯拉，它把电动汽车、屋顶发电与储电墙相结合，形成微电网。微电网与区块网连接，微电网消纳不了的电能传输到区块网，区块网消纳不了的电能传输到大电网。这就形成了“微电网—区块网—大电网”的互联网区块链式的电网。此外，据了解，德国发展电动汽车的一大重要诱因也是为消纳分布式能源。

（三）动力电池与储能协同发展是必然

从充分挖掘电池价值的角度看，储能与电动汽车是必然要协同发展的产业。实际上，动力电池仅用于电动汽车是巨大的浪费。蔚来汽车副总裁沈斐介绍，以电动乘用车为例，如果一周充电两次，一年充电次数就是100次左右。如果未来动力电池能够保证2 000次的循环使用寿命，在动力电池退役时，将至少有1 500次左右的循环寿命可以用于储能。虽然目前储能市场的经济性还未得到认可，但退役动力电池的最大出路仍在国内储能市场。

从消费者的角度分析，动力电池与储能的结合，更利于动力电池资产社会化和车电分离。一方面，消费者不用花费资金去购买价格不菲的动力电池；另一方面,集约化管理动力电池,在梯次利用的效率、价值和可行性上,都胜过将动力电池分散在消费者手里,再进行梯次回收利用的方式。

(四)电动汽车是连接未来的关键

从全球来看,电动汽车的发展进程正在加速,或超过很多人的预期。国务院发展研究中心党组书记、副主任,现任全国政协常委、经济委员会副主任陈清泰认为,电动汽车作为不可逆转的大趋势,能与未来的分布式能源、智能电网、智能交通、智慧城市很好地对接。现阶段只是电动汽车发展的序幕,推动进一步竞争的则是智能化。

电动汽车的发展涉及国家重大战略,包括能源结构、产业链、交通、未来城市出行,牵扯到重大基础设施建设、能源结构调整等问题,不是短期内能够实现的。如果没有战略眼光和长远谋划,仅仅是走一步看一步,那么将来永远是落后的。因此,政府在发展设计上要具有前瞻性,提早进行布局。电动汽车的发展没有悬念,无人驾驶的发展也没有悬念。问题的关键在于如何与政府合作,调动企业的潜力和积极性,与政策对接。

## 九、供应侧市场综合分析

推进我国能源革命,其标志性的要求是确保我国能源体系实现清洁、高效、低碳和安全运行。大数据分析显示:目前我国在这四个方面发展是不充分的,也是不平衡的,为全面实现建设清洁低碳、安全高效的现代能源体系,要明确今后能源体系供给侧改革工作的着力点:

第一,实现能源高效化的关键在需求侧,要继续强化市场机制、充分发挥好需求侧响应作用,保持供给侧与需求侧良性互动。

第二,基于社会各方对能源低碳化、能源安全保障的较高共识度,要发挥好供给侧的推动作用,充分动员全社会力量的积极支持和共同参与。

第三,对于有相当难度的能源清洁化问题,要发挥好供给侧的引领作用,创新体制机制,在商业运行模式上寻求突破点和适宜的解决方案。

第四,对于综合性能源体系问题,从供给侧改革入手,重点调整平衡好清洁、安全和高效三者间关系。

## 第四节　投资市场潜力分析

### 一、可再生能源投资市场潜力分析①

发展可再生能源，是应对化石燃料短缺、环境污染、气候变化、能源安全等问题的重要手段，也是实现社会经济可持续发展的有效途径。近年来，在各国政府的目标激励和政策支持下，可再生能源得到了长足的发展。截至 2016 年底，全球累计可再生能源（不含水电）装机达到 921 吉瓦，其中风电及光伏装机分别为 486 吉瓦和 303 吉瓦；中国风电及光伏装机为 149 吉瓦和 77.4 吉瓦，均居全球首位。可再生能源已成为全球主要经济体电力供给的重要来源，如在欧盟、英国、德国、丹麦、西班牙、葡萄牙、美国、中国，2016 年的可再生能源（不含水电）分别为全社会用电量贡献了 29%、22%、31%、51%、37%、53%、8.4%、6.3%。在未来，可再生能源的消费比重还将持续高速增长，并成为主要的能源供给形式。当前以化石能源为主导的电力系统也将转变为以可再生能源为主导，并最终发展成为完全使用可再生能源的电力系统。可再生能源出力具有较强的不确定性，电力系统中可再生能源比例的提高，不仅需要可灵活调节的发电机组的配合，更需要电网及需求侧的主动参与，实现供需两侧能量、信息、交易的互动，而供需互动的充分性和合理性是决定能源互联网运行效率的关键。健全的电力市场，能够优化配置电力资源，保证市场主体通过公平竞争获利，从而为供需互动的开展，能源互联网的清洁、高效运行提供驱动力和平台。

《2018 全球可再生能源投资趋势》报告显示，2017 年可再生能源总投资达到 2 798 亿美元（不包括大型水电）。这一数字相较于 2016 年的 2 416 亿美元，增加了 15.8%，让曾经一度唱衰可再生能源投资市场的人颇为尴尬。2016 年，

---

① 肖云鹏，王锡凡，王秀丽，别朝红．面向高比例可再生能源的电力市场研究综述[J]．中国电机工程学报，2018，38(3)：663—674.

受到各国政策和多种因素影响，国际市场上可再生能源投资额同比下降 23%，可再生能源投资遇冷仿佛给不少投资商和企业戴上了隐形镣铐，市场投资大多处于观望态势。显然，可再生能源领域在 2017 年实现了逆势回温。报告指出，2017 年，太阳能前所未有地主导了全球新能源发电投资。世界范围内太阳能装机容量创纪录地增长了 98 吉瓦，远远超过可再生能源、化石能源以及核能等其他发电技术的净增量。同时，太阳能发电与其他发电技术相比吸引了更多的投资，同比增长 18%，达到 1 608 亿美元。这组数字再次验证了可再生能源市场的巨大潜力。

自然资源保护协会(NRDC)能源、环境、气候变化高级顾问杨富强认为，"市场回暖主要有 4 个因素。一是可再生能源技术持续发展使得成本降低，让可再生能源的竞争性和优势不断凸显。二是不少国家和地区认识到可再生能源的发展前景，给予强有力的国家性政策支持。三是一些私营部门不再驻足观望，而是以长远的眼光重新认识可再生能源市场，来自投资者的热情进一步加速了市场回暖的态势。四是国际社会对环境的高要求业已成为能源领域的重要指标。为了实现《巴黎协定》缔约国各自设下的减排目标，不少国家、地区已将低污染、低碳的绿色能源视为未来数十年的发展方向。这些因素共同作用，实现了 2017 年可再生能源投资市场的逆袭"①。

从可再生能源投资力度来看，光伏发电成为各类可再生能源中的投资重点。《可再生能源发展"十三五"规划》显示，到 2020 年，我国将新增水电投资约 5 000 亿元，新增风电投资约 7 000 亿元，新增各类太阳能发电投资约 1 万亿元。加上生物质发电投资、太阳能热水器、沼气、地热能利用等，"十三五"期间可再生能源新增投资约 2.5 万亿元。

## 二、配电网投资潜力分析

为进一步促进我国能源互联网、智能电网产业发展，国务院、国家发展和改

---

① 二〇一八全球可再生能源投资趋势[EB/OL]. http://www.xinhuanet.com/energy/2018-04/B/c_1122675929.htm.

革委员会、国家能源局发布了《关于促进智能电网发展的指导意见》，提出到2020年，初步建成安全可靠、开放兼容、双向互动、高效经济、清洁环保的智能电网体系，形成有国际竞争力的智能电网装备体系；加强移动互联网、云计算、大数据和物联网等技术在智能电网中的融合应用；加快灵活交流输电、柔性直流输电等核心设备的国产化；加紧研制和开发高比例可再生能源电网运行控制技术、主动配电网技术和智能电网大数据应用技术等，实现智能电网关键技术突破，促进智能电网上下游产业链健康快速发展。

2015年8月，国家能源局对外发布《配电网建设改造行动计划(2015—2020年)》，其保障措施和具体内容如表3－1所示。行动计划明确指出要全面加快现代配电网建设。预计到2020年，高压配电网变电容量达到21亿千伏安，线路长度达到101万公里，分别是2014年的1.5倍、1.4倍；中压公用配变容量达到11.5亿千伏安，线路长度达到404万公里，分别是2014年的1.4倍、1.3倍；规划投资2万亿元，多渠道保障资金来源。2015年发布的《配网改造行动计划2015—2020》和《关于加快配电网建设改造的指导意见》提出，“十三五”期间，配电网建设改造累计投资不低于1.7万亿元。欧美国家配电投资基本上是输电投资的1.5倍，而我国配电网的投资明显落后于输电网投资，反映出我国配电网投资尚有很大的发展空间。随着综合能源服务新业态的推动，预计未来十年我国配网投资将加速，“十三五”期间极有可能实现2万亿元配网投资。

**表3－1　　2015—2020年配网规划主要政策保障**

| 保障措施 | 具体内容 |
|---|---|
| 加大财政资金扶持力度 | 发挥各级政府资金杠杆作用，带动社会资本参与 |
| 完善电价政策 | 结合输配电价改革，允许通过电价收回配网建设成本 |
| 鼓励社会资本参与配电网投资 | 研究出台社会资本投资配电业务、政府和社会资本合作(PPP)建设经营配电网基础设施的具体措施 |
| 鼓励多种方式购售电 | 鼓励符合条件的配网企业成立售电公司，通过创新服务降低成本，筹集配网建设资金 |

此外，配网是实现智能电网的关键环节。目前我国供电可靠率、用户年均停电时间、综合电压合格率以及配电自动化等方面均存在提升空间，其中配电

自动化水平覆盖率不到15%，远低于法国、日本的90%和100%。发达国家平均配电自动化水平覆盖率约70%～80%。随着新能源装机规模的不断扩大、分布式能源的发展、电动汽车的增长以及深化电力体制改革的需要，国内配电网建设将具有较大发展潜力。配电网建设改造的具体指导目标如表3—2所示。

**表3—2　配电网建设改造指导目标**

| 指　标 | 单位 | 2014年 | 2017年 | 2020年 |
|---|---|---|---|---|
| 1. 供电可靠率 | % | 99.35 | 99.69 | 99.82 |
| 其中：中心城市（区） | % | 99.95 | 99.97 | 99.99 |
| 城镇 | % | 99.80 | 99.85 | 99.88 |
| 乡村 | % | 99.16 | 99.45 | 99.72 |
| 2. 用户年均停电时间 | 小时 | 57.0 | 27.0 | 15.7 |
| 其中：中心城市（区） | 小时 | 4.4 | 2.6 | 1.0 |
| 城镇 | 小时 | 17.5 | 13.2 | 10.0 |
| 乡村 | 小时 | 73.6 | 48.0 | 24.0 |
| 3. 综合电压合格率 | % | 95.88 | 97.53 | 98.65 |
| 其中：中心城市（区） | % | 99.94 | 99.96 | 99.97 |
| 城镇 | % | 96.92 | 97.95 | 98.79 |
| 乡村 | % | 90.77 | 94.69 | 97.00 |
| 4.110千伏及以下线损率 | % | 6.2 | 6.1 | 6.0 |
| 5. 高压配电网容载比 | | 2.01 | 1.8～2.2 | |
| 6. 乡村户均配变容量 | 千伏安 | 1.55 | 1.8 | 2.0 |
| 7. 配电自动化覆盖率 | % | 20 | 50 | 90 |
| 8. 配电通信网覆盖率 | % | 40 | 60 | 95 |
| 9. 智能电表覆盖率 | % | 60 | 80 | 90 |

注：①中心城市（区）是指市区内人口密集以及行政、经济、商业、交通集中的地区；城镇包括城市的建成区及规划区，县级及县级以上地区的城区，以及工业、人口在本区域内相对集中的乡、镇地区；乡村是除中心城市（区）、城镇以外的地区。②2014年数据源于配电网普查中各省级发展和改革委员会（能源局）、电网企业上报数据的加权平均值。

## 三、天然气分布式投资潜力分析

根据中投顾问的《2016—2020年中国分布式能源产业深度调研及投资前景预测报告》，天然气目前应用较为适应的领域包括中心商业区、工厂、机场、IDC机房、学校、医院等电热比和需求量均较为稳定的用户。据中国城市燃气协会分布式能源专业委员会统计，截止到2014年底，我国已建和在建天然气分布式能源项目装机容量已达3.8吉瓦，其中已建成项目82个，在建项目22个，筹建项目53个。

从分布上看，天然气分布式能源项目呈现点状集中，仅在北京、上海、广东等资源充足、经济发达地区发展较快。分布式能源一直以来获得国家的大力支持。从2011年10月的《关于发展天然气分布式能源的指导意见》提出“十二五”期间建设1 000个左右天然气分布式能源项目，并拟建设10个左右各类典型特征的分布式能源示范区域，到2016年4月《2016年能源工作指导意见》提出积极发展分布式能源，放开用户侧分布式电源建设，鼓励多元主体投资建设分布式能源，在国家政策的支持和补贴下，未来分布式能源增长确定性和空间非常大。

中国城市燃气协会分布式能源专委会在北京发布的《天然气分布式能源产业发展报告2016》显示，截至2015年底，我国天然气分布式能源项目(单机规模小于或等于50兆瓦，总装机容量200兆瓦以下)共计288个，总装机超过1 112万千瓦。根据《能源发展“十三五”规划》，“十三五”期间，全国气电新增投产5 000万千瓦，2020年达到1.1亿千瓦以上，其中天然气热电冷多联供1 500万千瓦。若按照天然气分布式能源项目投资单价约4 000～5 000元/千瓦，到2020年天然气分布式能源项目总投资规模将达600亿～750亿元。

分布式能源应该与电网紧密配合，实际上与电网配合的关系决定了分布式能源的经营形式——并网上网、并网不上网、通过电网直供等。过去习惯将项目分为区域型和楼宇型的，实际上现在比较客观的有三种。第一种是城市供电项目，采用城市商业电价、峰平谷电价。城市供电项目总的来说份额比较小。美国号称的近2亿千瓦供电量中，城市供电项目实际占比不到10%。第二种是产业园区和工业园区项目。产业园区是我国独有的经济形式。中国有约 3 万个产业园区，其中国家级的有 200 多个，省级开发区有 1 000 多个，工业能耗几乎占了全国的 70％，工业 GDP 的近 70％是通过开发区的形式实现的。这两个 70％可以说明未来的天然气分布式能源市场应该以开发区为单位，但是难点在于绝大多数开发区属于存量配网型，主要由国网公司主导，倘若电力市场不放开，分布式能源就很难发展，只能靠国家补贴电价。现今，煤改气已经在工业热电方面开始，且深入到居民供热，这将是巨大的市场。

### 四、投资市场潜力综合分析

从投资的角度看，综合能源服务所涉及的要素中仅可再生能源、配电网改造、天然气分布式三个领域，“十三五”期间的新增投资规模预计约 4.26 万亿～4.275 万亿元，具体见表 3—3。

**表 3—3　“十三五”期间综合能源服务相关要素投资规模**　单位：万亿元

| 投资类型 | “十三五”新增投资额 |
| --- | --- |
| 可再生能源新增总投资 | 2.5 |
| 其中：水电 | 0.5 |
| 风电 | 0.7 |
| 各类太阳能发电 | 1 |
| 生物质发电投资、太阳能热水器沼气、地热能利用投资 | 0.3 |
| 配电网改造累计投资 | ＞1.7 |
| 天然气分布式投资（冷热电联供） | 0.06～0.075 |
| 合　计 | 4.26～4.275 |

## 第五节　用户侧市场潜力分析

### 一、节能服务潜力分析

与能源利用效率较高的国家相比，我国节能服务行业发展的潜力巨大。

首先，从单位产值能耗来看，我国单位产值能耗水平比世界平均水平高 2.4 倍；从单位产品能耗来看，电力、钢铁、有色、石化等 8 个行业主要产品单位能耗平均比国际先进水平高 40%。

由此可见，我国众多行业产品单耗与国际平均水平还有很大差距，离国际先进水平差距更远。主要工业产品的单耗普遍比国外高，节能潜力巨大，其原因主要是生产规模、工艺路线、技术装备、运行管理等方面同国外相比存在着差异。

其次，我国主要用电设备的效率较低，包括风机、水泵、压缩机等电机拖动系统，照明系统，空调系统以及变压器等。其中，风机、水泵、压缩机等电机拖动系统的电耗约占全国售电总量的 60%，照明电耗约占全国电力消费总量的 13%，空调系统在城市中夏季降温电量约占售电总量的 10%，在电力系统中配电变压器的损耗占输配电系统损耗的 1/3，占配电系统损耗的 1/2 以上。

能源经济效率偏低的另一个表现是能源消费总量节节攀升。据统计，2014 年，我国一次能源生产总量 36.0 亿吨标准煤，比 2013 年增长 0.5%；原煤产量 38.7 亿吨，比 2013 年下降－2.5%；原油产量 2.11 亿吨，比 2013 年增长 0.7%；天然气产量 1 301.6 亿立方米，比 2013 年增长 7.7%；发电量 56 495.8 亿千瓦时，比 2013 年增长 4.0%。

“十一五”期间，我国抓住了工业、交通、建筑这三大高耗能领域作为节能减排重点，尤其是在冶金、建材、石化、电力等工业领域，节能减排成效显著。

“十二五”期间，我国节能减排的主要领域限定在以“钢铁、有色金属、建材、石化、化工和电力”为代表的工业领域。与此相对应，节能服务市场也集中分布在工业领域，占节能服务产业总产值的 70%左右。

“十三五”期间，随着节能减排政策的不断推进，节能服务市场在保持以工业节能领域为主体的同时，将在建筑节能、交通节能等领域，尤其是公共机构节能改造项目方面长足发展，节能服务市场不断在横向上拓宽，在服务领域趋向平衡。

根据“十三五”规划，到 2020 年，全国节能服务公司数量将达到 6 000 家左右，行业从业人员突破 100 万人，节能服务产业实现总产值突破 6 000 亿元。据此测算，2016 年中国节能服务产业产值规模为 3 600 亿元；预计到 2020 年，中国节能服务产业达到 6 000 亿元，行业前景十分广阔。典型节能项目单位节能能力投资如表 3—4 所示。

**表 3—4　　典型节能项目单位节能能力投资**

| 序号 | 项　目 | 投资（万元） | 年节电量（万千瓦时） | 单位节电能力投资（元/千瓦时） | 单位节电能力投资（元/吨标准煤） |
|---|---|---|---|---|---|
| 1 | 配电系统节点改造 | 780 | 788.5 | 0.99 | 2 971 |
| 2 | 生料磨风机变频改造 | 126 | 91.44 | 1.38 | 4 138 |
| 3 | 变压器节电改造 | 321.91 | 202.1 | 1.59 | 4 738 |
| 4 | 机泵变频调速 | 265.5 | 531 | 0.50 | 1 502 |
| 5 | 中央空调系统节电改造 | 600 | 425.3 | 1 041 | 4 237 |
| 6 | 路灯节电改造 | 276.2 | 570.57 | 0.48 | 1 454 |
| 7 | 永磁电机替代低效电机 | 8.4 | 4.941 8 | 1.70 | 5 104 |
| 8 | 冷却塔风机动力改水轮机 | 30 | 23.302 | 1.29 | 3 866 |
| 9 | 化工厂电解槽 | 1 710.9 | 2 028 | 0.84 | 2 533 |
| 10 | 热电厂给水泵变频改造 | 80 | 76 | 1.05 | 3 161 |

## 二、定制化能源菜单潜力分析

近年来，随着人们开始追求更加舒适、智能、便捷的居住环境，综合能源服务需求应运而生，且智能电网的发展也使得综合能源服务平台作为能源使用终端受到广泛关注。综合能源服务支持清洁能源与储能系统，鼓励能源梯级利用、循环利用，引导用户优化用能结构，提高能效、实现节能减排。因此，研究如何优化用户用能结构、调整能源消费结构，对综合能源服务用户侧管理的发展至关重要。以终端用户为单元优化用能结构需要依托家庭能量管理系统（HEMS）。家庭能量管理系统对分时电价等信息做出响应，合理实施需求侧管理，不仅能减少居民用电费用，还能平滑负荷曲线，提高电力系统安全性。

一方面，综合能源服务公司可以为用户提供“能源方案设计、减少能源使用成本、推进节能和环保、高可靠性设施设备、提高设备运行效率、降低客户投资成本”等综合服务；另一方面，用户可以根据自己用能的需求和特点向综合能源服务公司咨询相应的综合服务，从而形成定制化能源菜单。

就目前而言，由于综合能源服务刚刚兴起，发展不够成熟，定制化能源菜单还未出现或者形成不够成熟且没有得到推广，大部分用户还是处于传统用能模式，并未对自己在用电、气、热、冷等能源需求方面进行最大节能性优化，使自己的用能成本降到最低。

## 三、用户参与削峰填谷服务潜力分析①

削峰填谷是通过分时电价、高耗电设备交替运行等对用电侧进行调度，将尖峰负荷时段内的部分负荷转移到低谷时段，同时起到削峰和填谷、平滑负荷曲线的作用，它既可充分利用闲置容量，减少新增装机容量，又可平稳系统负荷，降低发电能耗。在电力严重短缺、峰谷差距大、负荷调节能力有限的电力系统，一直把削峰填谷作为改善电网经营管理的一项主要任务。削峰填谷对电网公司的影响是双向的：一方面增加了低谷期用电量，提高了电网公司的销售收入；另一方面又减少了高峰负荷期用电量，降低了电网公司的销售收入。因此，电力系统的收入变化取决于增加的谷电收入和降低的运行费用对减少的峰电收入的补偿程度。比较主要的削峰填谷技术措施是蓄冷蓄热技术。除一些特殊的工业空调系统外，商业或一般工业建筑用空调均非全日使用，而且负荷逐日、逐时不均匀，中央空调采用蓄冷技术是削峰填谷最为有效的手段，它在后半

① 削峰填谷——用户侧电池储能应用和收益简析[EB/OL]. https://mp.weixin.qq.com/s/NZE-wR2iSGpNlaJZnVjK0qQ.

施泉生，丁建勇．电力需求侧管理[M]．上海：上海财经大学出版社，2018.

夜电网负荷低谷时段制冰或冷水，并把冰、水等蓄冷介质贮存起来，在电力系高峰负荷时段停止制冷机组或减少运行时间，把储存的冷量释放出来转化为冷气空调，达到削峰填谷目的。采用蓄热技术是在电力系统负荷低谷时段，把电气锅炉或电加热器生产的热能存储在蒸汽或热水蓄热器中，在电力系统负荷高峰时段将其热能释放出来，以实现削峰填谷。蓄热技术对用热多、热负荷波动大，锅炉容量不足或增容有限的工业企业和服务业尤为合适。蓄冷（热）中央空调比传统的中央空调制冷（热）效率相对低些，再加上蓄冷（热）损失，在提供相同冷（热）量的条件下要多消耗电量，但同时减少了高峰时段的电费支出，增加了填谷用电量，还可以调节用冷（热）尖峰，平稳负荷，是有利于电网运行的方式。用户是否愿意采用蓄冷和蓄热技术，主要取决于它减少高峰负荷电费的支出是否能补偿多消耗低谷电量支出的电费，并获得合适收益。削峰填谷原理如图3—10所示。

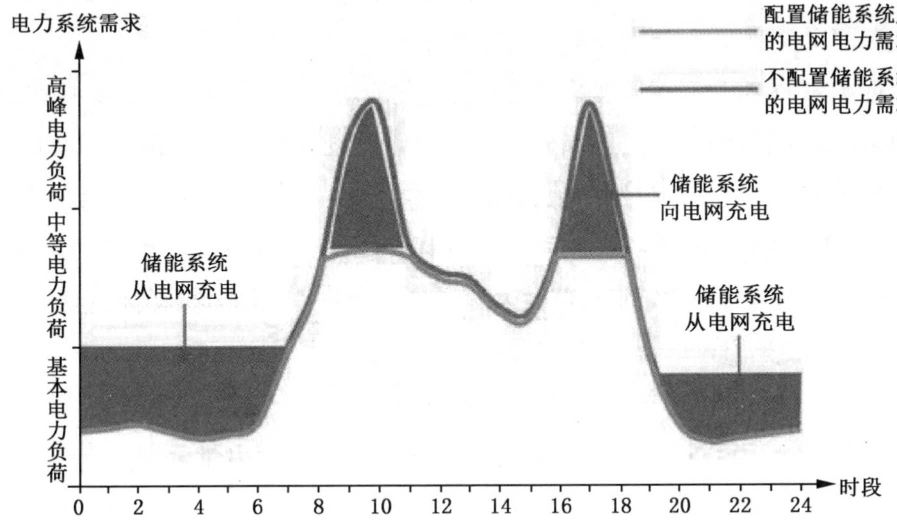


**图3—10　削峰填谷曲线**

2018年7月2日，国家发展和改革委员会发布的《关于创新和完善促进绿色发展价格机制的意见》提出，要扩大高峰、低谷电价价差和浮动幅度，引导用户错峰用电。储能行业利用峰谷价差套利的这一商业盈利模式获得了国家层面的肯定，用户侧储能朝着商业化发展的道路迈进了一大步。

在用户侧安装电池储能系统有常见的三种应用模式，分别是离网型自发自用系统、并网型负荷＋储能系统和并网型光伏＋储能系统。其常见用户类型包括无电人口居民用户、学校和政府机关、一般工商业用户、大工业用户等。

离网型自发自用系统是一个独立的解决方案，适用于没有并网或并网电力不稳定地区，重点解决无电区人口用电和海岛供电问题，安装储能装置用以保障用户供电的持续性，减少高成本低负载的线路建设投资。

并网型负荷＋储能系统是指单纯通过储能电池的充放电过程调节用户用电曲线，实现削峰填谷的电池储能系统。从用户价值角度讲，可通过峰谷价差实现套利，减少用户配电变压配置容量和负载损耗，降低停电损失。

并网型光伏＋储能系统在光伏发电基础上使用储能电池作为机动资源，提升自用比例。在光伏发电量多于系统消纳时，储存盈余电量，并在光伏发电量不足时放电。过滤光伏发电的波动性，提升用电质量和可靠性。通过建立适当的能源调度模型，进行更为高效的削峰填谷。

近年来，为推进我国储能技术朝着商业化应用发展，国家出台了多项政策。从现有政策解读可知，虽然国家鼓励在用户侧建设分布式储能系统，但我国南方区域暂未出台针对用户侧电池储能的充放电标杆电价、容量补贴细则、充放电补贴细则、用户容量费抵扣细则等；配用电侧的电力现货市场和用户侧参与辅助服务市场等方面的市场机制尚未真正建立，用户侧投资建设的储能在此外部环境下仅能通过削峰填谷，从峰谷电价差中套利。

目前，全国用电大省的峰谷价差区间为 0.4～0.9 元/千瓦时。据统计，2017 年全社会用电量排名前二的省份是广东和江苏，用电量分别为 5 958.97 亿千瓦时和 5 807.89 亿千瓦时。而其峰谷价差均高于 0.8 元/千瓦时，为用户侧储能的峰谷价差套利提供了空间。

第四章。。。。。。。。。

# 国外典型国家和地区综合能源服务发展现状与典型案例

## 第一节 欧 洲[①]

欧洲是最早提出综合能源系统概念并最早付诸实施的地区，其投入大，发展也最为迅速。早在欧盟第五框架(FP5)中，尽管综合能源系统概念尚未被完整提出，但有关能源协同优化的研究被放在显著位置，如DGTREN(Distributed Generation Transport and Energy)项目将可再生能源综合开发与交通运输清洁化协调考虑；ENERGIE项目寻求多种能源(传统能源和可再生能源)协同优化和互补，以实现未来替代或减少核能使用；Micro-grid项目研究用户侧综合能源系统(其概念与美国和加拿大所提的IES和ICES类似)，目的是实现可再生能源在用户侧的友好开发。在后续第六(FP6)和第七(FP7)框架中，能源协同优化和综合能源系统的相关研究被进一步深化，Micro-grids and More Micro-grids(FP6)、Trans-European Networks(FP7)、Intelligent Energy(FP7)等一大

---

① 贾宏杰，穆云飞，余晓丹．对我国综合能源系统发展的思考[J]．电力建设，2015，36(1)：16—25.

吴建中．欧洲综合能源系统发展的驱动与现状[J]．电力系统自动化，2016，40(5)：1—7.

批具有国际影响的重要项目相继实施。

欧洲各国除了在欧盟框架下统一开展综合能源系统相关技术研究外，还根据自身需求开展了大量更为深入的有关综合能源系统的研究，如丹麦、英国、德国等。丹麦是全球能效最高的国家之一，经济总量与能耗、水耗和碳排放实现了脱钩。到 2030 年，煤炭将退出丹麦电厂的燃料系统；到 2035 年，丹麦的采暖系统将全部由可再生能源驱动。丹麦正在向 2050 年全面建成零碳社会的战略目标稳步迈进。

从技术层面，“区域供暖”和热电联产的广泛使用构成了丹麦“能源童话”绿色高效能源系统的基石。区域供暖是指在热源处集中生产热量，并通过管网，将热量传输到热用户端。“区域”范围可大可小，可以是一个城市甚至一个地区，也可以是一个小区或建筑群。经过一百多年的发展演变和不断创新，丹麦开发了世界上最为领先的区域供暖技术。

丹麦 1973 年前曾有超过 90％的能源供给来自进口石油。目前其在清洁能源领域处于世界领先地位，能源完全自给自足。目标计划是在 2020 年底可再生能源占总能源消耗比例达到 30％以上，风电占总发电 50％以上。丹麦是全球第一个以 2050 年完全脱离化石燃料为目标（100％可再生能源）的国家。为了消纳可再生能源，丹麦重点研究将不同能源系统进行整合，使其互补，目前正研究先进的解决方案，充分开发各种能源资源。图 4－1 给出了丹麦独立供暖系统和区域供暖系统所采用的供暖技术的现状和发展预测。由于地处北欧，热电联产、热泵、电热等供热技术广泛使用，使得丹麦的电力、供暖和燃气系统紧密关联，且互动日益增强。

## 一、英国综合能源服务发展现状

英国作为一个岛国，与欧洲大陆的电力和燃气网络仅通过相对小容量的高压直流线路和燃气管道相连。英国政府和企业长期以来一直致力于建立一个安全和可持续发展的能源系统。除了国家层面的集成的电力/燃气系统，社区层面的分布式综合能源系统的研究和应用在英国也得到了巨大的支持。例如，

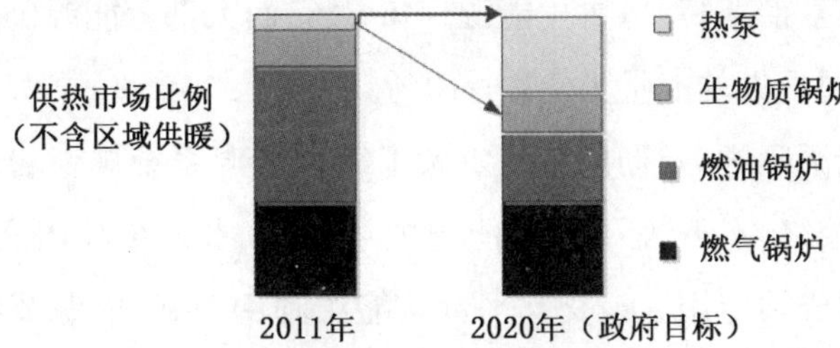


（a）独立供暖系统

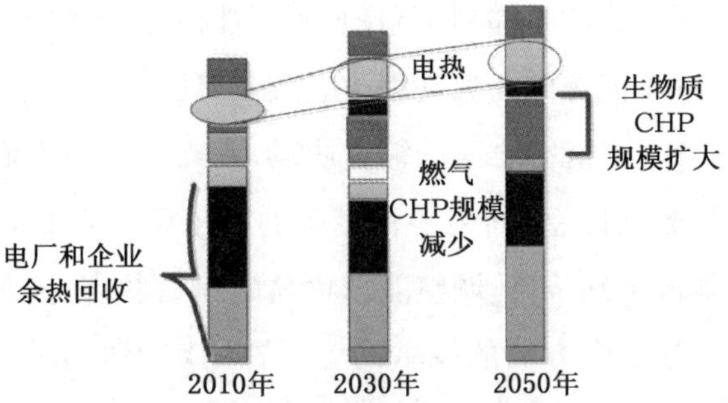


（b）区域供暖系统

**图 4—1　丹麦供暖技术的现状和发展预测**

英国的能源与气候变化部(DECC)和英国的创新代理机构——创新英国(Innovate UK,以前称为 TSB)和企业合作资助了大量区域综合能源系统的研究和应用。2015 年 4 月,创新英国在伯明翰成立"能源系统弹射器"(Energy Systems Catapult),每年投入 3 000 万英镑,用于支持英国的企业重点研究和开发综合能源系统。英国 HDPS(Highly Distributed Power Systems)项目关注大量可再生能源与电力网间的协同,HDEF(Highly Distributed Energy Future)项目关注智能电网框架下集中式能源系统和分布式能源系统的协同等。

## 二、英国曼彻斯特示范工程①

曼彻斯特每年在能源上的消耗都要超过 2 亿英镑,尤其是在电力消耗和家

---

① 侯孚睿,王秀丽,锁涛,等. 英国电力容量市场设计及对中国电力市场改革的启示[J]. 电力系统自动化,2015,39(24):1—7.

时珊珊,苏义荣,改传跃. 智能社区低碳能源管理系统方案研究[J]. 华东电力,2014,42(12):2918—2921.

庭取暖方面。在曼彻斯特，可再生能源仅占 3%，而大部分能源仍采用传统的化石燃料，其中电网损失的能量为 5%～10%。

为了解决能源问题，曼彻斯特大学做了综合能源系统规划和运行方法的研究，集成用户监控终端，开发了综合能源电/热/气/水系统与用户交互平台，并在曼彻斯特得到成功应用。该交互平台从能源利用模式、能源节约策略和需求响应三个方面对曼彻斯特能源系统进行了整合，如图 4－2 所示。在能源利用模式上，主要解决了能源的阶梯利用问题，利用能源之间的转换，例如余热与余电的转换利用，实现了能源的高效利用；在能源节约策略上，通过区域性分布式冷热电联供技术，实现了能源之间的综合协调；在需求响应方面，通过集成用户监控终端采集底层数据信息，利用多种能源的需求侧管理和响应平台，并结合能源利用模式和能源节约策略，调整能源负荷的运行状态，控制峰谷差值大小，实现削峰填谷。上述三个方面的技术的应用在一定程度上缓解了曼彻斯特的能源问题。

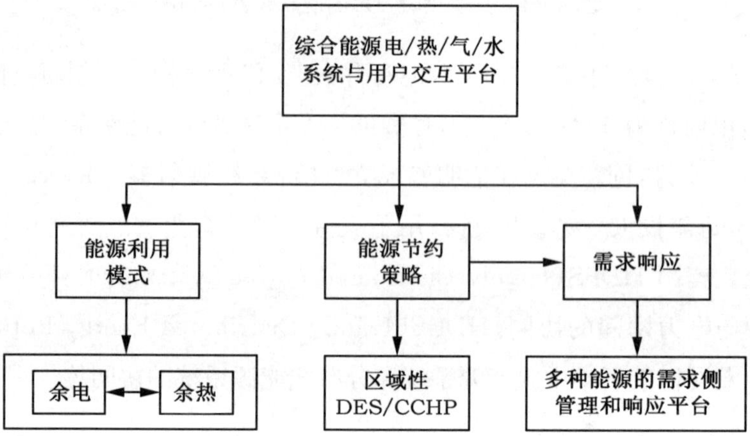


**图 4－2　曼彻斯特能源策略**

## 三、德国综合能源服务发展现状

丹麦和英国的企业注重能源系统间能量流的集成，德国的企业则侧重于能源系统和通信信息系统间的集成，其中E-Energy是一个标志性项目，并在2008年和企业合作重点投资了6个示范区项目，实施为期4年的E-Energy技术创新促进计划，总投资约1.4亿欧元，包括智能发电、智能电网、智能消费和智能储能四个方面。该项目旨在推动其他企业和地区积极参与建立以新型信息通信技术(ICT)通讯设备和系统为基础的高效能源系统，以最先进的调控手段来应付日益增多的分布式电源与各种复杂的用户终端负荷，使用现代的ICT技术实现能源供应系统的优化，在可再生能源和通信领域创造更多交叉学科的就业机会，为高科技方案提供新型的市场，以及促进能源市场的自由化和分散化。通过智能区域用能管理系统、智能家居、储能设备、售电网络平台等多种形式开展试点，E-Energy最大负荷和用电量均减少了10%～20%。此外，在E-Energy项目实施以后，德国政府还推进了IRENE、Peer Energy Cloud、ZESMIT和Future Energy Grid等项目。

德国自2011年开始，在环境部和经济与技术部等机构的统一领导下，每年追加3亿欧元，从能源全供应链和全产业链角度，实施对能源系统的优化协调，近期关注的重点则是可再生能源、能源效率提升、能源储存、多能源有机协调以提高能源供应安全等方面。

根据Utilities UK集团的市场调研，欧洲已经涌现出上千家能源服务公司。对于欧洲很多国家而言，其能源系统间的耦合和互动急剧增强，英国和德国就是典型案例。

## 四、德国RegModHarz项目①

2008年，德国联邦经济和技术部启动了“E-Energy”计划，目标是建立一个能基本实现自我调控的智能化的电力系统，而其中信息和通信技术是实现此目的的关键。E-Energy同时也是德国绿色IT先锋行动计划的组成部分。绿色

① 封红丽．国内外综合能源服务发展现状及商业模式研究[J]．电器工业，2017(6)．
德国最终选择RegModHarz作为“虚拟电厂”示范项目[EB/OL]．http://www.in-en.com/article/html/energy-2256040.shtml.

IT先锋行动计划总共投资1.4亿欧元，包括智能发电、智能电网、智能消费和智能储能四个方面。为了分别开发和测试智能电网不同的核心要素，德国联邦经济技术部通过技术竞赛选择了6个试点项目。

在由“E-Energy”计划支持的6个涉及能源互联网项目中，位于德国中北部的哈茨山脉的可再生能源示范项目——RegModHarz项目，是将新能源最大化利用的典型案例。

RegModHarz项目开展于德国的哈茨山区，其基本物理结构为2个光伏电站、2个风电场、1个生物质发电，共86兆瓦发电能力。生产计划由预测的日前市场和日内盘中市场的电价及备用市场来决定。RegModHarz项目的目标是对分散风力、太阳能、生物质等可再生能源发电设备与抽水蓄能水电站进行协调，令可再生能源联合循环利用达到最优。其核心示范内容是在用电侧整合了储能设施、电动汽车、可再生能源和智能家用电器的虚拟电站，包含了诸多更贴近现实生活的能源需求元素，而其中最引人注目的就是将这些分散的新能源发电设备进行虚拟集合、调配的技术，也就是我们所称的“虚拟电厂”(Virtual Power Plant，VPP)。顾名思义，“虚拟电厂”不是具有实体存在的电厂形式，它打破了传统电力系统中物理上发电厂之间以及发电侧和用电侧之间的界限。

德国联邦经济和技术部最终选择RegModHarz项目作为“虚拟电厂”示范项目，是因为该地区可再生能源供电的比例超过德国平均2倍左右。在哈茨地区，总人口约为24万人，因为地处山区，风电资源较好。不仅风机在此处较为普遍，抽水蓄能、太阳能、沼气、生物质能以及电动车等都成为电力供应的一部分。在这个面积仅有2 104平方公里的区域里，发电装机总量约为200兆瓦，此外主要有6家配电运营商、4家电力零售商以及1家输电商。

首先，虚拟电厂与分散式电源进行通讯连接，而与原有的传统大型发电厂不同的是，新能源系统数据变化较快，安全、稳定性高的传输技术非常必要。因此，此项目制定了统一的数据传输标准，使得虚拟电厂对于数据变化能够快速反应。

在考虑发电端的同时，虚拟电厂同样关注的是用电侧的反应，在哈茨地区的试样中，家庭用户安装了能源管理系统，被称为“双向能源管理系统”(简称BEMI)。

资料显示，用户安装的能源管理系统每 15 分钟储存用户用电数据，记录用户每天的用电习惯，并将这些数据通过网络传输到虚拟电厂的数据库中。同时，BEMI 系统还可以通过无线控制开关的插座，当电价发生变动时，可以通过无线控制来调控用电时间和用电量。

此外，此项目还采用了动态电价，设置了 9 个等级的奖惩制度。零售商将电价信息传送到市场交易平台，用户可以知晓某个时刻的电价等级以及电力来源，以培养良好的用电习惯。对电价敏感的用户可以根据电价的高低调整用电时段。

虚拟发电厂使新能源系统与传统的发电系统以及储能系统等进行有效的整合，通过一个控制中心实现管理，从而有机地参与到电网运行中。其实际能效和经济效益均要高于单独运行这些电源。与此同时，虚拟电厂也不失为一种有效的响应需求侧的手段。通过在用电侧安装一些装置比如智能电表，从而设计出符合客户特定用能需要并具有经济性的电源组合，使得供需在发电和用电两侧达到平衡。

此外，在示范区当地，将可再生能源进行销售也是另一种商业模式。随着民众对于可再生能源的认同感逐步增强，虚拟电厂作为协调方，协调发电端和零售商以及最后到用户端之间的交易。在德国，越来越多的公司开始进入虚拟电厂领域。除了大公司西门子、博世等联合传统电力巨头想在通讯服务领域占得头筹，更多的中小型企业也看中了虚拟电厂未来的发展前景，业务涉及能效管理、节能合约、充电设施服务等。

在虚拟电厂未来的市场中，将涌现出更多的服务商。而在整个系统中，那些为电厂运转提供软件、储能设备、电网服务等衍生而出的各种服务公司甚至咨询公司，毫无疑问更容易找到市场定位。

可再生能源的大量接入引发了电网的波动，对于服务商而言，必须对当地电网有足够的了解，并且应该对未来可再生能源比例提高的情形进行模拟。在

RegModHarz 项目中，项目方根据哈茨地区的电网情况设立一个新的模型，模仿当地分散电源的连接结构，对不同电压等级的电网以及可再生能源比例的不同进行模拟，从而考察不同情境下电压的变化。结果是如果哈茨地区 2020 年可再生能源比例达到 38.5%，目前电网结构依然能够承受。

在德国，除了哈茨地区的 RegMod 项目，E-Energy 资助的其余 5 个项目都是试图通过先进的互联网、通讯技术等进行电力需求侧管理。德国已经试验的项目，以不同方式根据不同区域用能情况开展，虽然涉及区域较小，模拟情景更不相同，但毫无疑问，它们都是试图寻找互联网与能源消费的融合点。而这一切最基础也最敏感的因素就是能源产品的价格。

RegModHarz 项目的典型成果也包含三个方面：

(1)开发设计了基于 Java 的开源软件平台 OGEMA，对外接的电气设备实行标准化的数据结构和设备服务，可独立于生产厂商支持建筑自动化和能效管理，能够实现负荷设备在信息传输方面的“即插即用”。

(2)虚拟电厂直接参与电力交易，丰富了配电网系统的调节控制手段，为分布式能源系统参与市场调节提供了参考。

(3)基于哈茨地区的水电和储能设备调节很好地平抑了风机、光伏等功率输出的波动性和不稳定性，有效论证了对于可再生能源较为丰富的特区，在区域电力市场范围内实现 100%的清洁能源供能是完全可能实现的。

## 五、欧盟 ELECTRA 示范项目①

ELECTRA 示范项目为实现大规模可再生能源的充分利用，着眼于 2030 年欧洲智能电网的稳定运行，针对不同规模、不同电压等级的电网，从运行控制、储能技术、电力市场机制等多个方面展开研究。项目组涵盖了 RSE、AIT 等 20 多个欧洲研究机构，整体研究思路是以分层分布式的控制策略代替传统的集中控制，提出以“网元(cell)互联”的概念协调各种分布式能源的接入与就地平

---

① 彭克，张聪，徐丙垠，等．多能协同综合能源系统示范工程现状与展望[J]．电力自动化设备，2017，37(6)：3—10.

衡。网元定义为包含主动负荷、分布式能源与储能单元的既定区域。

在运行控制方面，该项目利用网元互联构成的网络实现分层分布式控制。在中压网络层面，侧重电压与频率的控制；在用户层面，根据建筑物冷热电负荷规律、数量以及供能设备运行情况实现不同系统运行方案的切换，优化冷热电三联供系统的部件匹配和参数匹配，达到不同运行工况的多目标优化。在储能技术方面，针对不同容量及不同时间尺度的控制策略进行了划分，通过需求侧管理实现储能与分布式能源的综合优化、削峰填谷等。电力市场机制作为上述技术研究的基础，制定合适的激励机制，以促进新技术的应用。

## 第二节　美　国

### 一、美国综合能源服务发展现状

美国在 1978 年颁布公共事业管理政策法后，正式开始推广建设分布式能源系统。目前，美国已有 6 000 多座分布式能源站。美国计划到 2020 年，一半以上新建办公或商用建筑采用分布式能源系统，同时 1.5%的现有建筑改建分布式能源站。按照美国能源部 CCHP 2020 纲领的描述，部分新建建筑采用 CCHP 后，二氧化碳可以减排 19%。1987 年，美国颁布能源法，明确电力公司必须收购热电联产的电力产品，其电价和收购电量以长期合同形式固定。2001 年，又为热电联产系统提供税收减免和简化审核等优惠政策。美国西部各州的电力企业已开始将提高能源利用率列为长期资源投资战略中的重要一环。在华盛顿州，电力公司 PG&E 计划通过投资研发高效节能技术来增强分布式能源系统，通过分布式能源系统来满足未来 50%的能源需求。

在管理机制上，美国能源部(DOE)作为各类能源资源的最高主管部门，负责相关能源政策的制定，而美国能源监管机构则主要负责政府能源政策的落实，抑制能源价格的无序波动。在此管理机制下，美国各类能源系统间实现了较好的协调配合，同时美国的综合能源供应商得到了较好发展，如美国太平洋煤气电力公司、爱迪生电力公司等均属于典型的综合能源供应商。

在技术上，美国非常注重与综合能源相关理论技术的研发。美国能源部在2001年即提出了综合能源系统（Integrated Energy System，IES）发展计划，目标是提高清洁能源供应与利用比重，进一步提高社会供能系统的可靠性和经济性，而重点是促进对分布式能源（DER）和冷热电联供（CCHP）技术的进步和推广应用。

2007年12月，美国颁布能源独立和安全法（EISA），明确要求社会主要供用能环节必须开展综合能源规划（Integrated Resource Planning，IRP），并在2007—2012财年追加6.5亿美元专项经费支持IRP的研究和实施。奥巴马总统在第一任期就将智能电网列入美国国家战略，以期在电网基础上构建一个高效能、低投资、安全可靠、灵活应变的综合能源系统，保证美国在未来引领世界能源领域的技术创新与革命。在需求侧管理技术上，美国包括加州、纽约州在内的许多地区在新一轮电力改革中，明确把需求侧管理和提高电力系统灵活性作为重要方向。

在分布式能源方面，电力公司必须收购热电联产的电力产品，其电价和收购电量以长期合同形式固定。热电联产系统享有税收减免和简化审批等优惠政策。截至2002年末，美国分布式能源站已近6 000座。美国政府把进一步推进“分布式热电联产系统”的发展列为长远发展规划，并制定了明确的战略目标：力争在2010年，20％的新建商用或办公建筑使用“分布式热电联产”供能模式；5％现有的商用写字楼改建成“冷热电联产”的“分布式热电联产”模式。2020年，在50％的新建办公楼或商用楼群中，采用“分布式热电联产”模式，将15％现有建筑的“供能系统”改建成“分布式热电联产”模式。有报道称，美国能源部计划在2010年削减460亿美元国家电力投资，采取的办法是加快分布式能源发展。美国能源部计划，2010年20％的新建商用建筑使用冷热电三联供发展计划，2020年50％的新建商用建筑使用冷热电三联供发展计划。

## 二、美国 OPower 能源管理公司经营模式①

OPower 公司通过自己的软件，对公用事业企业的能源数据以及其他各类第三方数据进行深入分析和挖掘，进而为用户提供一整套适合于其生活方式的节能建议。截至 2015 年 10 月，根据 Opower 网站上的动态信息，其已累计帮助用户节省了 82.1 亿千瓦时的电力，节省电费 10.3 亿美元，减排二氧化碳 121.1 亿磅。随着用户规模逐渐增大，这些数据均以加速度在增长。

(一)提供个性化的账单服务，清晰显示电量情况

OPower 公司利用云平台，结合大数据和行为科学分析，对电力账单的功能进一步拓展。一方面，具体针对用户家中制冷、采暖、基础负荷、其他各类用能等用电情况进行分类列示，通过柱状图实现电量信息当月与前期对比，用电信息一目了然；另一方面，提供相近区域用户耗能横向比较，对比相近区域内最节能的 20%用户的耗能数据，即开展邻里能耗比较。此外，OPower 的账单改变了普通账单以往单调、刻板的风格，在与用户沟通界面上印上“笑脸”或“愁容”的图标，对于有效节能的行为给出鼓励的态度。其与用户沟通的方式也十分丰富，从最传统的纸质邮件，到短消息、电子邮件、在线平台等，通过各种方式加强与用户的交流反馈。

(二)基于大数据与云平台，提供节能方案

OPower 基于可扩展的 Hadoop 大数据分析平台搭建其家庭能耗数据分析平台，从所服务的公用电力公司取得海量的家庭能耗数据信息，依靠自身设计的独特算法，根据用户的每日用读数，测算用户制冷、热水及其他用能的分配情况；公司最新推出了其自创立以来的第五代软件系统，通过云计算技术，实现对用户各类用电及相关信息的分析，建立每个家庭的能耗档案，并在与用户邻里进行比较的基础上，形成用户个性化的节能建议。这种邻里能耗比较，充分借鉴了行为科学相关理论，将电力账单引入社交元素，与“微信运动”的模式十分类似，为用户提供了直观、冲击感较强的节能动力。

---

① 栾昊，刘进. 浅谈未来售电公司经营模式[J]. 能源，2015(11)：106—109.

### (三)构建各方共赢的商业模式

虽然OPower的目标是为用户节电,但其自我定位是一家“公用事业云计算软件提供商”,其运营模式并不是B2C模式(企业对终端消费者),而是B2B模式(企业对企业)。电力企业选择OPower,购买相关软件,并免费提供给其用户使用。OPower为用户提供个性化节能建议,同时也为公用电力公司提供了需求侧数据,帮助电力公司分析用户电力消费行为,为电力公司改善营销服务提供决策依据等。

Opower的应运而生在于为电力公司、用户之间搭建了符合多方利益诉求的平台。其对能源大数据的深度挖掘、提供的个性化账单服务、基于云计算的家庭能耗节能建议,以及注重与用户的沟通反馈等做法,对能源互联网+大数据+云计算时代的售电公司服务拓展具有一定的借鉴意义。

# 第三节 日 本[①]

## 一、日本综合能源服务发展现状

“能源基本计划”是日本中长期能源政策的指导方针。受2011年日本大地震和福岛核事故的影响,日本政府于2014年4月制定出第四次能源基本计划,指出要降低核能和化石能源的依赖程度,提高可再生能源的使用率。根据国际减排框架《巴黎协定》,日本新版第五次能源基本计划提出了到2050年实现从“低碳化”迈向“脱碳化”的能源转型任务,以构建多维化、多元化以及韧性好的能源供需体系为目标。

日本能源政策在长期实践中所形成的指导思想是“3E+S”原则,即以能源安全性为前提,把能源稳定供给放在首位,在提高经济效率、实现低成本能源供给的同时,实现与环境的协调发展,也就是安全性、稳定性、经济性和环保性的

① 贾宏杰,穆云飞,余晓丹.对我国综合能源系统发展的思考[J].电力建设,2015,36(1):16—25.

平衡统一。在安全性方面，在强调安全优先的前提下，贯彻通过技术创新和治理结构变革来保障新能源的安全；在稳定性方面，提高资源自给率，同时注重提高技术的自给率，以确保能源选择的多样性；在经济性方面，降低供给成本，同时考虑强化日本产业竞争力的因素；在环保性方面，计划 2030 年温室气体排放比 2013 年削减 26%，到 2050 年则要削减 80%，由“低碳化”向“脱碳化”迈进。

新版能源基本计划把可再生能源定位为主力能源，提出将解决“可再生能源成本高于国外以及发电量易受天气影响”等问题，并要求充分利用现有输电线路，推进可再生能源发电的并网，计划到 2030 财年将可再生能源发电占比提高到 22%～24%。计划还提出要加强利用氢气能源，把多余电力转换为氢能加以储存，与输出功率不稳定的可再生能源形成补充。此外，日本经济产业省认为，未来如果过于偏重某一类电力来源，将带来巨大风险。经济产业省表示将继续推进核电与高效火力发电的技术研发，核能发电在 2030 财年仍将维持 20%～22%的占比。

为改善能源结构，减轻对石油的依赖，提高日本能源供应安全性，日本对能源的协调管理与优化开展了长期研究，形成了独具特色的能源发展之路。与美国设立能源部对能源开展协调管理不同，日本在经济产业省下设立资源和能源厅，对煤炭、石油、燃气、新能源等行业进行一元化的管理，在能源发展战略上特别强调不同能源之间的综合与协调。资源和能源厅的主要职责包括：编制能源基本规划草案及各类能源发展计划，统一管理电力、天然气、石油等各能源产业的市场运作，制定新能源的发展战略与目标，促进新能源的推广使用等。虽然日本能源管理机构层次相对简单，但由于资源与能源厅的上级管理部门——经济产业省掌控着经济与产业发展的方向，因而能够有效促进能源发展战略目标的贯彻与执行，也因此，日本单位能源消耗所创造的国内生产总值一直居国际领先水平。

日本的能源严重依赖进口，因而日本成为最早开展综合能源系统研究的亚洲国家。2009 年 9 月，日本政府公布了其 2020 年、2030 年和 2050 年温室气体的减排目标，并认为构建覆盖全国的综合能源系统，实现能源结构优化和能效提升，同时促进可再生能源规模化开发，是实现这一目标的必由之路。在日本政府的大力推动下，日本主要的能源研究机构都开展了此类研究，并形成了不同的研究方案，如由 NEDO 于 2010 年 4 月发起成立的 JSCA（Japan Smart Community Alliance），主要致力于智能社区技术的研究与示范。智能社区类似于加拿大 ICES 方案，是在社区综合能源系统（包括电力、燃气、热力、可再生能源等）基础上，实现与交通、供水、信息和医疗系统的一体化集成。Tokyo Gas 公司则提出更为超前的综合能源系统解决方案，在传统综合供能（电力、燃气、热力）系统基础上，还将建设覆盖全社会的氢能供应网络，同时在能源网络的终端，不同的能源使用设备、能源转换和存储单元共同构成了终端综合能源系统，见图 4—3。

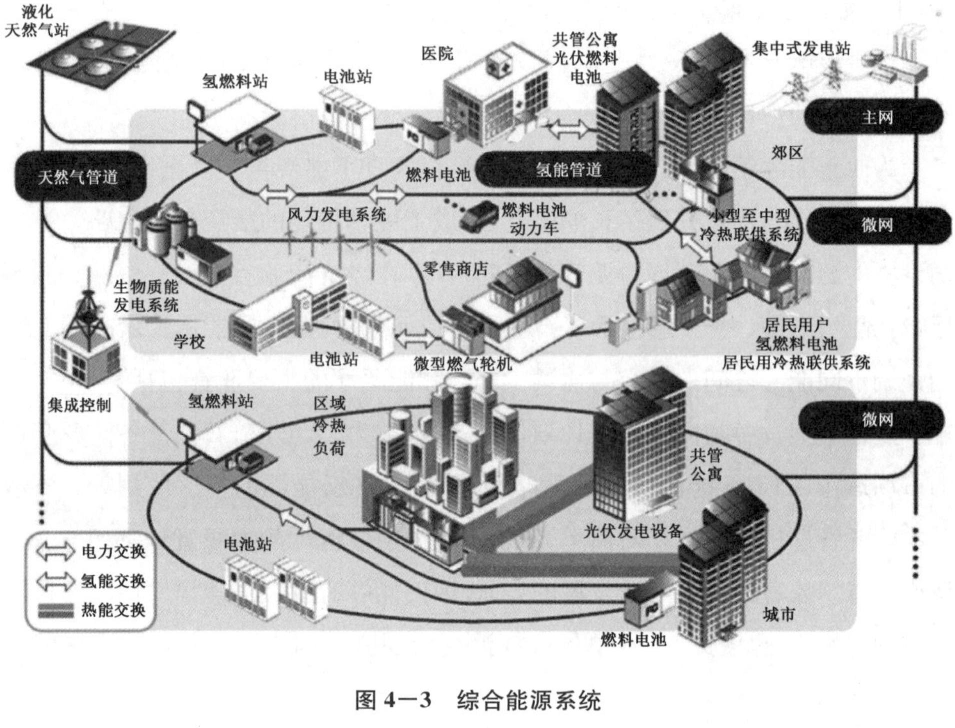


**图 4—3　综合能源系统**

## 二、日本东京电力公司经营模式[①]

（一）根据用户类型制定差异化的服务策略

东京电力公司将用户分为大客户和居民客户两类。针对大客户，东京电力公司首先明确其需求，具体分为五大类：一是减少能源使用成本，二是进一步推进节能和环保，三是配备高可靠性的设施和设备，四是提高设备的维护和运行效率，五是减少客户投资成本。东京电力公司还要明确自身向大客户提供服务时追求的目标，即减少能源成本、减少能源消耗、减少二氧化碳排放量以及自身不必要的投资。

在明确客户需求和自身服务目标的基础上，东京电力公司提出了“提供一步到位服务”的要求，服务内容包括：为客户提供各种电价方案和电气设备方案的优化组合；向客户提供电力、燃气、燃油最佳能源组合方案；提供全方位的节能协助服务，帮助客户改进设备，实现节能目标；兼顾包括通讯在内的建筑物设备设计、施工、维护等全方位设计服务。

针对居民客户，东京电力公司将其需求定位为：舒适性、节能、环保、安全、经济。为此，东京电力公司确定了对居民客户的营销策略，即推广由IH炊具（一种高效的用电炊具）、节能热水器等高效电气产品构成的“全电气化住宅”。

（二）利用多种手段帮助用户节能

公司一方面为用户提供节能服务，包括节能诊断、解决方案、维护设备及运营管理等；另一方面通过智能电表、通讯网络和服务器建立智能用电系统，引导用户错峰用电，分析客户用电情况和习惯，引导用户行为，实现用户家庭用电结构的智能优化调控和平衡，并与工业用户签订用电计划调整合同，针对通过工厂生产调整、迎峰度夏等而调整的负荷水平实施电费打折，根据负荷预测提前3小时通知用户调整生产流程，对高峰期用电起到很好的调节作用。

（三）注重技术研发，提高能源效率

公司设有技术开发研究所，对智能家居、建筑节能、电动汽车等开展研究。如

① 封红丽．国内外综合能源服务发展现状及商业模式研究[J]．电器工业，2017(6)．

在智能家居方面，东京电力公司研究将电动汽车接入智能家居控制系统，根据系统供电负荷情况以及预设方案进行充电或放电。此外，还利用地源热泵、太阳能发电等技术，并通过储能和监控设备对室内环境温度进行调节，电器用电情况及环境状态也将被纳入统一监控，以此实现家居用能的集中调节及优化。

## 三、日本柏叶智慧城市①

智慧城市理念倡导在各行各业中充分利用新一代信息技术，进一步推动信息技术和工业技术的结合。

“柏之叶校园城市”是2011年日本内阁府指定的11个“环境未来城市”之一，2016年获得美国绿色建筑协会颁发的国际性绿色环境认证制度“LEED认证”中“社区开发（Neighborhood Development）”认证最高的“铂金级认证”，这在日本尚属首次。以柏之叶创新校区为中心面积达42公顷的对象区域是世界上规模最大的区域。“LEED认证”是世界公认最有影响力的建筑与城市街区可持续性评估标准，标志着柏之叶街区建设达到了世界顶级环境性能。

目前柏叶已经实现区域能源管理一体化。柏叶智慧城市运用区域能源管理系统（AEMS），整个区域的能源信息被集中起来进行统一处理，把简单的节约能源发展成为能源循环与能源储备。另外，区域还设置了备用蓄电池设备，容量约为普通备用蓄电池的3 000倍。其在电力充裕时或用电低谷期可储存电能，在用电高峰期供应给写字楼，节假日供应给商业场所，以及在紧急情况发生时优先供电给用户住宅区使用等，有效地将电力提供给需求侧。AEMS作为柏叶智慧城能源系统的核心，还与楼宇能源管理系统（BEMS）和家庭能源管理系统（HEMS）进行信息交换，如图4－4所示。从服务和满足家庭、社区需求出发，通过使用各种现代技术减少家庭、社会的能源消费开支，提高能源资源的利用效率。重点通过可再生能源的开发和利用，推广能源资源需求的智能能源资

---

① 叶县柏叶新城[EB/OL].(2016－07－18)[2017－01－22].

Wang J J, Fu C, Yang K, et al. Reliability and availability analysis of redundant BCHP (Building Cooling, Heating and Power) system[J]. *Energy*, 2013, 61(4): 531—540.

源需求的智能化、可视化管理。比如通过用电量、燃气、用水量的可视化图像或数字表达提醒人们节约使用；利用太阳能、甲烷气体、地源热泵发电，开发储存转换系统供应家庭生活应急用电；通过智能交通管理系统帮助人们选择更节能的出行方式等。

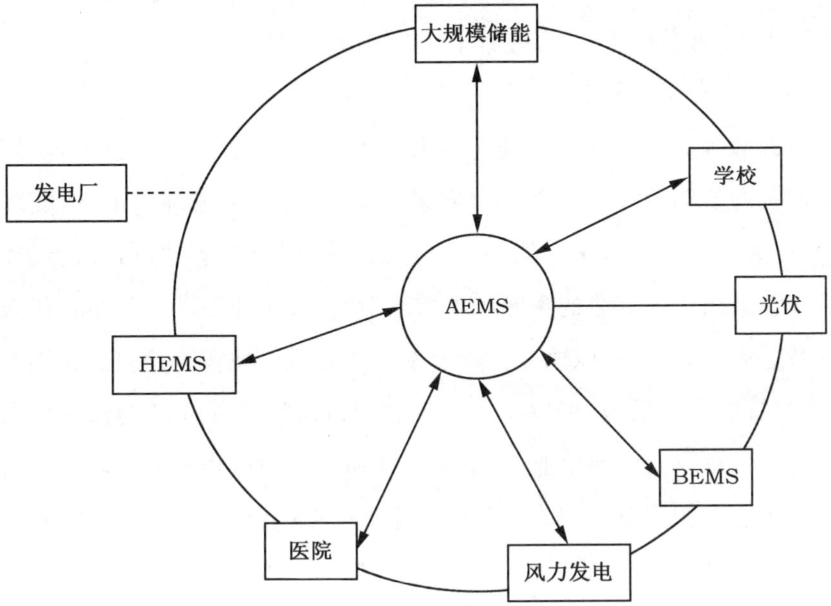


**图 4—4　柏叶智慧城能源系统**

柏叶智慧城市除利用可再生能源与蓄电池实现能源的自产自消与二氧化碳排放量的大幅度削减外，还致力于积极研发能源创新技术。能源创新技术从如何利用二氧化碳角度出发，是一种将二氧化碳转化为新能源的技术，即在太阳光、新型催化剂、常温常压等反应条件下，将二氧化碳与水反应，转化为甲烷和乙烯。这种新型能源技术能够实现碳排放量减半。

（一）柏叶智慧城市核心理念：以人为本，方便实用，满足家庭和社会需求

1. 以人为本，以使生活更方便、更舒适为重点

日本的智慧城市建设，很多技术直接针对家庭和人的生活习惯，与人的需求贴合紧密，生活实用性较强。比如，采用能源消耗可视化软件，方便需求管

理。通过卡通冰块面积的变化显示家庭总用电量，很直接，小孩子都可看懂；通过智能操作系统，实现离开房间后可自动断电，3秒内自动启用，外出状态下也可提前调控空调；利用IC磁片人体感应器控制的办公位空调温度调节系统，人走到哪个区域，相应区域的空调都会自动调节至之前设定的温度；将电动车的充电系统与家庭电网对接，便于人们把车里多余电量供给家庭应急使用。

2. 以民营企业推动为主，更加注重把握市场需求

包括丰田、松下电器、日立、东芝集团、三井不动产等在内的民营企业，在日本能源资源紧张和能源价格市场化的大背景下，基于自身专业技术，均以开发减少能源资源节约的综合智能解决方案为重点，综合考虑降低成本，实现多样性选择，服务家庭社会需求。比如松下电器在腾沢市打造的可持续智能城市，丰田汽车在丰田市内打造的智能低碳示范小区，以三井不动产为主要代表打造的柏叶智慧城市等，均是以民营企业为主推动的系统性智慧项目。在柏叶智慧城市，通过智能终端系统，可以将每个家庭、每栋楼、整体社区的预测用电量和实际使用量信息及时传递给业主，便于家庭和社区的自我管理。对于节约用电量超过一定标准的家庭，按照节能分值发放可兑换社区内商店的地域贡献积分，由此提高居民节电的积极性。

3. 探索智能城市和社区更广泛的服务路径

柏叶市提出智慧城市三大建设理念——环境共生、健康长寿、新产业创造，并细化出地域能源一元化管理、低碳型交通体系、地区医疗养护网络、创造个体价值的社会参与、开发个人创业空间等九大具体应用主题，充分体现了政府、企业和社区在环保和公共安全方面的关注、居民在个人健康和创业的利益诉求、学术研究机构对研发空间的需求，这些信息为开发企业建造有吸引力的城区提供了非常大的帮助，使得智能城市的概念从低碳、降低能源消耗转向更多的社区服务内容。

（二）日本智慧城市建设过程中的特点

1. 注重整合多个企业、多行业力量综合发挥作用

为了提高能源资源利用效率的目标，必须有整体开发和系统性思维，通过

每个企业的单打独斗很难实现。柏叶智慧城市建设就极大地调动了包括擅长城市开发的三井不动产、以节能技术为主的日立电器、以精密测量为主的国际航业、以建筑设计知名的日建集团等20多家专业企业共同参与，成立了多方参与的“城市设计中心”，其中有千叶县、柏市政府、东京大学研究所、千叶大学研究所、当地居民、参与建设的27家企业。以系统整合的方式，从电动汽车、能源、住宅、交通、物流等各种硬件、软件技术，以及智能操作管理系统的综合服务管理功能等方面，全面实现了智慧和低碳的各项技术应用。

2. 通过智能手段的运用，降低使用成本

柏叶智慧城市在这方面提供了日本首个系统性解决方案尝试。例如，在2.7平方公里的城区内，建设统一的智能数据收集中心，将城区内所有建筑的用电量、用水量、周边电车运营数据整合，然后将各种预报信息为租房户免费提供。这样，可以统一调配城区内不同建筑物的资源情况，并综合平衡分配用电量，降低租户使用成本。再如，办公楼工作日是用电高峰，居住区和商业区周末是用电高峰，就可以将两者之间的多余电量调剂平衡。

3. 通过市场力量形成合力，推动政府改善管理

日本的智慧城市首先是靠市场推动的，当市场运行到一定程度时，政府的社会服务开始介入。在柏叶市，最开始由三井地产整合企业资源，形成了智慧社区的管理模式，下一步政府介入，把这个模式放大到周边地区，包括东京大学新校区。从另一方面看，智慧城市建立的节能减排系统，也倒逼了日本政府全方位取消能源价格核准机制。能源供应的完全市场化，也为家庭和社区通过智能管理降低成本创造了条件。

# 第五章。。。。。。。。

# 国内综合能源服务发展现状

## 第一节　国内综合能源服务的总体概况①

目前，国内综合能源服务尚处于起步阶段。开展能源服务的企业类型包括售电公司、服务公司和技术公司等。国内典型的综合能源服务供应商有南方电网综合能源有限公司、广东电网综合能源投资有限公司、华电福新能源股份有限公司、新奥泛能网、协鑫分布式微能源网、远景能源、阿里云新能源等。广东电网综合能源投资有限公司、华电福新能源股份有限公司、华润电力、科陆电子等都在向综合能源服务转型。此外，2016 年 11 月，国内第一个发、配、售电一体化项目获批，即深圳国际低碳城分布式能源项目参与配售电业务，也在向综合能源服务转型。

区域能源互联网概念目前较为热门，而它的实质是多能互补基础上的综合能源服务。其发展路径可分为两类：一类是产业链延伸模式，如新奥、协鑫和华

---

① 封红丽．国内外综合能源服务发展现状及商业模式研究[J]．电器工业，2017(6)：34—42．
封红丽．国内综合能源服务发展现状调研[EB/OL]．https://mp.weixin.qq.com/s/1g6htpF1V3yn8BA1Q4-8Tw．

电的发展模式。新奥是以燃气为主导，同时往燃气的深度加工——发电、冷热供应方向发展；协鑫以光伏、热电联产为主导，同时往天然气、智慧能源布局。另一类是售电＋综合服务模式，是将节能服务或能效服务等增值业务整合在一起的能源服务，相比于前一种模式对其产业基础要求较低。

## 一、能源服务市场发展的新动能

过去节能服务、需求响应服务、分布式能源服务主要是专项服务企业来提供，这些企业的业务范围窄、业务规模不大，能源服务产业集中度低，小企业能源服务成本难以进一步下降，缺乏规模效应，不利于能源服务市场快速发展。

综合能源服务是能源服务的新业态，它整合了不同的能源服务业务，并且超越了能源服务范畴，可以提供满足客户需求的其他相关服务。综合能源服务企业具有更多的业务类别、利润来源，因而可以在某些服务内容上提供更加低利润的价格以吸引客户，结合市场机遇打造爆款产品及服务，促使这类服务的收入规模迅速扩大，于是产生规模效应，服务成本可以有效降低。因此，综合能源服务企业有利于为客户提供更低成本、更优惠价格的能源服务，有利于能源服务市场快速发展，促进加快实现国家能源革命。

## 二、潜力与市场规模巨大

目前，世界上尚无对综合能源服务的统一定义。综合能源服务业务是一个不断变化发展的动态概念。不同国家、不同阶段、不同主体对其认识各有侧重。综合能源服务是一种新型的为满足终端客户多元化能源生产与消费的能源服务方式，涵盖规划设计、工程投资建设、多能源运营服务以及投融资服务等。

综合能源服务作为适应现代能源供应体系和消费方式多样化变革需要，融合供能侧多种供能方式和用能侧多种需求响应的能源服务创新模式，具有智慧、清洁、低碳、协同等特征，涵盖了能源的生产、传输、销售、使用、调节各领域，已成为能源互联网落地的重要途径，得到了国家和各省市的大力扶持，广义的市场规模可达万亿元，前景广阔。

能源服务市场潜力巨大，如果仅仅考虑电力销售、天然气销售、节能服务、集中供热、分布式光伏五个业务领域，能源服务目前至少是一个 4.58 万亿～4.93 万亿元的市场，到 2020 年市场潜力至少增长至 6.47 万亿～7.34 万亿元。综合能源服务企业作为具有革命意义的新兴市场力量，将同许多专项能源服务企业一起，充分挖掘能源服务市场巨大的潜力。

综合能源服务发展潜力巨大。从 1980 年到 2017 年，我国综合能效水平不断提升，单位 GDP 能耗由 13.14 吨标准煤/万元大幅降至 0.59 吨标准煤/万元。如今，在保障能源安全和应对气候变化背景下，提高能效水平已成为能源转型的首要任务。而提高能效水平，就是用更少的能源投入提供同样的能源服务。在能源供给可靠的基础上，综合能源服务可利用多种能源形式间的耦合互补特性，实现不同能源形式间的梯级利用，提升综合能源利用效率。这是未来发展空间最大的一块。

巨大潜力之下，能源企业特别是电网企业纷纷行动起来，积极谋划向综合能源服务商转型。一方面，正在积极谋划转型的电网企业会大力建设“源网荷储”协调发展的高端电网，实现电力供给侧与需求侧的互动对接、协调运行，提升清洁能源消纳水平和电网综合能效水平；另一方面，企业会同政府部门积极探索城市能源变革综合解决方案，引领综合能源服务发展。

### 三、仍处于起步阶段，需要政策支持

作为一种新兴业态，国内综合能源服务尚处于起步阶段，能源高效应用技术有待成熟，投融资服务手段尚可进一步丰富，用户接受度还需提升。

推动综合能源服务产业发展，仍需国家出台更加有力的支持政策，但不能完全寄希望于国家扶持。在国家出台政策支持的背景下，应坚持市场化运作，管控市场风险，促进提高能源利用效率，实现各方共赢。

达成综合能源服务产业发展前景的核心同样是人，综合能源服务产业涉及面广，各方应着力培养综合能源规划设计、建设、运行、监管等各方面人才。

综合能源服务产业的发展还需强化政策供给，强化电能支撑，强化区域协

同。各地应结合自身实际，按照高新技术产业、现代服务业的优惠标准，在融资、税收、规划建设等方面给予综合能源服务产业以进一步的支持，推动国家政策方针在基层落地；依托坚强智能电网平台，积极推进电供暖（冷）、多能联供等示范项目建设，联结风、光、气、热、冷多种能源形式；中心城市应发挥辐射带动作用，研究契合区域气候特点和一二次能源供给方式的综合能源服务技术路线和商业模式，形成区域内可供移植的典型经验。

## 四、均在积极搭建综合能源管控平台

各企业能源管控平台和云平台的开发思路、原理大同小异，基本围绕用能管理、大数据服务、交易服务等功能拓展，但彼此间功能模块复杂程度、涉及的模型算法及准确度、调度协调控制能力有所差异。

国网系统已投运管控平台的功能模块、调度的元素更加丰富，数据分析更加详细，但目前监控用户较为单一，尚未接入更多其他类用户。协鑫的管控平台虽然接入了各种外部企业用户，但当前功能模块相对简单，以监测用能数据为主，分析功能相对简单。天合光能管控平台当前只接入了光伏，功能模块和分析功能也相对简单。南网管控平台尚处于研发中。

## 五、业务布局明确但实现路径不够清晰

从业务布局看，各企业对未来布局较明确，但由于综合能源服务业务种类多，方向繁杂，在各地区面临的资源禀赋、市场环境、竞争形势有较大差异，因而对业务布局的实现路径不够清晰。

为积极开展综合能源服务，下一步，国家电网公司将加快综合能源服务业务布局和重点项目建设，加强业务和技术队伍建设，并因地制宜探索实施分布式新能源项目。未来，国家电网公司将聚焦“平台＋生态”发展方向，强化智慧车联网、储能云网、能源数据共享平台、智慧能源服务系统等价值链整合，深化能源服务生态圈建设，构建服务价值网络，持续推动新兴业务发展。

南方电网提出将由传统集中式能源供应向与清洁分布式新能源服务并重

转型，由传统能源提供者向综合能源服务企业转型。2018 年 8 月，南网广东公司正式发文，明确要构建综合能源服务体系，首次提出了业务布局分为三大类：核心类业务、支撑类业务、整合类业务。核心类业务主要包括综合能源服务、市场化售电、智能电网增值服务业务；支撑类业务主要包括工程建设、高端装备制造、科技信息业务；整合类业务即电力综合服务业务。南网综合能源服务有限公司提出主营“3＋N”业务，即“节能服务、新能源、分布式能源与能源综合利用”三大业务以及“售电、电动汽车、碳交易、互联网＋能源服务”等 N 个新型业务。

协鑫旨在打造成国际化的能源综合服务商，目前着力培育三种能力：一是天然气分布式；二是储能；三是微网整合的综合方案，即如何通过新的模式和技术来降低天然气分布式和储能的成本。未来 1～3 年内协鑫的综合能源服务形态主要还是售电、工程、咨询，3～5 年内微网、天然气分布式、储能将逐步发展起来。预计未来在全国投运的用户侧微网将达到数十个。

天合光能依托微电网项目展开分布式能源、储能、充电桩、云平台等新型业务，规划建立 7 个互联的分布式能源微网，最终形成天合太阳城微网群。到 2019 年底，将建成 3 个分布式微能网并进行互联作为项目示范。通过布局微网群，实现四个示范效益：一是建成天合太阳城智慧园区示范园，实现区域电能供、配、售一体化；二是打造 2～3 个江苏省分布式能源微电网示范项目，实现常州首个分布式能源市场化交易试点；三是建成江苏省乃至全国首个 V2G 示范项目，实现车、桩、网协同；四是建成常州市第一个储能电站示范项目，供电侧实现国网调度调峰，需求侧实现峰谷套利、参与需求侧响应。

目前，天津、江苏、广东地区开展综合能源服务的 5 家企业涉及近 10 个综合能源服务项目。国网天津公司综合能源服务推广初显成效，国网江苏公司综合能源服务进展迅速，南网广东公司正积极探索园区级示范项目，协鑫全面布局“源网售用云”均已落地，天合光能着力打造“发储配用云”能源物联网。各地综合能源服务项目基本情况见表 5－1。

**表 5—1　各地综合能源服务项目基本情况**

| 项目名称 | 项目包含元素 | 项目所在地 | 项目进展 |
| --- | --- | --- | --- |
| 国网客服中心北方园区项目 | 光伏、地源热泵、冰蓄冷、储能微网、太阳能热水、蓄热式电锅炉 7 个子系统，以及绿色负荷能源网运行调控平台 | 天津东丽区国网客服中心办公园区 | 2015 年 6 月投运 |
| 国网天津北辰商务中心绿色办公综合能源示范工程 | 屋顶和车棚光伏、风电（很小）、风光储一体化、地源热泵、电动车分时租赁系统五大系统及综合能源智慧管控平台 | 天津北辰区管委会大楼 | 2017 年 5—9 月陆续投运 |
| 国网江苏公司苏州同里综合能源服务中心 | 光伏发电、高温相变光热发电、风机、地源热泵、冰蓄冷、微网路由器、交直流配电网、高温相变储热、压缩空气储能和预制舱式储能、充换电站、电子公路、源网荷储协调控制及综合能源服务平台 | 苏州吴江区新建厂区 | 一期于 2018 年 10 月基本投运，二期将于 2020 年投运 |
| 江苏扬中新型城镇能源互联网示范项目 | 天然气三联供能源站、分布式风电、分布式光伏发电、电动汽车充电设施、微电网，以及能源互联网综合管控与服务平台 | 镇江扬中新坝镇 | 可研阶段，项目周期为 2018—2021 年 |
| 南网东莞松山湖综合能源示范区 | 分布式光伏、天然气三联供、电动汽车充电桩、光储充示范、集中式/分布式储能示范应用，以及能源互联网信息共享平台 | 东莞松山湖国家级高新产业开发区 | 建设阶段，项目周期为 2018—2020 年 |
| 协鑫六位一体能源互联网项目 | 光伏、天然气三联供、风能、地位热能、节能技术、储能系统六种能源系统 | 苏州协鑫工业应用研究院 | 2015 年 1—3 月陆续投运 |
| 常州工厂微电网示范项目 | 光伏、天然气分布式、水蓄冷、储能、V2G 示范项目及能源管理平台 | 天合光能常州工厂 | 已完成核准，项目周期为 2018—2019 年 |

## 第二节　国内的相关支持政策

为了引导综合能源服务产业发展，国家已出台相关政策。中央财经领导小组第六次会议明确提出了我国能源安全发展的“四个革命”战略思想，即：推动能源消费革命，抑制不合理能源消费；推动能源供给革命，建立多元供应体系；推动能源技术革命，带动产业升级；推动能源体制革命，打通能源发展快车道。随后电力体制改革9号文出台，按照“管住中间，放开两头”的原则，提出“三放开、一独立”政策，而供给侧结构性改革着力在去产能方面发力，特别是煤炭去产能成为能源领域的重要内容，并以“互联网＋”智慧能源这一新概念促进能源系统扁平化，加上多能互补的发展方向，这一系列政策的出台有效地推动了能源供应结构向多元化发展，从而促进了新业态的发展，催生了新的商业模式，即综合能源服务的诞生。

在众多国家发布的与综合能源系统相关的政策中，微电网是其中的重要方式之一。多能互补集成优化示范确定首批终端一体化集成供能系统17个，要求有关电网、气网、热力管网做好配套工程规划建设；新能源微电网示范确定首批28个示范项目，强调技术集成应用、运营管理模式和市场化交易机制的创新；“互联网＋”智慧能源示范确定首批55个示范项目。部分政策内容总结如表5－2所示。

**表5－2　　部分政策内容**

| 制发日期 | 发布部门 | 文号 | 文件名称 |
|---|---|---|---|
| 2015年7月13日 | 国家能源局 | 国能新能〔2015〕265号 | 关于推进新能源微电网示范项目建设的指导意见 |
| 2016年2月24日 | 国家发展和改革委员会、国家能源局、工业和信息化部 | 发改能源〔2016〕392号 | 关于推进“互联网＋”智慧能源发展的指导意见 |
| 2016年7月4日 | 国家发展和改革委员会、国家能源局 | 发改能源〔2016〕1430号 | 推进多能互补集成优化示范工程建设的实施意见 |
| 2017年1月25日 | 国家能源局 | 国能规划〔2017〕37号 | 关于公布首批多能互补集成优化示范工程的通知 |
| 2017年5月5日 | 国家发展和改革委员会、国家能源局 | 发改能源〔2017〕870号 | 关于印发新能源微电网示范项目名单的通知 |

续表

| 制发日期 | 发布部门 | 文号 | 文件名称 |
| --- | --- | --- | --- |
| 2017年6月28日 | 国家能源局 | 国能发科技〔2017〕20号 | 关于公布首批"互联网＋"智慧能源(能源互联网)示范项目的通知 |
| 2017年7月17日 | 国家发展和改革委员会、国家能源局 | 发改能源〔2017〕1339号 | 推进并网型微电网建设试行办法 |

# 第三节　国内综合能源服务主要商业模式

## 一、企业类别

A类企业是能源行业的大企业,通常有较好的上游供应能力,在某个专项领域已经具备较强实力,一定程度上具备资质、技术、资本、客户、线下服务能力等资源,可能主导或者参与发展综合能源服务企业。A类企业通过发展综合能源服务,可以增强客户粘性,从而加强促进反哺上游业务发展,包括促进增加上游收入规模、减少上游收入风险等。当前综合能源服务企业几乎都有A类企业的背景,因为他们已经具备一定的资源基础,能更快速地开展综合业务。A类企业之间存在一定的合作需求,以求快速填补业务空白,如售电企业与地方燃气企业的合作、供热企业与分布式能源装备制造企业的合作、地方燃气企业与节能企业的合作、售电企业与分布式能源装备企业的合作等。A类企业之间的合作具有一定的不确定性,因为双方具有业务重合、同质化竞争的可能性,通常采取战略联盟、采购商—供应商的合作方式。

B类企业是非能源行业但为大量客户提供能源相关服务的机构,有较好的客户资源,可能主导或者参与发展综合能源服务企业。但由于B类企业在资质、技术、资本等资源方面存在较多空白,难以独立提供综合服务,因而大多需要与A类企业开展合作,例如通过合资、战略联盟、采购商—供应商合作方式成立综合能源服务企业。以大型互联网平台企业为例,它们具有强大的平台流量优势和互动服务能力，对 APP 产品开发、大数据分析、商业模式创新积累大量经验，可以与 A 类能源企业以战略联盟、采购商—供应商合作方式提供强互动的综合能源服务。

C 类企业是非能源行业的专业技术企业，或者能源行业小微企业，具有专业服务能力、专利技术资源等，由于缺乏资质、技术、客户等资源，很难主导发展综合能源服务企业，主要以参与为主。由于综合能源服务企业会提供一定的非能源服务，例如垃圾处理、碳交易、物业管理、建筑物维护、节水管理、智慧生活、大气治理等，以充分满足客户多元需求，增强客户粘性，因而需要与非能源行业提供专业技术服务的企业合作。另外，综合能源服务企业为了更快速地填补资源空白，会与能源行业小微企业合作，例如专业节能企业、能源大数据企业等，以使用小微企业的技术资源和快速响应的服务能力。尤其是采用开放平台型商业模式的综合能源服务企业，更会与数量众多的 C 类企业合作。

## 二、综合能源服务的主要商业模式总结

综合能源服务的基本业务模式可从供能侧和用能侧出发，通过能源输送网络、信息物理系统、综合能源管理平台以及信息和增值服务，实现能源流、信息流、价值流的交换与互动。在理想盈利模式中，除了产业链和业务链的构建之外，其盈利主要来源于四个方面：一是潜在的收益来源，包括土地增值和能源采购。这种模式主要应用于园区。土地增值方面主要体现为入驻率上升、开工率上升和环境改善；能源采购方面主要体现为园区用能增加，电力、燃气以及 LNG 的议价能力提高。二是核心服务，包括能源服务和套餐设计。能源服务方面主要体现为集中售电、热、水、气等能源，节约成本；而套餐设计方面主要体现为综合包、单项包、应急包和响应包。三是基础服务，即能源生产，包括发电和虚拟电厂。发电方面主要体现为清洁能源发电和可再生能源发电，自用电比例越高，收益越好；而虚拟电厂方面主要体现为储能、节能、跨用户交易和需求侧响应。四是增值服务，包括工程服务和资产服务。工程服务方面主要体现为实施平台化和运营本地化；而资产服务方面体现为设备租赁、EMC（合同能源管

理)和碳资产。整个综合能源服务可看作是一种能源托管模式。在电力市场放开后,未来相关电力企业比拼的不仅仅是发配售输电,更应该比拼全方位、综合性的能源服务,总体而言主要有以下几种商业模式:

(一)配售一体化模式

在国外,许多配电网都由私人进行投资和建设,例如法国、德国等欧洲国家,特别是德国,由于20世纪90年代末私有化浪潮的掀起,大部分配电网资产都落在了私人手中。之后随着售电市场的开放,诞生了许多拥有配电网资产的配售一体化售电公司,这样的售电公司相对其他售电公司最大的区别在于,公司不仅可以从售电业务中获得收益,同时还可以从配电网业务中获得配电收益。

在公司配电网运营的范围内,如果用电客户直接与配售一体化售电公司签订用电合同,则公司除了需要向输电网运营商支付输电费,剩下的收入都归公司所有,去除购电成本与配网投资及运营成本外,公司将同时获得配电利润以及售电利润;如果用电客户与其他售电公司签订用电合同,那么配售一体化售电公司只能收取配电费,也就只能获得配电利润。无论是哪种情况,配售一体化售电公司都能保证有利润来源,这是公司能持续经营以及发展的保障。此外,配售一体化售电公司由于拥有配电资源,更容易在售电市场上占据先机,成为保底售电公司,也就为公司获得更多用电客户打下了坚实的基础,同时还可以积极利用配网资源开展售电增值服务(例如合同能源管理、需求侧响应),以及可利用客户资源参与电力辅助市场。

但是,这种模式的售电公司同时也承担着更大的付出和风险。首先,配售一体化售电公司需要投入更多的资金建设或改造配电网,日常的运行和维护工作也需要专业人员和先进的管理技术。例如,可再生能源的发展将势必给配电网的规划方案带来很大的影响,特别是分布式可再生能源发电设备绝大多数都接入配电网,配电网面临着扩建和改造,此时配售电公司不得不投入更多的资金。其次是政策风险,如输配电价的核定办法存在变动的可能。例如,德国政府目前就正在积极讨论修改输配电价的核定办法,这使得配售一体化公司的收入不确定性增加，从而可能提高公司投资项目再融资的难度。

（二）供销合作社模式

供销合作社模式的售电公司是将发电与售电相结合，合作社社员拥有发电资源，通过供销合作的方式将电力直接销售给其他社员，同时售电公司获得的售电收入中的一部分将继续投入建设发电厂，以此达成发售双方共赢的局面。

采取供销合作社模式的售电公司最大的优势在于可以获得优质的发电资源，特别是针对那些分布式可再生发电站，通过集合分布式发电站，组建一个销售纯绿色电力的售电公司，一方面，可以吸引具有环保意识的人士或是有碳排放限额的公司购电，另一方面，由于售电公司取得的一部分收益将投资或是分配给发电站，发电站运营商也就更愿意加入这种供销合作社模式的售电公司，售电公司的购电成本也就能相对减少。

国外已经出现了不少这种模式的售电公司，其中最出名的就是法国的Enercoop。2005年，该公司由国际绿色和平组织和其他一些环境保护组织组建，公司销售的所有电力全部来自于可再生能源，至2016年已有4 000多客户，年售电量达120亿千瓦时。在购电方面，售电公司承诺将57%的利润返还给可再生能源发电商，支持可再生能源的发展。截至目前，已有115家发电商成为售电合作社的一员。

然而，供销合作社模式的售电公司也存在相应的风险，选择投资哪些发电站将在很大程度上影响公司的效益，售电公司必须有相应的风险管控及合适的投资策略。例如，德国一家地区性售电公司选择投资联合循环热电联产厂，但由于电力批发市场电价持续走低，此类型的发电厂发电成本又相对较高，无法降低售电公司的购电成本，因而公司也就无法从中获利。

（三）综合能源服务模式

在国外，一些售电公司在开展售电业务的同时，也对该地区开展其他能源甚至公共交通、设施等服务，这就是城市综合能源公司。这类公司一般都提供供电与供气服务，客户可以与公司单独签订用电或是用气合同，公司也会提供综合能源套餐。相对于单独签订合同，同时与公司签订供电与供气合同能够得到更多的优惠，这也是这类公司吸引及留住客户的重要手段。此外，有一些地区性综合能源公司还提供供热、供水、公共交通等服务，让客户可以享受多方位的能源服务。

德国最大的城市综合能源服务公司位于慕尼黑。公司主要为慕尼黑及周边地区的居民和工商业用户提供供电和供气服务，其中提供给居民的供电套餐就有 7 种，例如固定电价套餐、绿色电力套餐、网络电力套餐等。此外，公司还提供供热、供水、公共交通以及租车服务，并推出了电动车充电服务，公司现有客户可以免费使用充电桩，当然，其他电动车用户也可以使用充电桩，但是每次充电必须缴纳 9.9 欧元的充电桩使用费。公司通过捆绑销售这种方式吸引更多的客户，提高客户忠诚度，利润来源也更多样化。但是，为了开展这样的地区性综合能源服务，这类公司除了提供供电、供气服务外，往往需要经营其他一些利润很少甚至是没有利润的公共基础服务，如市内公共交通，这样将加剧此类公司的财务负担，因而导致公司陷入财政困境，甚至濒临破产。然而，往往在市场上拥有激情动力去推动客户灵活更换合约的，也都是这些崇尚多元运营的综合能源公司。

(四)售电折扣模式

为了更好地吸引客户，售电折扣商不仅提供较低的基本电费，还针对新用户提供诱人的折扣。许多新加入的工商业用户能够通过这类套餐在初期显著地降低用电成本，而居民用户更是通过返现和折扣有可能在第一年减少 20%的电费支出。对于部分用户，售电折扣商甚至可以采取预交电费提供更低折扣的方式。

售电折扣商的主要风险是流动性风险。售电公司是电力大规模生产和小规模销售之间的纽带，必须同时参与电力批发和零售市场。然而，这两种市场的电力结算方式与结算时间相差巨大，如果售电公司没有处理好这些时间差，很有可能因为缺乏流动性而对自身的经营造成巨大的影响。

售电折扣商在初期的低价策略之后，必须要通过转型来获得长久的发展。在通过低价电力获取市场份额，站稳脚跟之后，多样化的定价方式与服务才是这类售电公司成功的关键。

（五）虚拟电厂包月售电模式

大范围虚拟电厂建立的基础在于拥有众多分布式可再生能源发电设备的控制权、分布式储能设备等一系列灵活性设备、可再生能源的市场化销售机制和一套精准的软件算法。基于此类虚拟电厂的电力共享池系统提供了更加新型的售电模式。

在该模式下，加入电力共享池的终端用户能够便捷地互相交易电力，通过各自的分布式储能设备最大化地使用分布式可再生能源的电力，减少外购电，从而显著减低用电成本。在德国，已经有几个此类分布式能源社区在运营。

德国曼海姆的Begy公司的电价包月套餐是德国能源互联网应用的优秀案例。这是德国第一家推出电价包月套餐的售电公司，用户只需要每个月支付一定额度的电费，就能在一个比较大的范围内自由用电。在与客户签订Beg LIVE套餐后，公司会帮助客户安装屋顶光伏设备、家用储能设备和电力监控设备，通过将地区内分散的用户和集中式的电力生产设备相连，利用IT专业建模软件以及内建的智能软件优化算法调配各家屋顶光伏设备所发电力的消费、剩余发电量的购买和各个储能设备的充放策略，最终在最经济的条件下实现电力生产和消费在一定范围内的平衡。这是一种利用虚拟电厂技术的商业模式创新，用户通过包月套餐节省电费，而且用上了清洁的电力。作为售电公司，该公司并不准备通过售电服务获取利润，而是通过设备的销售取得盈利。

总体来说，基于虚拟电厂的共享电力模式对设备、通讯、计量、算法的要求十分的高，而且必须建立在一定的用户基础上。目前电力大数据分析、机器学习算法等技术都在其中有着很好的应用。在该模式下，一旦形成电力共享的闭环，新增用户将会给系统带来更多的稳定性和安全性。这种模式有着巨大的生命力和发展空间。

（六）“配售一体化＋能源综合服务”模式

在售电侧和配电网同时放开的情况下，同时拥有配售电业务，并且能为园区内电力用户提供增值能源服务的公司将深度受益。一方面，负责园区售电业务可以直接从市场化的协议购电或集中竞价交易中获取发电侧和购电侧之间的价差利润，同时还可获得园区内各电力用户的电力需求数据，是用户数据的第一入口。更为重要的是，以用电数据为基础，为用户提供能效监控、运维托管、抢修检修和节能改造等综合用电服务可以有效提高用户的用电质量，并增强客户粘性，同时从盈利能力更强的服务类业务中获得更多利润。

（七）互联网售电服务模式

为了降低交易成本，提升竞争力，成熟的电力市场都有比价网站（Price Comparison Websites），供用户选择套餐及更换售电商服务。采用这种模式有个前提，就是要有很多家售电公司，并且每家公司的售电价格有所不同。这些比价网站向用户提供的所有服务都是免费的，盈利主要来自有商业合作的售电公司/商家所支付的佣金（合作模式：用户通过比价网更换售电公司/商家，若该售电公司/商家是与网站有合作关系的，则按照协议支付一定佣金），目标客户群为互联网用户。这种模式在英国比较常见。英国电力监管机构 Ofgem 认证授权的比价网站总共有 12 家，其业务范围包括电力、天然气、固话、宽带、保险、贷款等，独立于任何售电企业。他们对用户的个人信息以及相关数据绝对保密，不会以任何形式出售，而且比价过程简单迅速，只需输入所在地区邮编即可，比价的排名结果绝对公平，不会受任何影响，可以向用户提供常见问题解答。

随着我国电力市场改革的不断推进，售电公司的数量也在急剧增加。电力比价网站服务模式便具有了可行性。面对庞大的互联网客户群，可以将电力、天然气、热、水等综合服务都进行比价，便于用户选择综合能源服务提供商。

## 第四节　开展综合能源服务存在的困难与挑战[①]

在综合能源服务的推进过程中，也存在多种困难和挑战，主要表现为项目

---

① 封红丽．国内综合能源服务发展现状调研[EB/OL]．https://mp.weixin.qq.com/s/1g6htpF1V3yn8BA1Q4-8Tw.

整体经济性差，投资风险高或受限，融资难，分布式发电市场交易困难，增量配电区域界定争议，技术有待更大突破，以及政策扶持力度有限等。

## 一、项目总体的经济性较差

制约当前综合能源服务业务发展的主要因素是该类项目的经济性较差。首先，综合能源服务涉及多种能源供应，业务之间基本是物理叠加，融合的有机性较差，不能取得范围经济效应，特别是更多地加入了可再生能源，并加入了很多新业态，较传统能源供应成本有所增加。其次，能源终端价格有“天花板”。一方面，政府层面要求降低能源价格，降低民生和企业用能成本，提高经济的活力和竞争力。另一方面，在能源“变绿变智”的过程中，能源价格相对固定，增加的环保成本并没有传导给终端消费者，无疑降低了整个能源系统的经济性。再次，供热、供冷管道等能源基础设施投资巨大，并且存在供热、供冷半径过长，有一定传输损耗等问题，而且综合能源服务在发展初期业务规模有限，不能充分发挥供能网络的规模效应，从而影响成本回收周期。最后，项目的资源条件和地方政策也直接影响项目的经济性。

## 二、项目投资风险高或受限，融资难

项目投资回报具有不确定性，影响企业投资的积极性。一方面，园区内企业的平均寿命短，影响投资决策。以微网项目为例，一般以 25 年生命周期测算收益，燃机、光伏均按 25 年正常运行测算，若电价不变，项目整体收益率满足 12％～13％，每少运行一年，项目收益率就会大幅下降。若服务企业短期内倒闭，在硬件已投入的前提下，投资收益就没有保障。另一方面，能源费用拖欠问题严重。尤其是民营企业在电费收取上存在一定难度或是滞后性，甚至是赖账，导致企业收益没有保障。其次，电网企业在投资上也存在一些限制，如国网系统实施主体以省级公司为主，但根据规定，省公司仅有 1 000 万元投资权限，综合能源类项目投资金额一般较高，自主投资决策权限不足制约了市场参与能力。再次，多能互补类项目小且新，不符合银行的融资要求，导致项目落地存在困难。

## 三、分布式能源发电不能直接参与电力交易

国家虽然出台了开展分布式发电市场化交易试点的通知，但试点项目尚未发布。目前，分布式“隔墙售电”模式仍未打通，余电只能卖给电网，不能与终端客户进行直接交易，导致非电网企业在分布式发电项目上的售电业务盈利性较差。分布式发电交易需要电网企业提供分布式电源并网运行、输电以及保障电力用户可靠用电的技术支持，提供发用电计量、电费收缴等服务，这些都增加了电网企业的运营成本。特别是分布式发电交易不支付未使用的上一级电压等级的输电价格，与全部由电网企业供电相比，这部分电量对应的电网企业的售电（或输配电价）收入就减少了。项目试点将影响电网企业利益，获取电网企业的消纳承诺函较难。受此影响，一些企业开展分布式发电的积极性比较差。有些企业采取“并网不上网”的模式，甚至为了更容易办理电力接入申请，节省安装保护装置成本，宁可浪费掉余电，也不上网。

## 四、增量配电区域界定等存争议导致项目落地难

当前，开展综合能源服务业务的企业也期望开展增量配售电业务，以增加新的效益增长点。尽管第一批 105 个（后又增加 1 个）增量配电业务试点项目早在 2016 年底即已出台，但在实施过程中，不少项目遭遇落地难，因涉及项目业主不确定、外部电网边界、接入主电网难、信息资料不对称等问题而停滞不前。此外，自建配电网核算的配售电价格标准与过网核算配售电价格标准不同，影响企业投资增量配电网的积极性。若企业自身投资建设增量配电网，按照规定的配售电价格核算，投资回报率很低，导致企业不敢投资增量配电网。

## 五、技术上有待更大突破

综合能源服务能否顺利推广，技术上存在两大关键因素。一是解决可再生能源接入问题，需要储能技术取得重大突破。储能可以平抑分布式可再生能源

的波动性，起到调峰调频的作用，但目前储能技术仍存在储能容量小、经济性较差等问题，不能大规模普及，因而直接影响综合能源服务业务的推广。二是解决多种能源的调度问题，需要多能管理协调控制技术的重大突破。如何管理各种能源、各类负荷调节，协调运行很关键。当系统由多个微电网组成，形成几十个甚至上百个微电网群时，如何协调控制和互补运行，将成为巨大的技术挑战。

## 六、政策扶持力度有限

为了减少环境污染，国家力推可再生能源发展，鼓励多种能源综合利用，先后推出了能源互联网试点、多能互补试点、新能源微网示范项目等，然而这些试点项目并未有太大进展，主要是因为其盈利性较差。而新提出的“综合能源服务”在物理结构上与上述项目本质上相同，但国家层面对诸如相关示范项目并没有明确的补贴政策，仅有个别省份对相关类似项目进行了地方层面的补贴，多是为了促进光伏消纳，对含光伏电站的创新示范项目给予一定的补贴，这在一定程度上影响了企业投资的积极性。

第六章。。。。。。。。。

# 国内主要综合能源服务商的业务模式

## 第一节　南方电网综合能源服务业务模式

南方电网综合能源有限公司（以下简称“南网能源公司”）是南方电网公司专注综合能源业务的公司，是南方电网“一主两翼”战略布局中综合能源业务的实施主体，是国家发展和改革委员会备案、国家工业和信息化部推荐的节能公司。公司主营“3＋N”业务（“节能服务、新能源、分布式能源与能源综合利用”三大业务以及“电动汽车、碳交易、互联网＋能源服务”等 N 个新型业务），自 2010 年成立以来，坚持致力于构建覆盖能源生产、输送、消费的综合能源服务体系，打造服务经济社会发展的绿色平台，建成了一大批在全球、全国有影响力的大型示范项目，为客户提供一揽子的综合能源利用解决方案，已发展成为全国最大的屋顶分布式光伏投资运营商，是全国领先的工业节能、建筑节能、照明节能服务商，自主研发的电动车充换电平台“度度充”覆盖南网五省范围并逐步实现全国联网，在分布式能源、能源综合利用、海上风电等领域也创造了突出的业绩，位列 2017 年“全国节能服务公司百强第 1 名”，获评“‘十二五’节能服务产业突出贡献企业”。

公司作为南方电网“一主两翼”产业布局中的重要力量，在南方电网综合能源业务中发挥专业化支撑平台作用和“先行先试”的改革示范作用，为推进生态文明建设、建设美丽中国贡献绿色力量。

## 一、南方电网综合能源体系建设概况

南方电网综合能源有限公司于2010年12月20日挂牌成立，总部设在广州，是中国南方电网公司的控股子公司，会同广东省粤电集团有限公司、代表广东省人民政府出资的广东省广业资产经营有限公司共同成立的开展节能减排业务的专业化公司。

其中，广东粤电集团是广东省实力最强、规模最大的发电企业，有全资、控股、参股单位130余家，产业涉及火电、水电、风电、核电、LNG、生物质、太阳能等多种能源。广业资产是经广东省人民政府批准设立的国有全资企业，持有并经营管理由省政府、省国有资产管理机构授权经营的国有资产。

南网能源公司发挥电网企业在能源优化配置中的平台作用，积极开拓“节能服务、能源资源综合利用、清洁能源与可再生能源开发、节能服务电商平台”四大主营业务。

通过几年的发展，南网能源公司已成为各级政府可信赖的节能智囊、企业认可的节能专家、南方电网公司重要的节能示范窗口和利润增长点。公司被评为“全国节能品牌企业”“‘十二五’节能服务产业突出贡献企业”，位列“2014年全国节能服务公司百强第二名”，荣获中国节能协会节能服务产业委员会（EMCA）颁发的“工业领域”“建筑领域”“公共设施领域”最高级别的3项5A级资质评级，成为全国唯一一家囊括全部领域最高评级的公司。①

南网能源公司秉承“整合技术、研究政策、服务社会”的发展理念，以合同能源管理商业模式为主导，开发拓展综合能源服务业务，坚持实施平台战略，以服务大客户、实施大项目为中心，在行业内外已具备良好的品牌知名度和影响力。

---

① 曹重．南方电网开展综合能源服务的实践及成效[J]．电力需求侧管理，2016，18(3)：1—4.

(一)综合能源服务成效

5 年来,南网能源公司累计实施节能减排项目 600 多个,大力推行合同能源管理,服务各级电网企业电力需求侧管理,为客户节约电量 14.21 亿千瓦时,相当于少用 45.9 万吨标准煤,减排二氧化碳 141.67 万吨。累计为超过 5 000 家工业客户实施节能诊断,实施工业节能项目 424 个,开展电机及注塑机能效提升项目百余个,占广东全省电机能效提升推广任务比重超过 20%。累计承接 LED 照明改造项目 152 个,推广 LED 灯具 172 万盏,占广东省同期同类项目的 60%,开发 LED 照明“乐克思”自主品牌和产品,开拓公共景观和照明节能 PPP 示范项目。实施建筑楼宇改造面积约 200 万平方米,托管电量达 1.9 亿千瓦时,自主研发并运行“看能”建筑能效管理系统。建设分布式光伏项目 354 兆瓦,成为国内最大的屋顶分布式光伏投资运营商。与珠海、东莞等 10 余家地市政府签订节能减排战略合作协议,与英、美、日、德等 6 国 13 家机构开展国际合作,与清华大学、中山大学等科研院所建立长期合作,研发专利节能技术产品 10 余项。打造“南度度”节能电商平台,网聚全国 1 100 余家会员企业,形成“网上节能产业集群”。

目前,南网能源公司下辖参控股企业 31 家,通过“三标”体系(ISO9001 质量管理体系、ISO14001 环境管理体系及 OHSAS18001 职业健康安全管理体系)认证,建立了科学规范的管理体系,逐步成长为国内节能服务行业的领先企业,为南方电网公司大力践行“绿色发展”理念、在节能减排领域履行企业社会责任提供了有力支撑。

(二)主要服务领域及效益

1. 各级政府的节能智库

南网能源公司协助南方电网编制了“‘十二五’节能减排规划”“电网企业能效现状及节能减排潜力研究”“电力需求侧管理‘十二五’规划研究”“佛山清远等地市供电局‘十三五’节能环保规划”等研究咨询项目,有效推动南方电网节能环保及电力需求侧管理工作的开展。同时,受国家发展和改革委员会以及南方电网公司委托,组织完成了电力需求侧管理资源潜力调查工作指南文本的编制，涵盖了电机系统、空调系统、照明系统、供配电系统、需求响应等节电资源，系统阐述了需求侧资源调查评估的方法体系，目前正推动文稿出版，可用于指导电网公司电力需求侧管理人员及用能企业节能管理人员更好地开展需求侧管理工作。

南网能源公司积极协助地市政府，制定行业标准政策，推动节能减排及清洁能源的应用。公司积极参与无功补偿节电量计算国家标准制定，配合广东省经信委编制完成注塑机能耗限额标准制定，完成“南方电网变电站照明技术规范”编制，推动电网绿色智能照明变电站示范建设。协助广东省政府及主管部门编制印发“广东省推广使用 LED 照明产品实施方案”“广东省电机能效提升计划”等政策措施，推动 LED 照明、高效电机节能产品的推广应用。协助佛山三水区做好城市能源专项规划，建设国内集“国家新能源示范城市”“国家分布式光伏发电规模化应用示范区”“国家光伏微电网示范区”三项国家级示范区为一体的城市，协助东莞打造“全国分布式光伏发电规模化应用示范城市和清洁能源基地”等，通过节能减排政策的引导推动，进一步优化节能与新能源技术应用的政策和市场环境。

2. 行业综合节能解决方案提供者

南网能源公司致力于成为企业单位“高端、专业、可信赖的能效管家”，为企业的能源管理提供一揽子的解决方案，综合、可持续地提高企业能源利用水平。公司强化产学研合作，与中山大学合作建立 LED 灯具全生命周期的质量管控体系，与清华大学照明设计院合作开展城市景观亮化照明，与清华大学研究团队合作开发“看能”建筑能效在线监测分析系统等，在 LED 照明、中央空调节能、蓄冷等领域形成了一系列标志性项目。具体有：全国最大规模的基于直流供电的城市级智能化 LED 路灯改造项目——肇庆市高新区路灯 LED 节能改造项目；广东最大的轨道交通照明改造项目——深圳地铁及其所属物业 20 万盏 LED 照明及广告灯箱改造项目；联新（开平）高性能纤维有限公司中央空调水蓄冷合同能源管理改造项目；广东大厦整体建筑合同能源管理节能项目；南方电网总部大楼建筑节能能源托管服务项目等。

经过5年的发展，南网能源公司不断整合节能诊断、能源审计、节能规划、节能评估、节能培训及国际合作的客户资源和能力，强化内部LED照明节能、中央空调节能的业务支持，提升节能产业政策研究和高端技术整合能力，通过为大型企业集团提供一揽子能源综合利用解决方案，系统解决企业的能源管理问题。截至2015年底，南网能源公司已累计实施客户节能诊断5 000余家，开展深度节能咨询服务，推动实施有潜力的节能技术改造项目，已整合形成食品饮料、陶瓷、造纸等典型行业综合节能服务解决方案，为推动行业性节能减排工作积累了丰富的资源和经验。

自2013年11月起，南网能源公司联合丹麦SE BigBlue公司对广东太古可口可乐公司提供高端节能咨询服务，制定了企业能效提升计划，提供一整套节能服务综合解决方案，包括35个节能改造方案与建议，涵盖供配电系统电能质量改善、电机能效提升、高损变压器淘汰以及注塑机系统、照明系统、通风系统、吹瓶空压机系统、制冷系统、锅炉系统、水处理系统和热工艺改进等方面。南网能源公司先后实施了包括变压器节能改造、电机能效提升、厂房LED照明改造、吹瓶生产线能效提升、压缩空气系统能效提升、能效管理系统建设等一系列节能改造项目，实现年节电量约500万千瓦时，整体节能效果达到20%。

自2014年起，南网能源公司启动开展了“中英清洁与能效生产项目”，对佛山欧神诺陶瓷公司能源使用情况进行了全面的节能诊断，重点包括电机系统、照明系统、压缩空气系统等生产用能系统的现场调研和测试，形成了一整套行业综合节能解决方案，并推进项目落地实施。已完成的节能技术改造项目主要包括1 300余台高效电机替换、5 000盏LED照明灯具系统改造、水泵变频改造系统优化、空压机智能群控系统建设改造、陶瓷生产原料预处理系统工艺改造等一系列节能改造项目，项目节电量达680万千瓦时/年。

3. 电机能效提升推动者

电机是用电量最大的终端用能设备，其用电量占全社会总用电量的60%以上，占工业总用电量的75%左右。2013年6月，工业和信息化部、国家质检总局于2013年6月组织实施《电机能效提升计划(2013—2015年)》。南网能源公司积极配合广东省政府相关部门推动实施广东省电机能效提升计划，出台了100～200元/千瓦的省市财政补贴政策，有力促进了广东省高效电机的推广应用。

南网能源公司充分发挥节能技术与平台优势，内部成立“电机能效提升工作小组”，整合高效电机生产商和服务商，以合同能源管理商业模式为基础，协助申请电机能效提升财政资金补贴，有力促进高效电机在大批生产企业单位的应用。例如以大集团、大客户为重点方向，助力中石化的“能效倍增计划”，率先为其驻粤3家单位（广州石化、茂名石化、湛江东兴石化）试点开展电机能效提升工作，仅在2014年就完成375台落后电机改造淘汰任务，为企业获得综合经济收益600多万元，带来了较好的经济和社会效应。在此基础上，继续推进与中石化能源管理与环境保护部的深入合作，在中石化各区域公司全面开展高效电机替换和改造工作。截至2015年底，累计改造电机18万千瓦，可实现年节电量2 835万千瓦时，以切切实实的经济和环境效益受到了客户的好评。

广东省电机能效提升项目不仅仅是落后电机的淘汰，还包含电机相关拖动系统的节能改造。南网能源公司一直专注于注塑机伺服系统的节能改造，其中，南网能源公司实施的长虹集团注塑机节能改造项目在2015年10月美国华盛顿举办的“第六届中美能效论坛”上，获评“中美合同能源管理示范项目”。本项目对长虹集团下属4个注塑工厂注塑机设备开展节能改造，通过更换伺服电机、齿轮油泵和增加伺服驱动系统，对注塑机的动力部分进行了升级改造，改造后注塑机平均节电率40%以上。

4. 国内最大的分布式光伏开发投资商

顺应国家大力支持光伏产业的政策大势，南网能源公司整合光伏组件设备生产厂商资源，以自身的项目方案设计及成本优势，积极投身于分布式光伏等可再生能源的开发应用。公司采用合同能源管理项目模式，利用企业客户屋顶资源，全额投资分布式太阳能光伏项目，以企业客户“自发自用为主，余量上网”模式，在25年运营期内获得投资成本和收益。

截至2015年底，南网能源公司已成为国内最大的屋顶分布式光伏投资运营商，已并网光伏发电项目 244 兆瓦，在建项目 110 兆瓦，陆续建设运营了佛山三水 20 兆瓦“金太阳”光伏示范项目、美的顺德制冷工厂 32 兆瓦分布式光伏示范项目、中山格兰仕 52 兆瓦屋面分布式太阳能光伏发电应用示范项目（全球单个厂区最大分布式光伏项目）、浙江省诸暨市枫桥镇 18 兆瓦农光互补地面光伏电站等一大批在国内外、行业内外具有示范意义的重点项目。

2014 年 4 月 25 日，南网能源公司投建的美的顺德制冷工厂 32 兆瓦分布式光伏示范项目正式并网发电。项目布置在美的家用空调顺德工厂 13 栋建筑约 33 万平方米的厂房屋顶，项目在 25 年合同期预计发电量 7.64 亿千瓦时，年平均发电约 3 054 万千瓦时。该项目荣获“2015 年度中国分布式能源优秀项目特等奖”，为年度国内唯一获此殊荣的分布式光伏项目。

2015 年 9 月 18 日，南网能源公司投建的当前全球单个厂区最大屋顶光伏项目“中山格兰仕屋面分布式太阳能光伏发电应用示范项目”全部并网投产，总装机容量 52.38 兆瓦。项目运营 25 年，预计总发电量 12.5 亿千瓦时，年均发电量约 5 000 万千瓦时。

2015 年 11 月 19 日，南网能源公司与浙江诸暨市枫桥镇战略合作的首个农光互补光伏电站项目开工。该项目总装机容量 35 兆瓦，总占地面积 1 000 亩（约 66.67 万平方米）。开工的一期工程总装机容量 18 兆瓦，在 25 年运营期内预计年发电量 1 600 万千瓦时。

5. 清洁能源示范项目开拓者

南网能源公司一直跟踪清洁能源开发的最新技术和政策进展，与新奥集团、深圳燃气集团、北京能源投资集团等签署战略合作框架协议，共同开发清洁能源综合利用项目，提升能源综合利用水平。

为满足广州超算中心能源需求，南网能源公司投资建设了广州超算中心天然气分布式能源站项目。项目采用燃气内燃机发电，发电规模为 4×4.3 兆瓦，制冷规模为 4×1 000Rt，综合利用效率达 84%，可满足中心约 40%的冷能及电能需求。同时积极参与广州中新知识城分布式能源和从化鳌头分布式能源项目开发建设，通过热电冷三联供实现能源梯级利用，对广东省、广州市分布式能源发展具有重要示范意义。

南网能源公司积极在广东、广西、云南等重点区域开展生物质能源、资源调研，与广东清远阳山、海南儋州等县市政府签订生物质发电投资框架协议，积极推广清洁能源的应用。广西昌菱甘蔗渣综合利用热电联供项目是与广西农垦糖业集团昌菱制糖公司、广西祥华能源投资公司共同投资开发的生物质综合利用项目。项目利用制糖附属产物甘蔗渣、糠醛渣发电，建设装机规模 1×25 兆瓦的热电联供项目，预计年发电量 16 250 万千瓦时。

珠海桂山海上风电场与万山海岛新能源微电网示范项目，是我国首个海上风电与海岛新能源智能电网应用整合研究项目，被列为国家能源局“十二五”智能电网第一批试点项目和广东省战略新兴产业核心技术攻关项目。其中，万山海岛新能源微电网示范项目包括东澳、桂山、大万山 3 个海岛的智能微电网建设，统筹利用风电、太阳能光伏、柴油发电、储能等多种可再生能源，构建一体化智能微电网系统。目前已初步建成东澳岛、桂山岛海岛智能微电网示范项目，服务海岛单位和居民用户 800 户，大幅提升海岛供电可靠性，推动海岛经济发展。截至 2015 年 12 月，东澳岛和桂山岛已发电量 2 377 万千瓦时。

6. 能源互联网建设探索者

南网能源公司拥有完整的智慧能源互联解决方案，包含区域型能源管理系统、工业企业能源管理中心、客户能效服务云平台等多类型系统服务，涵盖了从区域政府(或园区)管理、重点用能企业和中小企业等不同类型需求的客户，忠实于为客户提供最佳的能源互联网体验，全面提升综合能源管理水平。公司经过不断的技术整合和建设，目前已完成佛山电力需求侧管理平台的搭建、重点客户企业能源管理系统和能效服务云平台接入建设，形成了系列化的能效管理信息化服务体系，增强了节能服务与用能客户的黏性联系，为未来的能源托管及能源互联网服务提供了有效支撑。其中，南网能源能效服务云平台主要是为解决智慧能源互联推广应用的成本问题而推出的，充分利用移动互联网、云计算、物联网、智能通信、能效管理与分析等先进技术，通过手机、平板电脑、计算机等多种终端设备帮助客户随时随地实时掌握自身的综合能效情况，力求让广大用能客户以最低的能源成本获得最高效、最全面的“在线能效管理”云服务。

南网能源公司打造了央企首个节能电商平台——南度度节能服务网，作为南方电网一站式综合节能服务平台，网聚全国节能服务产业上下游会员企业1 100多家，搭建节能供需双方合作平台，致力于推动节能环保产品在线交易，构筑节能服务企业和用能客户的共赢桥梁。顺应互联网与电子商务的快速发展，在深圳前海注册成立南电云商公司，上线并运营“互联网＋智慧能源”电商平台，促进家庭能效升级，推广清洁能源的社会化应用。

在南方电网公司“十三五”改革发展意见引领下，南网能源公司将继续适应经济新常态，践行绿色发展理念，持续推动能源消费与技术革命，继续帮助客户提升能效，用好能源。南网能源公司将充分发挥市场、资源、数据等优势，构建以节能为核心的现代能源服务体系，探索推动综合能源服务与市场化售电业务融合发展，打造具有独特竞争力的新型综合能源服务商，朝着实现“国内领先、国际知名现代能源综合服务商”的战略目标积极迈进。

## 二、南方电网综合能源服务主营业务

南方电网综合能源有限公司发挥电网企业在能源优化配置中的平台作用，积极开拓“节能服务、能源资源综合利用、清洁能源与可再生能源开发”主营业务，如图6－1所示。

公司经营范围包括节能减排相关咨询诊断、检测评估、技术改造、中介和信息服务、科学研究、技术研发、设备研制；能源综合利用、新能源开发、分布式能源、用户侧储能项目的投资、建设、运营；电动车充换电相关业务；配电网投资与运营；经营租赁业务等。

其中节能业务主要包括工业节能、建筑节能、照明节能、能源托管、能效管理等；能源资源综合利用业务主要包括煤矿瓦斯综合利用、工业企业余热余压综合利用等；新能源和可再生能源开发业务主要包括海上风电开发、园区和建筑光伏开发等。

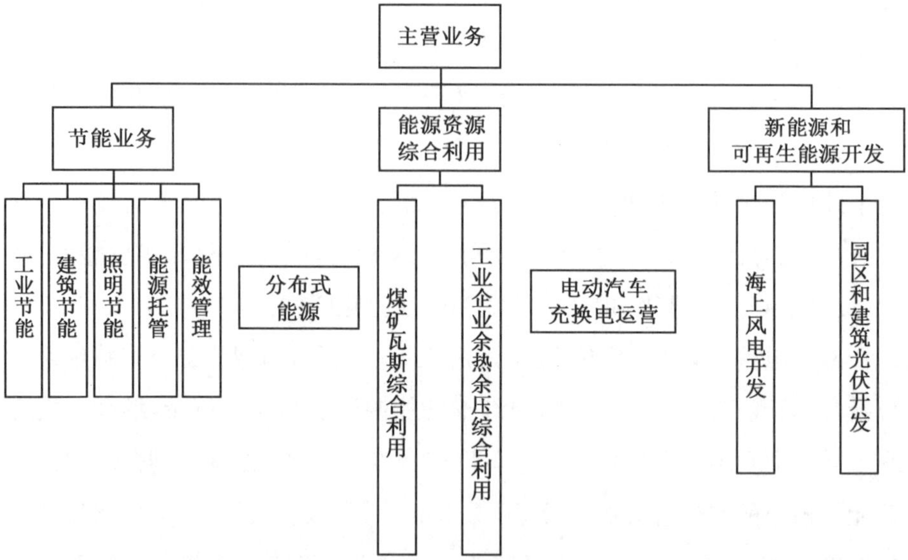


**图 6—1　主营业务概览**

## 三、南方电网综合能源服务公司组织架构

公司采取直线—职能制式组织架构，包含职能部门和事业部门两个分支，具体结构如图 6—2 所示。

职能部门：综合部、人力资源部（与监察审计部、党群部合署）、财务与资产经营部。

事业部门：市场开发事业部、节能服务事业部、建筑节能事业部、新能源事业部、能源综合利用事业部。

分子公司：电动汽车充换电运营中心、节能照明（分）公司、南方海上风电联合开发公司、云南节能公司、贵州节能公司、佛山能源公司、广西营业部、海南营业部、深圳营业部。

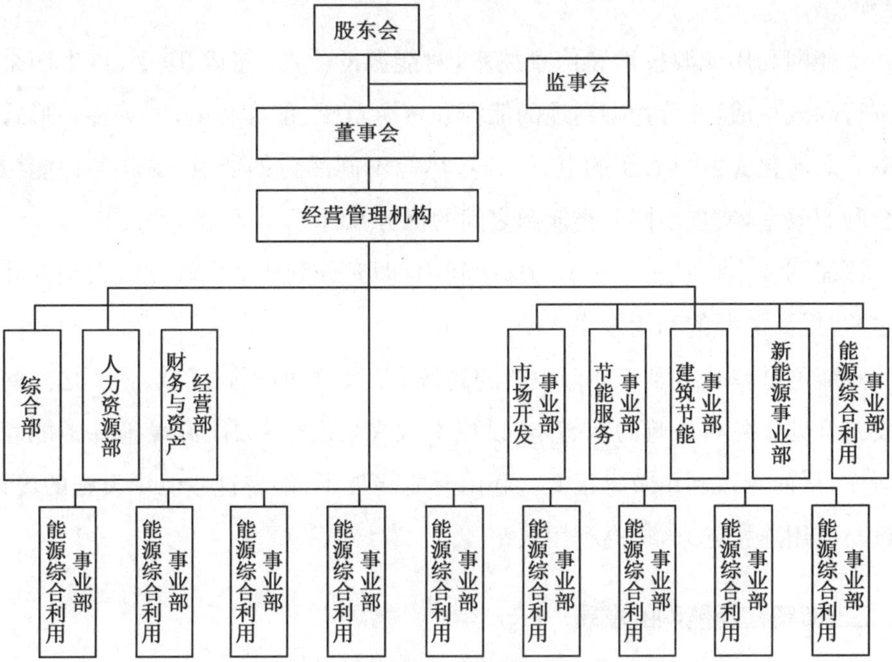


图 6—2　组织架构

## 第二节　新奥:泛能网运作模式

传统能源体系以供给为核心,随着时代变迁,一系列突出问题和弊端开始显现,比如竖井发展、孤岛运作、市场化程度低、环境污染等,发展方式难以为继。能源革命要把消费革命放在首位,要打破集中式、竖井式、相互孤立的传统能源体系,构建清洁、高效、经济、安全的现代能源体系。现代能源体系拥有五大特质——需求侧主导、多品类能源融合、多种供能方式协同、多元主体开放共享、供需智慧互动。

### 一、泛能网简介

泛能网的组成包括能源网、物联网与互联网。其中,能源网包含气网、电网、热网等基础能源网络,物联网包含控制网、信息网等,互联网包含经济网和社会网络。

泛能网利用能源技术和信息技术，对能源的生产、储运、应用、再生四个环节进行高效集成，充分挖掘当地的能源和资源禀赋，能够将电、气等多种形式的能源高效转化成客户需要的电、气、冷、热等不同品位的能量，提高各种能源的综合利用效率，实现不同品类能源之间的优势互补。

泛能网技术能够实现能源的梯级利用，即充分利用能源转化过程中存在的能量差，提高能源的利用效率。

泛能网技术也有利于能源设施的高效利用。当前不同区域、企业之间的能源设施都处于各自为政的状态，建设成本很高，而大多数能源设施并不能满负荷运作，从而导致利用效率很低。利用泛能网技术，能将这些能源设施的设计、建设与应用连接起来，提高利用效率。

## 二、新奥在泛能网的发展

新奥经过近 10 年的探索与发展，形成了独具特色、具有自主知识产权的泛能网技术体系。这一体系具有六大特点：多种能源融合、分布式为主体、设施互联互通、需供充分互动、实时调度交易、储能技术支撑，与现代能源体系的五大特质一脉相承，高度契合。其内涵是以为用户提供多能互补的泛能站或泛能机解决方案为接入，利用信息网和气、电、热、水等物联网，搭建各类的能源设施，互联互通的能源物联网，形成以人工智能为支撑、多能源智慧调配、互联网能源共享的新生态，最终实现能源的清洁、高效、经济、安全的目标。

另外，泛能网依托多年产业实践，形成了匹配不同业态特征的差异化模式，可充分满足各类主体的个性化需求，助推区域能源体系升级。目前泛能项目已遍布 40 多个主要城市，其商业模式、多能互补潜力巨大。在首批 23 个多能互补示范工程中，新奥入选了两个示范项目。一是廊坊开发区生态城区块，该项目业态多样，包括工业、商业、住宅，采用增量辐射、整体升级模式，依托新增用能主体，发展泛能站，协同存量的能源设施、电力热力管网，构建泛能微网，最终实现互联互通；同时，依托平台进行多区块整体能源调度、交易，发挥区块间多能互补协同效应，提升可再生能源清洁能源利用率，形成光伏、地热、燃气、余热、储能等多能源高效集成的开发区泛能网。二是青岛中德生态园，采用泛能规划牵引网络迭代模式，以泛能规划引领，打破传统能源分项规划模式，与园区产业规划深度融合，引导荷、源、网、储的整体优化布局，构建泛能区域网。

当前我国正处于传统能源体系向现代能源体系过渡期、关键期，传统能源体系以供给主导解决有无问题，现代能源体系以需求主导解决优差问题，从传统能源体系到现代能源体系，需要进行能源结构、能源供应方式、能源供需关系的根本性变革，开展技术＋模式＋体制的集成创新，这是一项关系全局的系统工程。

## 三、新奥集团的泛能网运作模式

新奥的泛能网属于区域能源互联网形式。新奥的泛能网将冷热、燃气联系起来，开发冷热电联产项目，将燃气、冷、热、电一起销售给用户。新奥从 1992 年开始从事城市燃气业务，目前已形成新奥能源、能源化工、太阳能源、智慧能源、技术工程等相关多元化产业。

2012 年新奥提出泛能网概念，其分布式能源项目有湖南长沙黄花国际机场项目（商业模式见图 6—3）、株洲神农城项目、江苏盐城亭湖医院项目等。泛能网的主要投资来源于设备投资，根据用能需求，规划燃气发电机组、溴化锂余热利用机组，以实现多品味的余热利用等。

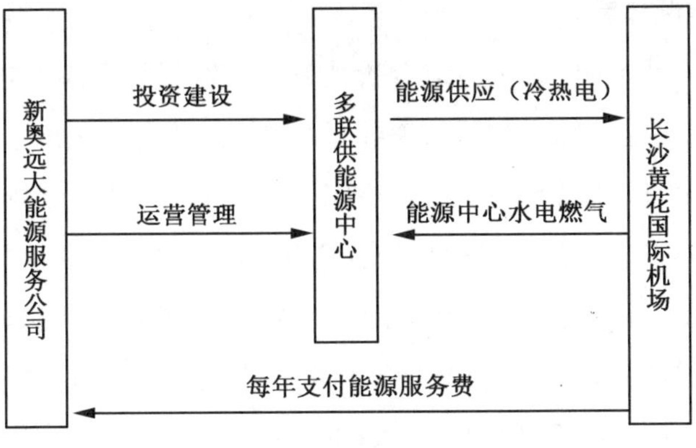


**图 6—3　长沙黄花国际机场商业模式**

新奥规划的泛能网项目市场着眼于工商业园区、用能企业、建筑等。其中，青岛胶东国际机场项目是新奥自长沙黄花国际机场后落地的第二个机场泛能网项目。公开资料显示，该项目采用 BOT 模式，新奥、青岛机场、华润青岛公司分别投资 7 000 万元、8 000 万元与 5 000 万元。在整个山东区域，新奥已有 20 多个大大小小的泛能网潜在客户。

## 四、泛能网的价值体现

利用大数据＋人工智能，能源设施的利用率在原有基础上至少提升 50％以上，能源设施的规模至少降低 30％以上。

传统能源体系是基于泛时代能源大规模开发利用起来的，竖井发展、孤岛运作，存在低效浪费、环境污染等问题，综合利用效率不足 40％。通过泛能平台，用大数据＋人工智能可以很好地解决协同优化，全网能效大幅提高。

泛能网络平台是泛能网体系的智慧中枢，以满足客户个性化供需要求的分布式场景为牵引，以构建需求侧主导、清洁高效、经济安全的现代能源体系为出发点，以系统能效为理论基石，利用数据智能，推动包括不同品类能源管网在内的多网信息流与能量流的融合互动，构建虚拟负荷池和虚拟供给池，通过负荷牵引曲线、多维寻优动态匹配等功能，实现气/电/热协同优化，实现能源时间价值共享、能源品类价值共享、能源设施价值共享，打造产业新生态，推动能源革命，落实现代能源体系。

这些年的实践证明，泛能网综合价值、社会效益显著，主要体现为：清洁能源占比大幅提高，能源综合利用效率超过 80％，能源设施利用率在原有基础上至少提升 50％以上，能源设施规模至少降低 30％以上，还有碳排放得到更大幅度的减少。同时，通过智慧价值的释放，可以推动生态圈的共赢。对政府，可实现能源体系的根本性升级，推动环保治理污染；对能源用户，可以大幅降低能源总账单，满足个性化需求；对能源投资商，可以快速获取商机，高效交互，有效监控，实现投资的高收益、低风险；对能源生产企业，可以大幅提升能源设施的利用率，提高收益水平；对能源输配企业，多网协同安全可靠运行，降低投资，提升资产的利用率；对能源销售企业，可以提升经营水平，降低经营风险，提升收益。

在一定范围（城市、园区）内，通过气、电、冷（热）一体化的集成优化，进行跨主体的输配与交易，在本区域内形成产能与用能的相对平衡，形成区域能源自平衡体。自平衡体分两类：第一类是完全的产用平衡，脱离区域外的能量输入可以独立运营；第二类是通过区域内的自平衡，使得区域与外界的能量交换维持在一个相对稳定的范围内。区域能源自平衡体是泛能网理论体系中的重要概念，是新奥泛能科技多年实践的结晶。

新奥基于泛能网模式，能持续提供数字化的解决方案以及部署泛能能效平台，进行多能源的综合优化。

在方案层面，新奥基于众多项目及技术融合，突破了单纯物理设施的优化配置，升级为依托信息技术建立能源设施最优精确数字模型，支撑全业务链条数据智能的数字化解决方案，融合了基于数据挖掘的复合优化技术、基于优化算法的量化筛选技术、基于网络仿真的融合技术等，可以实现多技术集成、多金品类能源的输出，荷源协同优化，数字化的解决方案为解决结构、效率、主导问题奠定了坚实的基础。

泛能网是数字能源的典型形态，通过“端＋云”打通能量流与信息流，依托泛能网络平台，打造从方案、交付、运营到交易的全业务链数据智能，实现虚拟负荷池和虚拟供给池的优化匹配，最大化释放能源及设施价值。

在平台层面，新奥基于产业实践，重点打造了站、网、云三级平台，这三级平台对解决三大问题、释放全局价值发挥了重要的支撑作用。

这显示的是区域能源的利用功能系统，区域内主体设施众多，功能特性千差万别。传统功能模式以集中加分散式功能为主，新建能源占比非常低，能源设施利用率普遍只有百分之十几到四十几。在泛能网模式下，新奥在物理设施层面发展高效的分布式能源系统，部署泛能能效平台，进行多能源的综合优化，高效利用清洁能源，释放品类价值，构建清洁、低碳的能源结构。

在网一级部署泛能网运营调度交易平台，采用虚拟技术实现负荷的时空优化，通过虚拟供给实现全网设施的共享，利用核心的人工智能实现虚拟负荷侧和供给侧的匹配，让有竞争力的能源设施优先利用，资源最大化利用，时间、空间、网络价值叠加释放，消费者和生产角色可以自由切换，解决消费者的主导问题，降低全社会的用人成本。

在网两级平台进行区域内的多能源综合优化，解决结构和主导问题，能源的跨域优化涉及更广、影响更大。这是广域的能源系统，包括园区、电厂、储能等各类主体和设施，分布在不同的城市。传统模式下能源竖井发展，设施孤岛运作，综合利用效率不足40%。通过泛能平台，用大数据＋人工智能可以很好地解决协同优化，全网能效大幅提高。

新奥作为一个持续创新型的企业，将一如既往地紧密围绕国家的发展导向，持续创新实践，深化产业合作，发展能源物联网，发展数字能源，构建泛能网，推动现代能源体系落地，助力能源革命。

## 五、典型泛能网项目建设情况

### （一）中德生态园项目

中德生态园项目园区1号泛能站、2号泛能站已建成投运，能满足55万平米居民、5万平米商建及部分工业的用冷、用热、生活热水、燃气及用电需求。项目规划建设泛能站6座、110千伏变电站1座、10千伏配电线路2 300米、热力管网27 330米，总投资19.6亿元。项目由青岛新奥智能能源有限公司负责建设及运营。已建成的两个泛能站采用的技术包括燃气发电三联供系统、并蓄冷系统、地源热泵系统、分布式光伏，以及热力和电力的调配技术。

### （二）万达游艇产业园项目

万达游艇产业园项目泛能站和生产调度楼全部建设完毕，一期热力管道和设备均已安装完毕，目前万达A/B地块住宅供热运营正常。该项目可实现供暖100兆瓦、供冷9兆瓦、供电3.2兆瓦，总投资超过3亿元，分5年建设。万达游艇产业园项目由青岛新奥清洁能源有限公司负责建设及运营。采用的技术包括燃气发电三联供系统、海水源热泵、燃气锅炉、水蓄能储能技术。

### （三）东方影都项目

东方影都项目泛能站能够实现供暖77.5兆瓦、供冷4.2兆瓦、供电1兆瓦，包含1个能源站、14个换热站，总投资2.9亿元。项目由西海岸新奥清洁能源有限公司建设运营。采用的技术包括燃气发电三联供系统、海水源热泵、燃气锅炉等。

(四)青岛胶东国际机场项目

青岛胶东国际机场项目计划建设3座泛能站，形成区域泛能微网。项目估算总投资12.19亿元。项目由青岛国际机场集团有限公司、青岛能源华润燃气有限公司、新奥燃气集团有限公司共同出资2亿元注册成立青岛国际机场新能源发展有限公司负责投资、建设及运营。该项目拟采用光伏发电、三联供发电、储能、微网监控、能量管理系统等技术。

## 六、新奥泛能网项目特点

(一)项目周期长

2011年新奥中标中德生态园项目，经过6年时间，完成了两个泛能站的建设，投资近2亿元，计划2020年完成所有规划，总投资19.6亿元；胶东国际机场项目2016年建设，预计2019年部分区域开始运营，2025年完成航站区泛能网建设，总投资12.19亿元。这些泛能网项目基本由青岛新奥燃气有限公司的团队负责完成，他们除了负责泛能网项目的市场开拓、建设及运营外，还承担着在青岛的燃气供应及市场开拓任务。这一点值得有意进入微网、配售电等领域的企业思考，如果没有基本业务的承托，单独建设一支队伍，如何使用策略来化解长周期带来的资金压力问题。

(二)项目延展性好

项目周期长、体量大既是弊也是利，政府将有限的资源在短时间内倾斜到力推的园区上，虽然建设过程中资金压力大，回款慢，但产业集群形成后，周边地区的能源负荷也会进入快速增长阶段，因此，新奥的泛能网项目通常在建设时会跟着整个园区的建设节奏走，合理分期、逐步实施，避免能源浪费，同时又留有余量，确保在负荷增长的时候保障能源供应，并向周边地区拓展。

以图6—4所示东方影都项目为例，在该项目周边，中建锦绣城、中铁博览城的泛能项目也在建设当中，未来这些泛能项目将辐射周边区块，泛能微网升级泛能区域网，实现能源互联互通，提高能源利用率，降低能源设施投资。

**图 6—4　新奥部分项目——青岛地区**

除了空间上的拓展之外，还可以在业务上拓展。受限于政策，过去新奥泛能网项目主要以满足热、冷、蒸汽等需求为主，电力供应涉足不多，随着各地售电政策不断明朗细化，配售电的规划及建设也将被纳入进来。

（三）政府政策对清洁能源发展影响较大

新奥在青岛的泛能网项目推进力度较大，与当地政府支持清洁能源发展不无关系。青岛市政府规定：燃气锅炉集中供热项目居住建筑部分每立方米用气补贴 2.72 元，用气量核定最高标准为 9.5 立方米/平方米；天然气分布式能源公建项目每立方米用气补贴 1.32 元，用气量核定最高标准为 22 立方米/平方米；储能设施按核定建设成本的 50％给予补贴，最高补贴额不超过 1 000 万元（青政办发〔2014〕24 号文）。

## 七、新奥泛能网项目的运营

泛能网商业模式具有三大特征：第一，能源设施的所有权和运营权或者使用权分离；第二，需供重构，动态连接，最优匹配；第三，释放潜能，提升效率，降低成本。其中最重要的是第三个特征，没有潜能的释放、效率的提升、成本的降低，就不足以称为一种新的商业模式。

在已落地的泛能网项目中，能源设施的利用率提升了50%以上，能源设施的投资规模降低了30%以上。新奥的团队非常会算账，这也是他们能够拿下客户的主要原因。在游艇产业园泛能网项目中，新奥以用户原有供能方案经济性指标为参照基准，对各单项适用技术经济性进行量化排序，择优组合，使系统整体经济性做到增量投资回收期小于5年。在运营阶段，项目团队结合当地的能源价格政策，总结了多种策略用来降低能源成本。

以东方影都项目为例，根据不同用能单位的用能特点，结合不同供能技术的成本测算，泛能站的运行策略各有不同：针对医院用能需求和用能特点，通过供热成本比较，夜间电价低谷期，经济性差，尽量不开发电机，每天运行16小时。夏季发电机总共运行1 920小时，余热制冷；冬季发电机总共运行2 256小时，余热供暖。系统运行时优先启动多联供系统，随着负荷的增加，依次启动海水源热泵系统、锅炉系统（冬季）；多联供停运时，供冷负荷完全由海水源热泵承担，供热由海水源热泵和锅炉承担。针对住宅项目，谷电时段优先利用海水源热泵系统，其次利用锅炉系统；平电时段优先利用多联供系统，然后依次利用海水源热泵系统、锅炉系统；高峰和尖峰电时段优先利用多联供系统，然后依次利用锅炉系统、海水源热泵系统。

## 八、新奥泛能网项目的评价

新奥的泛能网模式可以总结为“四化”。一是设备投资标准化。新奥按照标准来设计建设泛能站。二是模块化。“泛能站建设的时候是一个个模块装起来的，可以节省投资”。三是智能化。不同能源的调度和交易是通过智能系统实现的。四是数字化。智能化建立在数据基础上，因而运营过程中要采集各类数据。

新奥的泛能网模式使得建设过程中用户侧的投资显著下降，运营过程中用户的负荷之间可以削峰填谷，从而减少用户的支出。未来还可以在用户之间建立起灵活的能源交易关系，根据用户不同时间、不同地点、不同能源的需求，反映出不同的价格，这个价格是用户之间通过交易形成的。

在形成市场化的能源价格以及灵活的能源交易关系方面，目前我国还存在体制问题。对多种能源进行管理时各管一块，造成了多能利用或者多能建设时审批和运营方面的矛盾冲突，加大了不同时间、不同地点、不同用户交易的协调难度。

泛能网完全符合能源互联网“协同化”的概念，实现了多种能源的协同、分布式能源和集中式平台的协同、供需的协同，以及规划建设和运行管理的协同。

## 第三节　协鑫：分布式微能源网运作模式

协鑫的分布式微能源网按照“六位一体”模式实施，将天然气热电冷系统、光伏发电、风能发电、储能技术、节能技术、低位热能结合为一体，提供多种能源服务。然而，受前一阶段燃气价格高企、电力并网（售电）制约等因素影响，此类项目推进较为缓慢。银行还会继续支持这种类型的项目，但这种项目现在受制于三个方面：一是气价过高，二是主设备进口初期投资大，三是工业电力需求逐年下滑。此外，并非每个项目都会运行很好，因而银行风险控制部门也很谨慎。

### 一、“六位一体”模式

协鑫智慧能源结合太阳能、风能、生物质能、地热能等组成如图 6－5 所示的“六位一体”的能源供给模式，融合多种可再生能源利用技术，通过智能化控制系统、储能系统，将各种绿色能源有机结合，为用户提供综合能源保障，是提高能源利用效率的重要手段。“六位一体”云控制中心可在供应不足时使用更少能源，丰裕时则将能源储存起来。

图 6—5 "六位一体"模式

"六位一体"能源供给模式利用太阳能、天然气、风能、低位热能、LED及节能技术、储能技术构建微型能源网，可比传统能源系统利用效率提升40%以上，形成能源系统服务管理新商业模式。

## 二、"六位一体"模式解读

"六位一体"模式包含了6个能源系统、6个新能源理念、4项技术突破和10种能源转换。"六位一体"能源供用如图6—6所示。具体来说，6个能源系统是指光伏发电系统、天然气热电冷联产系统、风能发电系统、低位热能(地源热泵、光热)系统、节能系统、储能系统；6个新能源理念指创能、绿能、多能、微能、储能、节能；4项技术突破是指储能、调峰、低位热能利用、微能源网；10种能源转换是指天然气、光、风、低位热能、余热余压和交流电、直流电、蒸汽、热水、冷水10种能源转换。此类模式可节约相关能源投资40%，将能源利用效率提高40%，单位能耗下降40%，同时使能源自供率达到40%及环保减排50%。

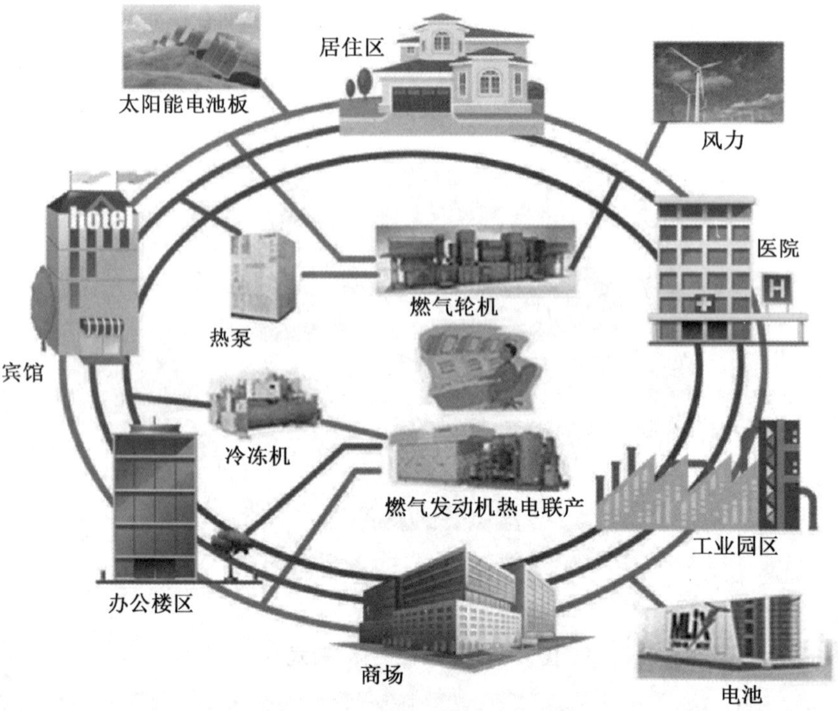


图 6－6　“六位一体”能源供用

## 三、6 个能源系统

### （一）低位热能系统

低位热能系统主要是采用地源热泵和光热技术，利用地球浅层地热资源和屋顶的热资源作为冷热源进行能量转化的供暖空调系统和热水供应系统。

### （二）节能系统

节能技术广泛应用于各种清洁能源消费环节中，通过使用节能设备和 LED 等高效、低耗光源来提高用户的能源使用效率，降低用户的单位能耗。

### （三）储能系统

储能技术的广泛应用，改变了能源在时间、空间传输使用上的局限，并将绿色能源系统建设与能源汽车充电网络相结合，把清洁能源更广泛地应用于交通、人居、通讯等各个领域。

（四）风能发电系统

风能发电即充分利用蕴含巨大动力的风能，把风的动能转化为电能。

（五）光伏发电系统

光伏发电是把取之不尽的太阳能资源通过硅材料的应用开发进行光电转化，转变成电能。

（六）天然气热电冷联产系统

该系统通过利用多联产技术，实现为商业区、工厂区、住宅区等不同用户提供蒸汽、热水、交流电、空调制冷、直流电等能源。

## 四、“六位一体”微能源网的优势

第一，解决了能源的交叉调峰和实现了能源的最优分配。

第二，减少了能源的重复配置，减少了能源输送系统的投资和损失。

第三，带来了能源革命性变化，使得高效成为现实。

第四，实现了环境友好型的能源发展。

第五，推动了能源发展进入智能化、网络化时代。

第六，给人类带来了清洁、高效、便捷、便宜的能源，提高了人民幸福指数。

## 五、协鑫能源互联网发展路径

互联网＋能源＋新能源将是未来经济发展的新引擎。协鑫将积极推动平价上网，推进分布式、微网的发展。整个路线图的完成将分为 4 个阶段，预计将在 2025 年之前形成区域性综合能源互联网。[①]

（一）光伏产业链整合推进光伏平价上网

协鑫能源互联网路线图第一阶段（2008—2014 年）目前已经完成。从 2008

---

① 姜隅琼．协鑫首提能源互联网路线图——微能源网项目已上报能源局［EB/OL］．http://business.sohu.com/20151109/n425741299.shtml.

年开始，协鑫集团用5年时间，将占据全球1/4的多晶硅和1/3的硅片两大支柱产业做到了全球规模第一，成本世界最低，全球市场占有率从2008年的4％提升至2009年的14％、2014年的30％，改变了硅料进口局面，使得价格回归合理，系统成本持续下行，通过产业链的整合，推动了全球光伏市场的发展，逐步推进了光伏平价上网的进程。

（二）光伏产业达到平价上网

协鑫能源互联网线路图第二阶段（2015—2017年）是在2017年实现光伏平价上网。协鑫集团不断打破技术封锁，通过上下游材料及产品技术创新、高效差异化集成产品、系统设计优化等，推动我国光伏发电平民化进程，在电站投资收益率保持在合理范围内的前提下，实现2017年上网电价低于0.60元/千瓦时。

（三）分布式、微网、局部能源互联网

在2015—2020年阶段实现分布式、微网、局部能源互联网的全面推广是协鑫能源互联网路线图的第三阶段。协鑫将通过综合能源系统集成4.0业务，实现各种能源优势互补，降低综合能源系统成本，形成投资经济价值；横向整合风光储热冷水，纵向整合纵向源—网—荷—储协调，以智慧园区及绿色城镇为载体，实现由单个微网向局部能源互联网发展；实现能源高效利用，实现数据化及智能化。

（四）区域综合能源互联网

协鑫能源互联网路线图的第四阶段是要在2025年前实现区域综合能源互联网，形成能源流的智能流通，实现能源商品化以及金融化，推动智慧城市发展，实现能源的社会化服务功能。

协鑫将以高端制造为基础，通过光伏逆变站、平/斜单轴跟踪系统、户用分布式系统、户用储能系统、工商业储能系统等系统集成产品以及光伏电站综合监控系统、微电网能量管理系统、智能运维系统等软硬件的研发，大力推广各种分布式能源站，达成综合能源的集成，最终形成综合能源互联网。

## 第四节　远景能源：互联网＋能源模式

远景目前是中国三大风机供应商之一，是2014年我国最大的海上风机供应商。远景的格林威治云平台、智慧风场Wind OS平台、阿波罗光伏云平台目前管理着包括北美、欧洲、中国等在内的全球新能源资产，是全球最大的智慧能源资产管理服务公司。

远景能源业务包括智能硬件、软件和管理平台，管理着包括美国最大的新能源上市公司Pattern能源、国电龙源、中广核集团、国电投、天合等在内的超过5 000万千瓦的全球新能源资产，覆盖风电、光伏、充电网络、能效等领域。远景在丹麦锡尔克堡设立了全球风电创新中心，该中心是中国新能源企业在丹麦最大规模的研发机构；在美国休斯敦和硅谷设立了全球数字能源创新中心；在美国科罗拉多设立了全球空气动力学研发中心；在德国汉堡设立了全球风电工程中心；还与丹麦国家实验室、丹麦科技大学、美国国家新能源实验室、美国斯坦福大学等全球一流的院校开展了研发合作。

### 一、"互联网＋"能源模式

"互联网＋"能源分为两种模式：一种是"互联网＋"新能源发电，如远景与华为、木联能等的合作形式，通过信息化技术包括大数据、云计算和数据挖掘等手段达到系统优化、资源优化配置、高效运行的目的；另一种是"互联网＋"能源，如国家电网、中石油与BAT的合作形式，主要是利用国家电网或中石油信息渠道和数据入口获取用户信息，进行深度的商业模式创新与拓展。

### 二、远景能源的智慧风场

远景能源全球首创的基于智能传感网和云计算的智慧风场全生命周期管理系统如图6—7所示，包括"格林威治"(Greenwich)云平台、智慧风场WindOS管理系统以及WindOS高级应用。

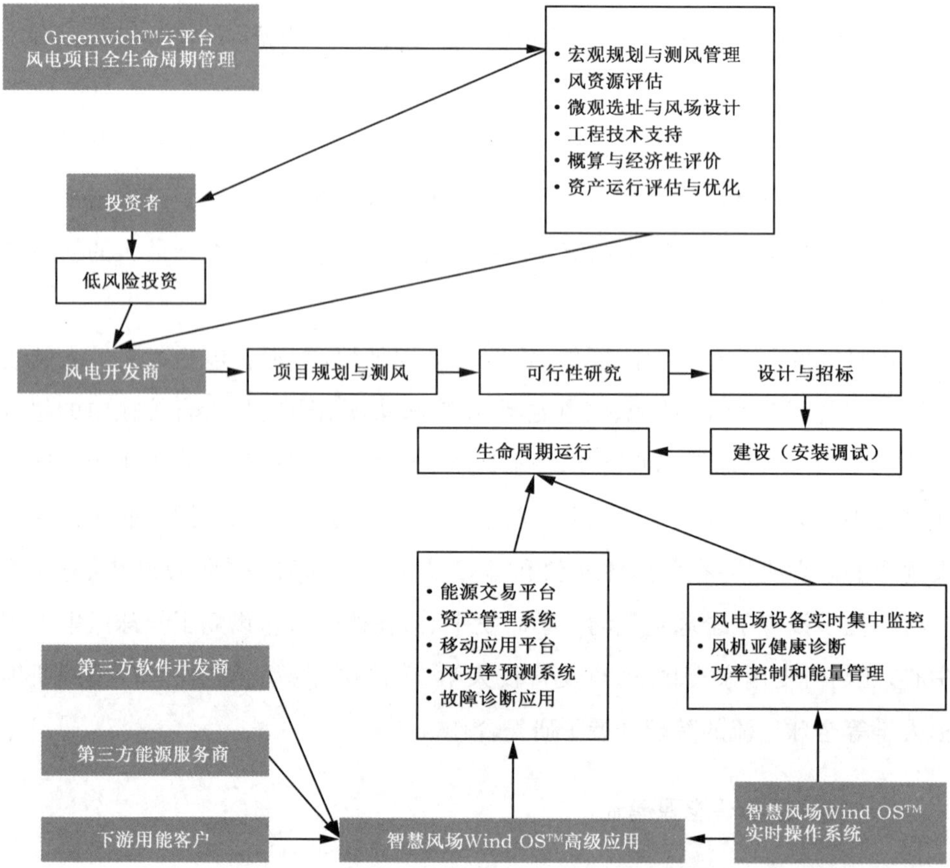


**图 6—7　远景能源风电全生命周期管理平台系统**

首先，远景格林威治云平台以保障风电资产投资经济性指标为最终目标，借助大数据分析和高性能计算技术，为客户提供风电场规划、风资源评估、精细化微观选址、低风速风场优化、经济性评价、资产后评估分析等全方位的技术解决方案，帮助客户提高风场实际投资收益 20%以上，并有效控制风场产能设计误差低于 6%，为客户开发风电场规避潜在的不确定投资风险。云平台打通了风电资产项目投资从发起到管理、优化的全周期，借助风电场数字模型，全面管理新能源投资风险。

其次，智慧风场 WindOS 管理系统已经成为新能源行业的软件操作系统，它对风场的风机、测风塔、升压站等设备进行远程集中监控，并进行能量管理和报表管理。WindOS按照区域化集中管理的思想进行方案设计，满足了风电运营企业对其所投资建设的多个风电场进行远程集中监视与控制的需求，其目的是为了提升风力发电场的综合管理水平，实现无人值班、少人值守的管理模式，统一管理，减少运行维护成本，为实现风电机组集群管理及运行优化打下坚实的基础。

再次，WindOS系统平台是一个开放性的生态系统平台。风电开发商、远景以及第三方软件开发商都可以基于此平台开发适用的高级应用，从而形成良性的生态系统。目前远景已开发的高级应用包括资产管理系统（EAM）、移动应用平台（MAP）、高级业务分析及优化系统（IM）、风功率预测系统（FC）和故障诊断应用（FD）等。

远景能源的“智慧风场”管理系统能够为中国、欧洲和美国的风电场提供远程资产管理服务，能为它们带来至少10％的资产效率。而在未来的20年中，全球风电和太阳能资产将达到数十万亿规模。远景能源的这套“智慧风场”管理系统未来将逐步扩展到其他新能源资产管理领域，大幅度提升资产回报率和资产管理水平，可以说其未来市场应用前景非常广阔。

### 三、阿波罗光伏云平台

远景能源的未来角色定位是一个能源体系的智慧管理者，将发电侧、用电侧、充电侧、储电侧等各方面都纳入能源互联网之内打通，然后去管理调度，处理好供需关系。[①] 基于光伏发电领域的阿波罗系列产品就是远景能源在能源互联网的重要一环。

远景2014年涉足光伏领域，但作为一个后来者，远景有着清晰的考量，没有选择传统的光伏制造之路。光伏行业的痛点在于，没有一个很好的第三方机构提供包括技术服务、风控服务、大数据服务在内的各种服务。相比风电来说，

---

① 史燕君．远景全球布局能源互联网生态系统[EB/OL]. http://finance. sina. com. cn/roll/2016-05-30/doc-ifxsqtya6519374. shtml.

信息化非常落后。

远景先后推出了阿波罗光伏云平台和阿波罗评级。前者运用大数据及云端第三方平台进行电站的智能监控和运维管理，通过软件平台进行故障诊断、资产管理以有效提升发电量，对电站资产进行全生命周期管理；后者类似金融领域的穆迪，为光伏电站进行风险评级，如图 6－8 所示。

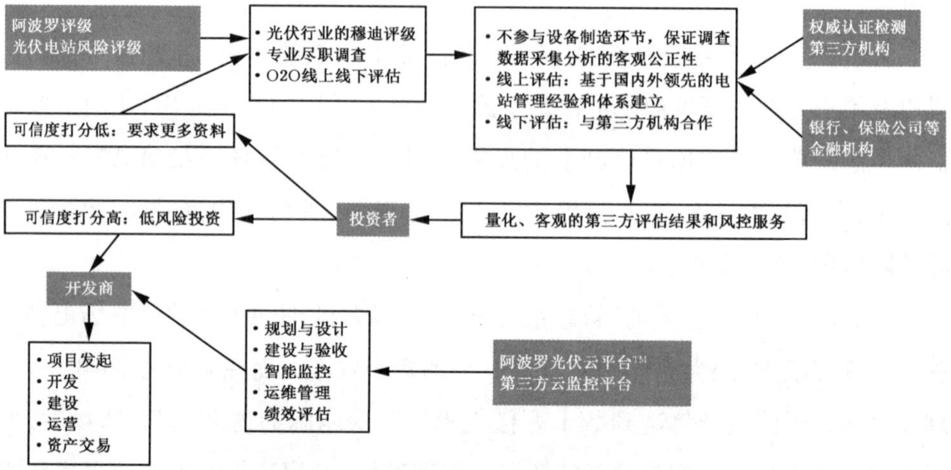


**图 6－8　远景能源光伏电站全生命周期管理平台和风险评级系统**

评级的方法论是针对一个集中式电站或者分布式电站，利用自己的一套评估模型，通过多个纬度、几百个风险点去把控，最后综合线上线下的结果形成报告，用 A、B、C、D 列明评级的结论，将风险量化，转化成财务语言，提供给客户作为决策依据之一，对项目进行风险定价。

自 2015 年 8 月推出以来，阿波罗评级已累计评估集中式电站超过 2 吉瓦、分布式电站 2 吉瓦，与国内 50 多家银行、融资租赁、信托、产业基金、保险等金融机构开展了深度合作。在 2016 年太阳能光伏展 SNEC 上，远景能源阿波罗风险评级产品分别与江苏银行、无锡金控、平安产险、珠江金融租赁等多家金融机构签订了战略合作协议。除了银行这些金融机构，包括设计院、EPC、监造、监理和天合、晶澳、力诺等大企业都是阿波罗云平台的客户。

现在，阿波罗光伏云是国内最大的分布式电站的管理平台。这个平台上的分布式电站很多,很多中小企业都使用这个平台。

## 第五节　阿里云新能源解决方案

阿里能源云为新能源行业提供丰富的专业化云端业务与技术解决方案,帮助能源运营商、服务商快速搭建标准化或定制化商业平台,实现业务应用的灵活开发与落地,构建能源互联新生态。阿里云综合能源系统如图 6—9 所示。

**图 6—9　阿里云综合能源系统**

目前,阿里云综合能源服务云方案已经运营上线,其业务模式是通过大数据云计算,制定综合能源服务的解决方案。阿里云综合能源服务云方案以"厚平台、微应用"方式,快速构建节电节能、电力需求侧、电务、微网一体化、能源交易等生态化应用。阿里云业务包括:迅速构建数字化的光伏电站;新能源电场规划/投资收益预测;快速构建电动车分时租赁系统;按规模精益建成电动车联网;利用大数据做精准能效管理。

## 一、阿里云业务场景

### (一)迅速构建数字化的光伏电站

图 6—10 所示为数字化的光伏电站业务。此业务能够满足电站运营公司或者电站投资商对所有电站发电及安全情况进行监控从而保障收益的需求;电站运营公司或者电站投资商也可以根据自身业务发展,选择业务模块,管理电站发电、收益等情况,阿里云能够提供多种规则及模型支持,利用监控大屏或者移动终端、PC 端等渠道,监控电站情况。公司可根据长远规划来制定合适的云产品套餐,利用本身设备参数及模型沉淀,在阿里大数据平台中解决电站安全、发电、收益等常见问题。数字化的光伏电站的优势在于单机峰值万条 SQL/秒级吞吐量并可横向扩展,让监控系统无需担心底层数据并发问题,PB 级数据处理能力让数据分析及设备健康状况预警更及时。

图 6—10 构建数字化的光伏电站业务

（二）新能源电场规划/投资收益预测

此业务能够利用大数据服务平台，围绕项目开发和规划，提供专业的设备选型、EPC及运维服务、区域项目管控与评估，实现新能源开发、建设、运维、评估的生态化服务体系。利用高性能计算HPC和大数据计算服务，使原先数月的风光资源计算缩减为数小时，并根据资源情况更为准确地预估新能源电厂投资收益。

（三）快速构建电动车分时租赁系统

图6—11所示为电动车分时租赁系统，此业务能够在接入用能规模大增的情况下，快速处理实时数据，满足高并发的数据采集与处理。优势在于一站式快速搭建，节约运维成本，能够稳定应对高并发流量，轻松迎接突发业务高峰，彻底解决大数据存储与运算瓶颈。

（四）按规模精益建成电动车联网

在电动汽车行驶和充电过程中，系统能够轻易地实时采集、存储、计算车辆数据和充电数据，满足电动汽车使用和监控管理需求。系统采用负载均衡服务器集群实现大规模并发，利用弹性计算稳定应对高并发流量，轻松迎接突发业务高峰。其优势在于阿里云具有亿级消息吞吐能力，实时采集电动车运行状态，利用去中心化的企业机互联网框架使业务更灵活，利用微服务技术实现车联网快速业务迭代创新能力。

（五）利用大数据做精准能效管理

图6—12所示为利用大数据做精准能效管理，构建连接能源、设备、用户方、服务方的互联、互通的轻量化运营数据平台，综合充电服务、售电服务、能源监控、节能减排等能源管理服务一体化的数据运营展示。解决方案类似应用于“双十一”大屏的流计算技术对各种指标进行毫秒级计算，通过写入云关系型数据库以后进行可视化展现，能够毫秒级实时指标计算和多源、多维度指标集中显示。

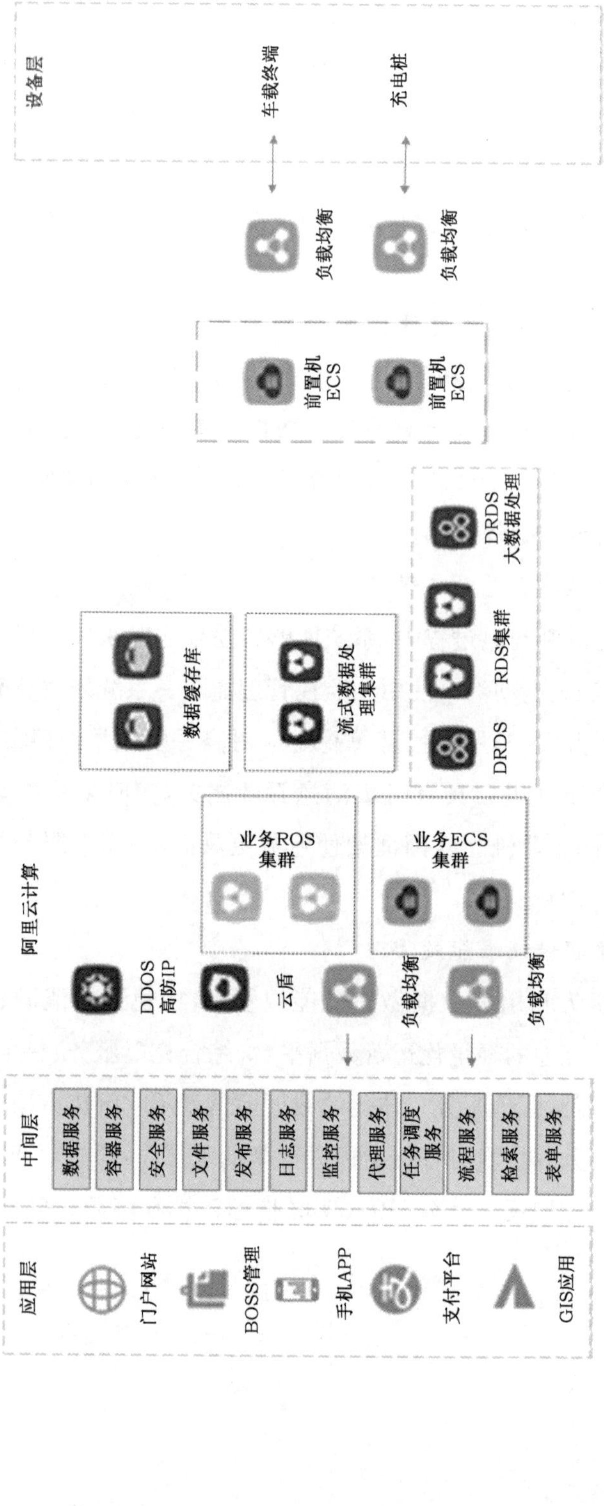


图 6-11 快速构建电动车分时租赁系统

**图 6—12　利用大数据做精准能效管理**

## 二、阿里云新能源业务合作成果

### (一)东润环能携手阿里云共建"能源云"

2016 年 4 月 20 日,北京东润环能科技股份有限公司与阿里云计算有限公司签署合作协议,推动能源服务与云计算大数据技术的融合,共同探索基于阿里云技术的"能源云"服务。双方将在新能源、能源互联网领域中云计算、大数据、互联网技术和生态能力方面达成合作,通过共享各自领域的优质资源,在新能源、能源互联网业务领域形成合力,开展应用创新、数据价值创新、能源互联网服务创新。[①]

---

① 东润环能携手阿里云共建"能源云"探索能源互联网[J]. 电气时代,2016(5):59.

东润环能将发挥行业优势和业务经验，基于阿里云进行应用研发，对新能源、能源互联网产业各方用户提供全面的专业应用和数据服务；阿里云将为东润环能提供云计算、大数据、互联网技术支持，赋予东润环能开发、创新的应用环境。双方通过不断的业务合作与技术交互，发挥双方技术优势，促进能源互联网发展，推动新能源大数据云应用，共同打造基于阿里云技术的“能源云”服务。

该平台将结合新能源部门、能量魔方应用服务，以地理数据、资源数据、气象服务、设备参数、能源规划、消纳限电评价等数据服务为基础，构建新能源产业互联网云应用服务平台，为新能源投资企业、地方新能源开发、电网、装备技术贸易、产业金融服务提供深度数据挖掘和专业应用服务。

（二）阳光电源—阿里云，打造“智慧光伏云”

阿里云计算与亚洲最大的光伏系统解决方案供应商阳光电影达成战略合作协议，基于全新发布的“智慧光伏云 iSolar-Cloud”，共同推动新能源“互联网+”的产业革新。这意味着将有数十万太阳能电站接入阿里云，变身“互联网+”发电站。

基于阿里云在系统架构、信息安全、用户友好等方面的支持，目前阳光电源的智慧光伏云顺利升级至4.0版本。通过阿里云提供海量的计算、存储和网络连接能力，“智慧光伏云”可以为用户建立标准化、精细化的运行维护管理平台，实现旗下所有光伏电站的实时标准数据信息共享、自动化管理、电站设备故障预警、远程专家咨询和大数据分析、收益结算、知识库建设等功能。

太阳能电站通常建在地广人稀的荒漠或者闲置的建筑屋顶，由多块太阳能电池板和逆变器等相关电气设备组成，运维成本昂贵。若将这些设备连接到云上，便可以实现智能勘察，结合大数据分析，实时了解各设备的故障甚至亚健康状态，合理安排维护人员和路线，实现最低维护成本，保持电站最优工作状态。据估算，这一新型的智能解决方案每年可提升光伏电站收益3%～7%。

云计算和大数据为太阳能电站带来的改变将远不止上述经济性收益。它将结合上亿条天气环境数据，实现太阳能电站发电量的精准预测，实现以清洁能源为核心的微电网和能源自给；进行跨区域能源消费和能源生产分配，最大程度地有效使用清洁能源，降低电力传输损耗等。①

## 第六节　华电冷热电三联供为基础的综合能源服务模式

### 一、项目概况

华电广州增城燃气冷热电三联供工程项目由华电福新能源股份有限公司投资建设。该公司隶属于2016年世界500强企业中国华电集团，是中国清洁能源行业上市公司之一，主要业务为电力生产和销售、电力建设、电力资源综合利用、环保及其他高新技术开发等与发电相关的产业。

华电广州增城燃气冷热电三联供工程项目位于广州市增城区新塘镇塘边村，主体工程占地158.37亩，处于广东电网负荷中心地区及珠三角东岸经济带黄金走廊之内。工程项目采用目前世界最先进的H级(2×600兆瓦)燃气—蒸汽联合循环冷热电联供机组，计划2019年3月建成投产。至今，项目方已与32家用能企业签订了供用汽合同。项目计划总投资43.6亿元，投产后年发电量为43.84亿千瓦时，年消耗天然气约10亿标准立方，年供热量(蒸汽供热量+制冷用供热量)为861.22万吉焦，年平均热电比54.6%，全厂年均综合能源利用效率81.6%，机组年供热利用4 569小时，年发电利用小时3 749小时，能够为区域内企业提供清洁、高效的电力、蒸汽、空调制冷、生活热水等综合能源供应，替代燃煤、燃油、燃生物质锅炉。

### 二、项目评价

项目已纳入广东省能源发展“十三五”规划，纳入广州市“十三五”国民经济和社会发展规划纲要、“十三五”能源发展规划、2017年市重点建设项目，打造9H级高效清洁燃机示范精品工程项目。该项目是落实供给侧结构性改革的重

① 阳光电源阿里云PV-Tech圆桌会议详解“智慧光伏云”打造[J]. 电源世界，2015(9)：18.

要举措。项目建成后，将有利于缓解广东电网负荷中心区域电力供应紧张局面，提高供电安全可靠性，提高清洁能源比例；有利于推进集中供热，规范园区供热管理，提升园区品质，替代污染型分散锅炉，推进区域产业转型升级，发展绿色低碳经济；可满足广州东部地区主要用热企业以及一批近期拟签约落户大型工业企业的热能需求；有利于降低周边用能企业运营成本，提高区域产业竞争力。

增城是广州重要的先进制造业基地。近年来，随着汽车及新能源汽车等先进制造业的发展壮大，富士康、珠江科技产业园、中汽研等龙头项目相继落户此地，发展形势越来越好，用冷、用热、用电需求不断增加。项目位于工业重镇新塘，毗邻增城开发区、仙村、石滩等产业发展重点区域，采用目前世界最先进的9H型高效燃机，能够满足区域内众多企业对高效清洁能源的需求，实现增城经济社会发展与华电集团发展的双赢。接下来，增城区将一如既往，为项目建设提供一流的服务保障，推动项目早日竣工投产。

第七章○○○○○○○○○

# 上海电力大学临港校区智能微电网示范项目

## 第一节 项目概况

上海电力大学是中央与上海市共建、以上海市管理为主的全日制普通高等院校。学校创建于 1951 年，现有杨浦、临港两个校区，上海电力大学临港新校区定位为上海电力大学主校区，位于浦东临港中心城区，距杨浦校区约 65 公里，距离滴水湖约 3 公里。项目位置如图 7—1 所示。

新校区占地面积约 960 亩，规划（地上）建筑面积约 57.5 万平方米，新校区将建设成为以人为本、智能化、信息化、体现绿色及能源电力特色的综合性校园。随着办学规模的扩大，建筑能耗费用也逐渐飙升，上海电力大学主要耗能是教学、办公、实验用能，包括制冷、采暖、照明、一般用电、动力输配等，建立集中能源供应中心，提高能源利用效率、降低能源消耗也成为上海电力学院响应国家节能减排方针政策的重要任务。

临港新校区一期、二期建设主要包括公共教学楼、二级学院楼群、图文信息综合楼、校行政楼、创新创业工程中心、能源中心、综合体育馆、学生活动中心、食堂、学生公寓、教工宿舍、后勤附属用房、地下车库及人防设施等。新校区一、

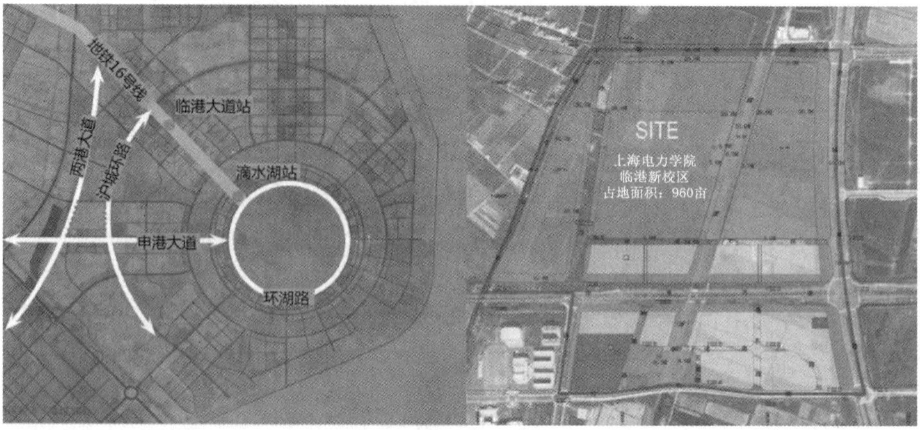


**图 7—1　上海电力大学临港新校区位置**

二期工程于 2015 年底开工建设，2018 年 9 月投入使用。三期及远期拟建内容包括公共教学用房、二级学院楼群、学生公寓、产学研基地等。

上海电力大学临港校区能源接入条件概况为：

给排水：给水由市政给水管网接入供给。本项目给水由水华路、申港北路、花柏路上引 DN300 市政给水管接口，并在校园内连成环状，以满足生活、消防要求。排水采用雨污分流制。校区内污水纳入市政管网，雨水部分回收利用，部分就近排入校园周边市政雨水管道。

供电：本工程拟在基地北面设置一座 10 千伏校区电业开关站，申请 10 千伏市政高压电源进线，两路常用，同时供电，引出六回 10 千伏线路，设置三座 10 千伏中压配电室(每个地块一座 10 千伏中压配电室)。一期范围内采用 10 千伏中压配电网、220/400 伏低压配电网二级。根据现有建筑功能布局，规划一、二、三期及远期 10/0.4 千伏变压器总装机约 29 620 千伏安。一期供电容量 13 700 千伏安。

燃气：天然气由城市中压天然气管网接入，再经设在校内绿化内的箱式调压器分别供给低压用户的用气点及用气设备，并分别在各用户底层设置燃气计量表间。市政天然气管网对本校区的供气压力等级暂定为中压 A 级，低位热值约为 8 500 千卡/立方米。

## 一、国内唯一的高效新能源智能微电网项目

上海电力大学临港新校区智能微电网已获国家发展和改革委员会以及国家能源局批准，成为全国首批、上海市唯一的新能源微电网示范项目，也是全国唯一的校园示范项目。该项目是上海电力大学结合自身的技术和行业优势，与国家电网节能服务公司深度合作，在绿色校园建设方面进行的积极探索和实践，开创了校园创新节能的崭新模式，为上海乃至全国的绿色高校建设做出了示范。该项目建设目标就是在临港新校区上高起点、高标准地建设一张新能源微电网，打造“智能、低碳、节能、环保”的绿色校园。

上海电力大学新校区的建设，除根据规划完成常规的土建、机电等工程外，结合节能技术、新能源技术和智能电网技术，建设具有电力学科发展特色的绿色智能能源系统，并通过产学研用模式打造教学、实验、科研的平台，是其必然的要求。国网节能公司作为大型的、专业的综合能源服务公司，在打造基于能源互联网模式的绿色智能能源系统方面具有充足的资源。上海电力大学联合国网节能服务公司，可充分整合节能、新能源和能源互联网相关产业单位，为电力大学完成新校区能源系统的规划、设计和工程建设提供技术支撑，保障新校区建设的有效推进。上海电力大学新校区的绿色智能能源系统在规划建设阶段充分采用节能技术、新能源技术和智能电网技术，并采用大数据、云计算、物联网等信息技术进行集成优化，为其能源系统的高效可靠运行提供坚实的基础。考虑到绿色智能能源系统涵盖教学楼、图文信息综合大楼、二级学院等多个区域，并需考虑到冷、热、电等多个能源系统间的转化协调和各子系统的优化运行，因此，对于建成后的能源系统的运营管理同样具有很高的专业要求。

此项目重点建成智慧能源系统，新校区落成之时投入使用，其主要包含了风力发电系统、储能系统、BHPV 光伏发电系统、多晶硅光伏发电系统、太阳能空气源热泵热水系统、单晶硅光伏发电系统、智能用电管理系统、一体化智慧路灯系统、充电桩、智能监控系统、智能微网系统、建筑能效管理系统等，实现了源网荷储协同运行、综合管理，是一套具备技术前瞻性、展示性并集教学与科研于

一体的示范性绿色能源系统。同时，还开发建设了整个校区的能源与管理系统，制定规划整套能效管理系统，令整个园区的能源使用，做到“无死角、全方位”的采集与监控，并与微电网中各种新能源建立智能化调度。

上海电力大学结合自身的技术、行业优势，联合国家电网节能服务有限公司、上海网能电力发展有限公司等多家企业，充分利用新能源、节能减排、智能电网等能源技术和大数据、云计算、物联网等信息技术，将自身能源系统打造成为一套具备一定前瞻性、技术性、展示性、教学性等功能的能源系统，充分体现电力系统高校的特色及电力技术发展趋势，实现能源的可靠、稳定、清洁、高效供应，降低了系统运行维护成本。图 7—2 为上海电力大学临港校区鸟瞰图。

**图 7—2　上海电力大学临港校区鸟瞰图**

## 二、风光储一体化智能微电网系统——综合能源服务典范

临港新校区微电网系统是一个包含 2 兆瓦光伏发电及若干风力发电等新能源的分布式发电系统。学校有 19 个建筑屋顶装设风力发电装置；29 幢楼铺设太阳能电池板屋顶，采光面积约 2 万平方米。其中，车棚顶的光伏电力可直接以直流电方式为棚内的电动车充电，避免了电流转换而造成能源消耗。为保

证重要负荷与部分普通负荷的不间断供电，系统亦配置了容量为 100 千瓦×2 小时的磷酸铁锂电池、150 千瓦×2 小时的铅碳电池和 100 千瓦×10 秒的超级电容储能设备。公寓楼顶安装有太阳能热水和空气源热泵热水系统，将满足 10 000 余名师生的生活热水需求。除此之外，校园内路灯整合了照明、通讯、监控、充电桩和安防等功能。临港校区的智能微电网系统充分利用了校园内的可再生能源资源，投运后，将实现校园内部 1/6 的供电任务完全由风电、光伏等新能源电力提供，预计可降低校园约 25%的能耗。

在整个智能微电网示范项目中，设计方制定了集信息平台、节能减排、新能源、电能替代、智能微网、绿色建筑等技术在内的校园电、热等用能系统解决方案，具有较强的可操作性，有利于教学科研事业的发展并便于后勤运维管理。在本案例中，只给出各方案的节能减排数据。

## 第二节　技术方案

### 一、光伏发电系统技术方案

一、二期建筑面积总计 258 438 平方米，按 50 瓦/平方米用电负荷以及 0.6 系数估算，总用电负荷约为 7 753 千瓦，考虑寒暑假期间用电负荷降低，同时系数按 0.2 估算，总用电负荷约为 2 584 千瓦。一、二期校区建筑物可利用屋顶面积约 20 000 平方米，可设置约 2 兆瓦的屋顶光伏。图 7—3 所示为风光储一体化智能微电网系统。

光伏发电系统所发电量基本可在校园配电网内消纳掉。老校区 2014 年各季度用电量分别为 4 180 487 千瓦时、3 266 352 千瓦时、3 048 261 千瓦时、4 592 275 千瓦时。2 兆瓦光伏平均每天发 6 000 度电，300 千瓦风机平均每天发 1 500 度电，一个季度合计发 675 000 度电，占暑假用电的 22%，占寒假用电的 16%。所以，新能源系统所发电力基本可以被消纳。为保守起见，考虑寒暑假期间有部分电量上网，按全年电量的 10%进行测算，其余 90%全部自用，在

**图 7—3　风光储一体化智能微电网系统**

校内消纳。

该方案光伏发电系统 25 年总计可发电 3 713 万千瓦时，平均每年发电 1 485.5 兆瓦时。节能减排量数据详见表 7—1。

**表 7—1　光伏发电系统节能减排量**

| 环保综合效益分析 | 节能减排量 |
|---|---|
| 平均每年发电量(兆瓦时) | 1 485.5 |
| 标准煤(吨) | 536.7 |
| 二氧化碳 $CO_2$(吨标准煤) | 1 481.2 |
| 年碳粉尘 TSP(吨) | 402.5 |
| 二氧化硫 $SO_2$(吨) | 46.4 |
| 氮氧化合物 $NO_X$(吨) | 20.6 |
| 纯净水 $H_2O$(立方米) | 5 940.1 |

## 二、太阳能光伏建筑一体化技术方案

太阳能光伏建筑一体化(Building Integrated PV,BIPV)不仅能够充分利用新能源,节省空间,而且通过光伏阵列吸收太阳能转化为电能,可大大降低室外综合温度,减少墙体得热和室内空调冷负荷,起到建筑节能作用,有效地将改善能源结构和减少建筑能耗两者结合起来。

该方案光伏发电系统 25 年总计可发电 916 万千瓦时,平均每年发电 366.6 兆瓦时。节能减排量数据详见表 7—2。

**表 7—2　　太阳能光伏建筑一体化节能减排量**

| 环保综合效益分析 | 节能减排量 |
| --- | --- |
| 平均每年发电量(兆瓦时) | 366.6 |
| 标准煤(吨) | 132.0 |
| 二氧化碳 $CO_2$(吨标准煤) | 365.5 |
| 年碳粉尘 TSP(吨) | 99.7 |
| 二氧化硫 $SO_2$(吨) | 11.0 |
| 氮氧化合物 $NO_X$(吨) | 5.5 |
| 纯净水 $H_2O$(立方米) | 1 466.3 |

## 三、风力发电系统技术方案

临港校区采用的并网风力发电机系统由风力机、发电机、并网控制器、并网逆变器、隔离变压器组成。并网控制器由斩波器和泄荷负载组成,起整流和保护作用,并网逆变器将直流变换成交流输出,并经隔离变压器上网,如图 7—4 所示。

本项目每年发电 600 兆瓦时,节能减排量数据详见表 7—3。

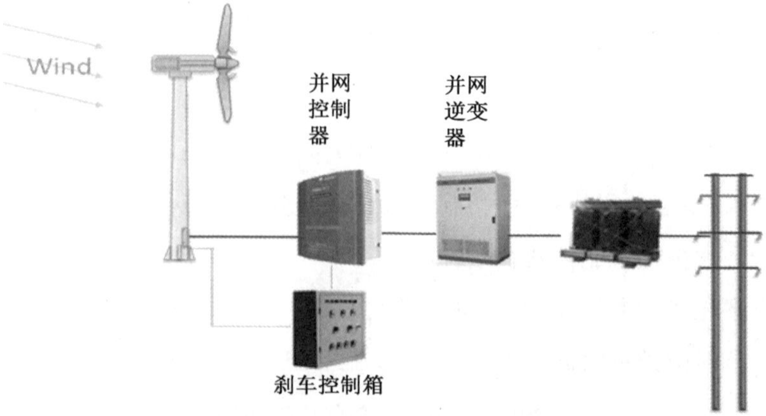


图 7—4　并网风力发电系统构成

表 7—3　风力发电节能减排量

| 环保综合效益分析 | 节能减排量 |
|---|---|
| 平均每年发电量(兆瓦时) | 600.0 |
| 标准煤(吨) | 216.1 |
| 二氧化碳 $CO_2$(吨标准煤) | 598.2 |
| 年碳粉尘 TSP(吨) | 163.2 |
| 二氧化硫 $SO_2$(吨) | 17.9 |
| 氮氧化合物 $NO_X$(吨) | 8.9 |
| 纯净水 $H_2O$ (立方米) | 2 400.0 |

## 四、充电桩技术方案

### (一)充电桩设置概况

临港新校区一期共规划 210 个停车位,其中地面停车位 55 个、学术交流及事务中心地下停车位 71 个、图文信息综合大楼地下停车位 84 个;二期规划 105 个停车位;另有篮球场前方的 34 个地面停车位考虑建成光电互补充电站示范点,如图 7—5 所示。考虑到地面停车位有许多设置在路灯边上,因而本次设计考虑在能源中心地面停车位设置两个壁挂式交流充电桩安装在路灯杆上,由路灯电缆供电。

图 7—5　充电桩效果图

（二）投资收益预测

临港校区共设计预留 14 个充电停车位，考虑到新校区初期电动汽车数量较少，初期投资包括交流充电桩（7 千瓦）40 套（包括 2 套路灯充电桩）、直流充电桩（30 千瓦）3 套、直流充电桩（60 千瓦）3 套。

校园充电桩由校方投资并负责运营，按 0.6 元/度电收取充电服务费，充电电费及停车费由学校收取。校区全年运行 270 天，充电汽车按平均 50 千瓦时的电池容量、充电桩按 30%的利用率计算，则全年的服务费总计为：50×0.6×46×30%×270/10 000＝11.18 万元。

## 五、太阳能＋空气源热泵热水系统

目前学校一、二期工程总计有 9 栋学生公寓及 1 栋研究生、教师公寓，总计入住人数约 10 200 人。除研究生、教师公寓配置独立淋浴间外，每栋公寓楼设置集中淋浴间，淋浴间由太阳能集热器和空气源热泵集中供应生活热水。为避免水资源浪费，学校采用一卡通刷卡消费，每升热水按 0.05 元计费。“太阳能

＋空气源热泵热水系统”方案设计包括热水系统设计、储热水箱选型设计、空气源热泵机组选型设计、太阳能集热器选型设计、热水计费系统设计。这里只介绍热水计费系统和热水系统年收益估算。

临港校区为了配合热水系统供应收费，保障学生用好热水并增强学生节约用水、节约水资源的观念，设计安装了感应式 IC 卡多用户热水表收费管理系统。收费系统统一管理，与学校的饭卡等校园卡统一办理充值及结算。

IC 卡多用户热水表收费管理系统技术参数：

(1)读卡类型：MIFARE ONE 标准卡，读卡速度＜0.2 秒，读卡距离：3～6 厘米。

(2)工作频率：13.56 兆赫兹。

(3)发卡量：无限制。

(4)兼容性：可以和售饭、考勤、门禁、机房管理、图书管理构成一卡通系统，实现一卡通用。

(5)显示：8 位高亮度数码管显示。

(6)费率设置：最小计费流量为 1 升，最小计费金额 0.01 元，可通过管理卡进行费率设置(脱机状态)。

(7)额定功率：1W。

(8)工作电压：DC8～35 伏。

(9)挂失卡：黑名单数量 7 000 条。

(10)消费记录：机器内部存储器可保存最近的 4 000 条刷卡记录。

(11)工作温度：控制执行机构工作温度 10～70℃，通过水温 0～95℃。

(12)工作湿度：10％～95％。

系统结构如图 7－6 所示。

热水系统年收益估算：

将 1 吨冷水从 5℃加热到 55℃所需要的热量为 50 000 千卡。空气源热泵热水机组全年平均热效率是电热水器的 3 倍，每度电产生的热量为 860 千卡/度×95％×3＝2 451 千卡/度；1 吨热水的耗电量为 20.34 度，民用电价为

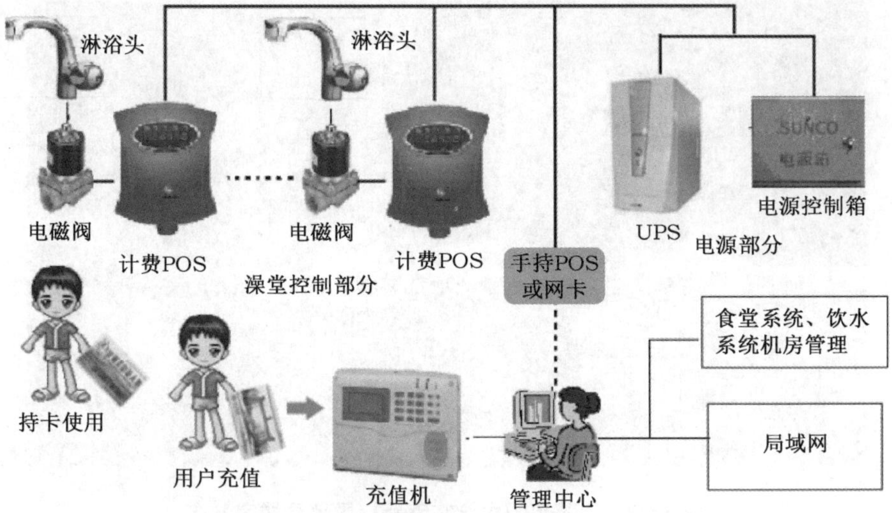


图 7—6　热水系统结构

0.617 元/度，则每吨热水费用 20.34 度×0.617 元/度＝12.41 元。自来水价格为 3.45 元/吨，1 吨热水售价 50 元，则 1 吨热水的收益为 50－12.41－3.45＝34.14 元。

一、二期人数总计约为 10 200 人，按照每天 50％的学生使用淋浴器，假定每人平均每天消耗热水 50 升，每升热水 0.05 元，淋浴间每天 17:00—22:00 开放，全年开放 270 天，则全年的收益为：10 200×50％×50×0.05×270×34.14/50/10 000＝235.05 万元。

## 六、智能微网系统技术方案

临港新校区一期、二期建设规划的楼宇分布如图 7－7 所示，拟为学校建设一套涵盖 1—3 号公共教学楼、图文信息综合大楼、学术交流及事务中心、能机学院、创新创业工程训练中心、能源中心与动力馆等楼宇共计约 2 兆瓦的屋顶光伏发电系统；同时，考虑到临港校区充裕的风力资源，预在新校区西北端架设 1 台 300 千瓦的高效风力发电设备。

该项目为风光储型微网，以光伏发电、风力发电作为微电网的主发电源，光

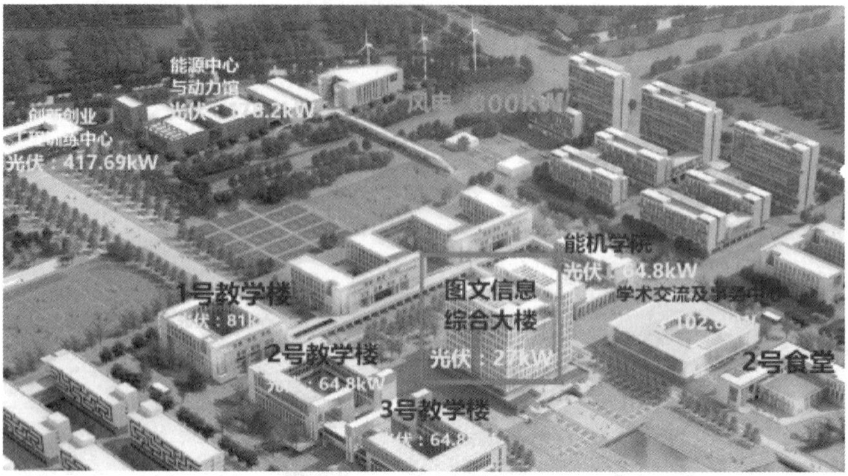


**图 7—7　上海电力大学临港新校区部分楼宇分布**

伏装机总容量约 418.7 千瓦，风机装机总容量约 300 千瓦。为了保证在大电网失电的情况下，微电网能够继续保证各楼宇内照明等负载供电的需求，微网系统还配置有容量为 150 千瓦×2 小时的储能系统。储能系统同时具有平滑光伏风机发电出力，吸纳光伏富余电能，可参与电网削峰填谷等功能。同时，微网系统并离网切换和发电调度接受智能微网综合监控系统的控制。

## 第三节　系统平台架构

### 一、智能微电网综合监控系统

该方案的微电网综合监控系统拟采用分层分布式结构，即综合监控系统采用三层架构方式，监控设备采用分布式布置方式，具体结构图如图 7—8 所示。

如图 7—8 所示，微电网综合监控系统采用三层结构方式，即分为微电网综合监控主站层、微电网运行控制层、微电网就地控制层。各层功能如下：

（一）微电网综合监控主站层

微电网综合监控主站系统的基础功能是监控微电网的实时运行数据，同

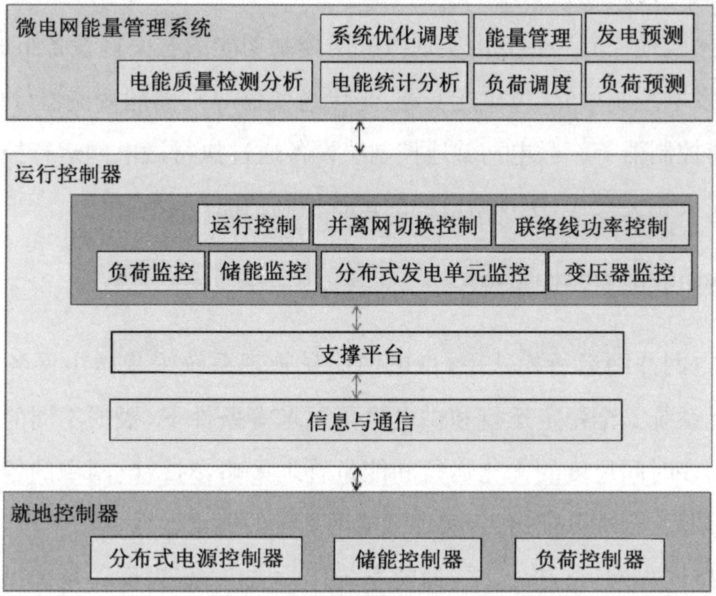


**图 7—8　微电网监控系统各层的主要功能**

时，微电网综合监控主站系统还可实现分布式发电预测、负荷预测、电能质量分析、电能统计分析、无功优化等高级应用功能。微电网综合监控主站系统根据实时运行数据，结合分布式发电预测、负荷预测等应用分析结果，制定多约束条件下的微电网系统优化调度与能量管理策略，并将制定后的策略下发微电网运行控制器。

(二)微电网运行控制层

微电网运行控制层由微电网运行控制器和微电网站域稳定控制装置组成。

微网运行控制器主要负责接受、翻译并执行微电网综合监控主站下达的控制策略，完成对主微电网的运行控制任务，主要功能包括微电网常规运行控制、联络线功率控制，微电网并离网切换、分布式发电单元监控等。

微网站域稳定控制装置可实现大电网故障时微电网与大电网的隔离，可实现对微电网内各故障区域的隔离。同时，微电网并离网切换过程中和离网运行时的暂态稳定控制也由微网站域稳定控制装置来实现。

（三）微电网就地控制层

微电网就地控制层主要由实现微电网控制功能的各关键设备组成，主要包括分布式发电控制单元（风机逆变器、光伏逆变器等）、储能变流器（PCS）、智能开关、负荷控制器等。微电网就地控制层设备通过执行微电网运行控制器的控制指令，完成相关操作，实现微电网的运行控制功能。

## 二、微电网能量管理系统

在微电网并网运行模式下，微电网能量管理系统采集微电网各量测点数据，在满足系统安全稳定运行和供电质量要求等条件下，根据不同的优化目标函数，采用多时间尺度的优化运行和能量管理策略，对微电网中的各发电单元进行优化调度、合理分配出力，实现微电网系统的优化运行。

在微电网离网运行模式下，储能系统作为主电源，为孤岛系统提供参考频率和电压。根据光伏、风机出力和负荷情况对储能系统进行综合调控，实现微电网中电源出力和负荷的实时平衡，并且在必要时采取切负荷/切机手段，以维持风光储系统的频率和电压稳定。

优化控制及能量管理策略包括日前调度控制策略和实时修正控制策略两种时间尺度的方式，可以根据多种优化目标和约束条件制定不同的策略。

日前调度控制策略是根据第二天 24 小时风力发电和光伏发电日预测曲线、负荷日预测曲线制定第二天 24 小时的调度控制策略，在不同的时间段合理分配光伏的出力，并制定合理的储能充放电功率和方式。

实时修正控制策略是根据系统当前的实时运行状况，以及风力发电和光伏发电超短期预测、负荷超短期预测、储能状态对日前调度控制策略制定的日调度方案进行修正。

微电网能量管理系统平台的具体软件结构如图 7－9 所示。

除以上列举的几个方案外，还有光电互补充电站技术方案、一体化路灯系统技术方案、绿色建筑认证实施技术方案、建筑群能效管理平台技术方案等。每个方案都代表了综合能源服务在示范项目中比较前沿的技术，为打造高效节

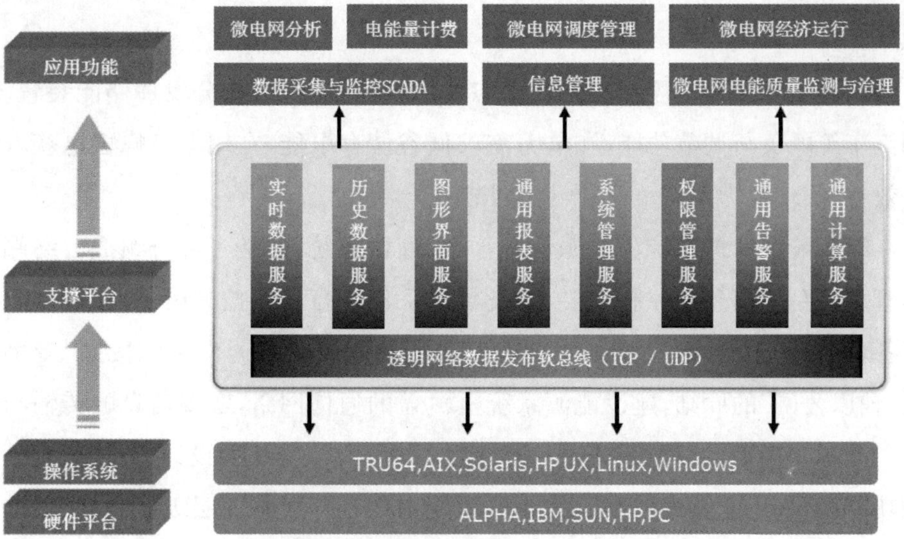


图 7—9　微电网控制系统平台软件结构

能环保的临港校区提供了有力保障。

## 三、高效的综合能源智能管理系统

综合能源智能管理系统是以大数据、物联网、移动互联网技术等为支撑的大型开放式能源管理服务平台，系统采用分层分布式结构，借助云数据中心，对“感知”来的电、热(冷)、气等多种能源的生产、输送、消费等各类信息进行智能处理，对整个能源系统进行监控和管理。

综合能源智能管理系统主要特点如下：

一是创新能源生产模式。以化石能源消耗最小为目标，突破传统单一能源的管控，通过各种能源生产之间的优化，实时监控和预测，统筹各类能源的优化配置方案。

二是创新需求侧消费模式。以用户为中心，充分注重用户的用能及服务需求，实现用户间的互补，结合移动互联网，为能源供应服务商和用户之间创造双向互动平台。为用户提供例如用能建议、APP 查询等人性化服务，让用户通过灵活的价格机制，主动地参与到能源管理中，享受到更加经济、优质、舒适的能源服务。

三是实现能源供需互动。在动态能源价格机制下，充分发挥储能装置、电动汽车等的负荷调节功能，在电力需求低谷储存电能，在用电高峰售电获取经济效益，实现电力系统负荷的灵活调节。

综合能源管理系统由能源管理平台、通信系统、终端三部分组成。终端根据管理平台的信息及控制需要，装设数据采集及自动化控制设备，实现对能源网各环节的信息传感采集以及用能设备的物联接入。通信系统按照“专网专用、辅以公网”的原则，建设能源系统全覆盖的通信网络，实现信息的传输与控制。能源管理平台以云计算技术为基础，采用分层、分块的设计思路，开发不同的功能模块，还能够根据不同的业务和使用场景分成不同层级、不同模块的子系统。

为进一步实现多能源的整合利用与监控，临港新校区同时建立了综合能源智能管理系统，这也是该项目的一大特色。其为一套具备技术前瞻性、展示性并集教学与科研功能于一体的示范性绿色能源系统，可以实现与校园微电网发电系统、校园充电桩运营管理系统、校园太阳能＋空气源热泵热水器、路灯及景观灯管控系统、校园室内照明智能控制系统信息集成，数据共享。满足对新能源发电、园区用电、园区供水等综合能源资源的动态实时监控与管理。通过对各项能源资源利用情况进行统计、分析、比较、汇总，形成对各单位、建筑能耗水平与能源利用情况的汇总报表，为高校决策者提供能源统计报告。同时，根据高校管理者的需求，制定节能控制策略，实现各种节能控制系统综合管控与节能最大化。而且，该项目的智慧能源管理系统还可全面查询区域、建筑、部门等的单项能耗数据，能耗指标处于何种水平位置。逐步打造创新节能模式，树立示范标杆的智能能源管控系统平台。能源系统建设方案框架详见图7－10，其中虚线框中的智能水网、智能热网、智能气网为后期可纳入管控平台的建设内容。

对于各建筑区域，可根据项目具体实施条件，按照图7－11中的技术择优实施。

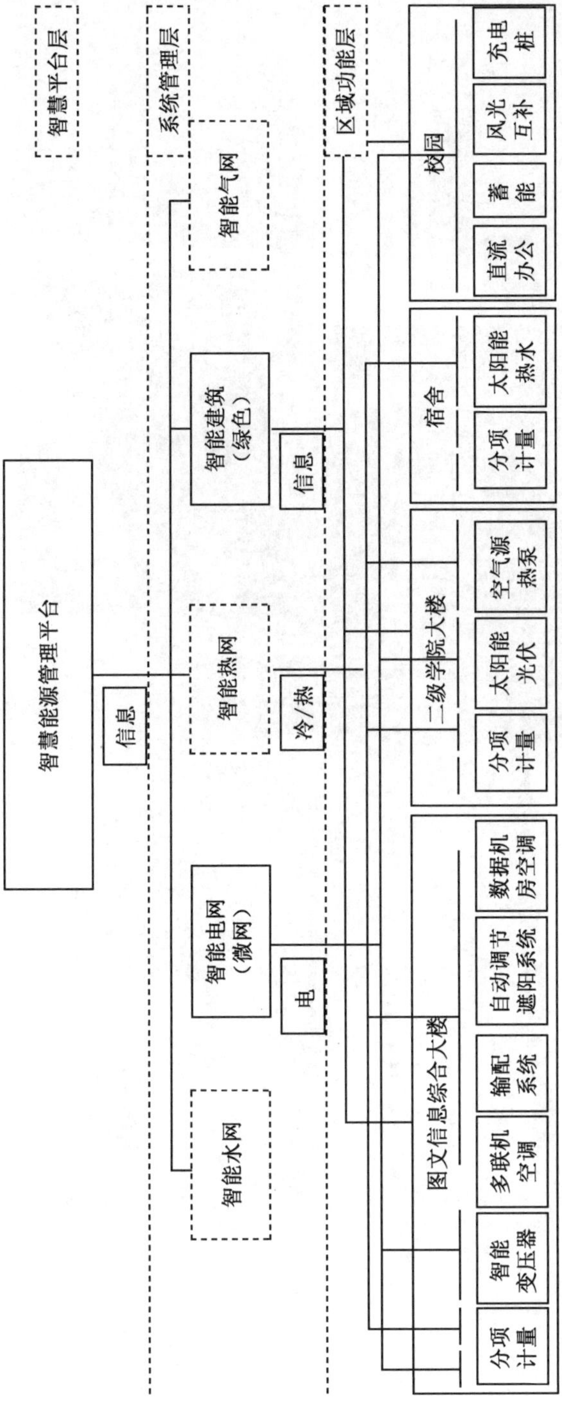


**图 7-10　能源系统建设方案框架**

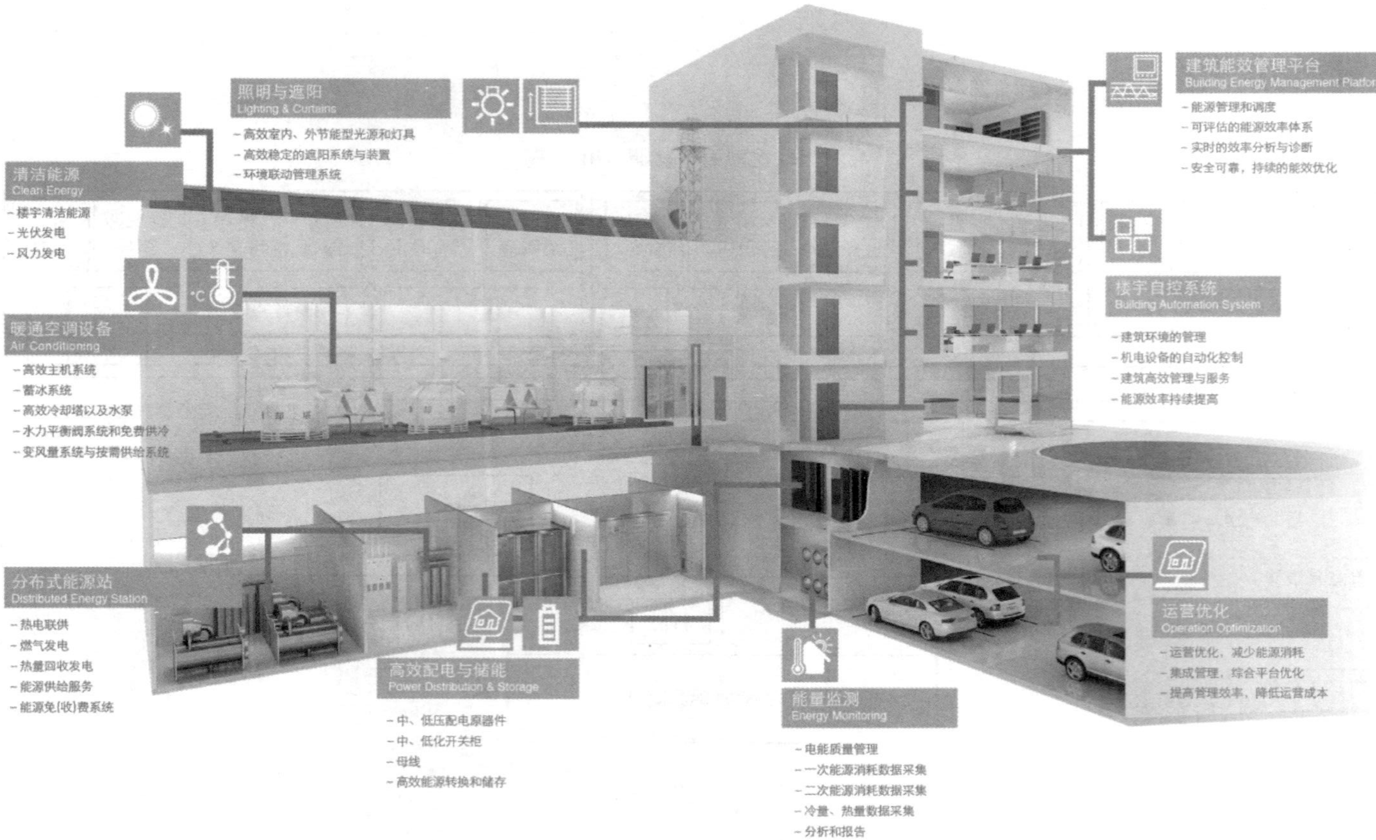


图 7-11 能源系统技术策略

智慧能源系统架构如图 7—12 所示，包括总平台和子系统两部分。

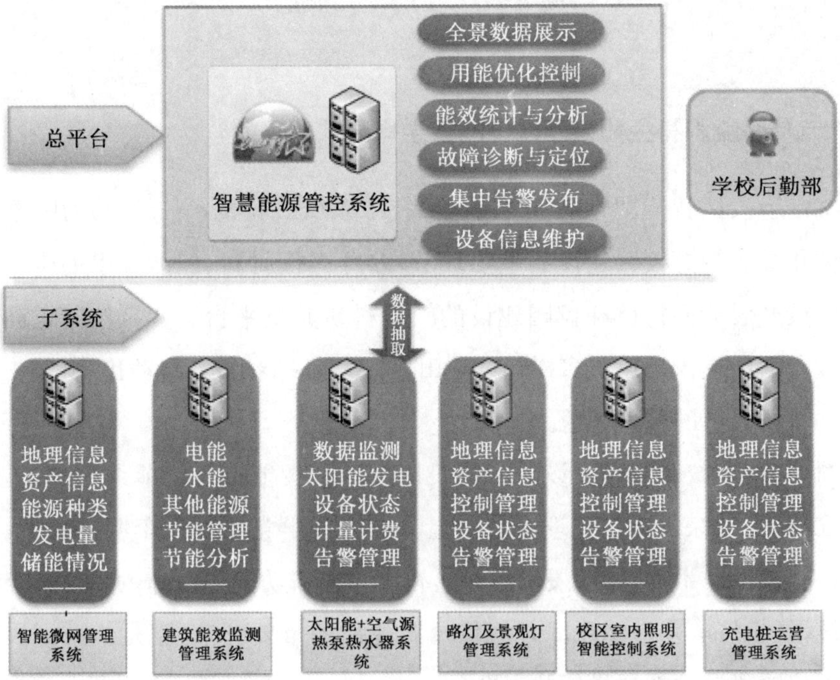


**图 7—12　智慧能源系统架构**

(1)总平台：支持能源监测、宏观分析、节能管理和系统管理功能等。主要提供给学校领导、后勤部门及相关科研部门进行使用，提供能耗总量、电的分项能耗、节能量、发电量、节能收益、节能控制策略制定等内容，以此判断用能情况是否规范并审核节能量及收益，为合同能源管理提供保障。

(2)子系统：对校园智能微网管理系统、校园建筑能效监测管理系统、校园充电桩运营管理系统、校园太阳能＋空气源热泵热水器系统、路灯及景观灯管理系统、校园室内照明智能控制系统等校园节能项目的各项目运营信息和各类能源(电能、水能和可再生能源等)进行数据抽取，上报传输，并对数据进行分类、预处理和统计，提供给学校后勤部进行能源管控，为制定节能对标和指导节能改造服务提供数据支撑。

## 第四节　综合评价

### 一、开展能源特色和校园建设的教学科研共享平台

临港新校区智能微电网系统是能源技术领域最新技术的综合运用，作为未来一体化绿色智慧校区建设的重要环节，多种光伏材料、储能技术的应用亦可作为学校开展能源特色和校园建设的教学科研共享平台。智慧校园也同时为师生教研活动提供了巨大多样的试验田，可作为热能工程、自动化、电气工程等学科的科研人员的实践基地。

“临港大学城新校区的设计和建设以‘绿色、智能、低碳、节约、开放、融合’为特征，将建设综合能源管理系统。”上海电力大学党委书记李明福介绍，该系统是一套具备技术前瞻性、展示性并集教学与科研功能于一体的示范性绿色能源系统，是学校未来一体化绿色智慧校区建设的重要环节，也是学校开展能源特色和校园建设的教学科研共享平台。他认为，临港新校区新能源智能微电网示范项目的建设，将为高校能源管理、节能改造以及运营管理模式创新提供一个可借鉴的新标杆。他希望“通过本项目的建设，能够形成可复制推广的规范和标准”。

“上海电力大学临港新校区 960 亩的校园，相当于一座超大规模的新能源实验室。”国家电网节能服务公司设计院副总经理徐彦杰介绍，上电临港新校区新能源智能微电网项目作为中国高校能源管理和综合运用的一次探索，已获国家发展和改革委员会以及国家能源局批准，成为全国首批、上海唯一的新能源微电网示范项目。新校区里的太阳能电池板采光面积约 2 万平方米；就连车棚的顶都是光伏的，可直接以直流电方式为棚内的电动车充电；路灯除了照明功能，还集成了通讯、监控、充电桩、安防等几大功能；热水系统也不再是锅炉，而是空气源热泵与太阳能集热器的“黄金组合”……综合能源管理系统共有 2 017 个采集计量点，“电、气、水”等的使用情况均实现数据化，而且所有数据都是分

层分类计算，比如分为照明电、插座电、动力电等。根据建设目标，在安全用能前提下，拥有新能源微电网的智慧校园可比正常校园能耗降低约25%，具有复制推广的示范意义。智慧校园也将为师生教研活动提供多样的试验田。

## 二、开拓了高效与节能公司共赢的全新商业模式

上海电力大学的技术储备可满足建设新能源智能微电网要求，然而亟需借助社会资源支援校区新能源智能微电网的工程建设。专业的节能服务擅长能源系统的规划建设并具备投资能力，同时，可以提供项目后期运维所需的专业系统维护与管理。上海电力大学最终与国网节能公司、上海网能电力发展有限公司进行合作，一方面，学校资金负担得以降低；另一方面，校方提供场地与技术辅助，技术水平可达专业公司水准。上海网能电力发展有限公司是一家专注于能源开发、投资以及能源综合应用与管理的专业化能源服务企业。公司依托在能源应用管理与节能领域的先进理念与技术为客户提供能源系统集成、系统管理、新能源应用、节能改造、运营维护等一站式整体解决方案，为客户创造最大价值，实现能源互联网管理模式，响应国家需求侧响应管理及能源改革号召，助力国家节能减排工作。网能电力发展有限公司秉承“诚信务实合作共赢”的经营宗旨和“创新团结奉献敬业”的企业精神，围绕着国家电网改革，坚持发展电力新能源，采取灵活多样的商业模式，为工业建筑、交通等各类用户提供全面节能解决方案和新能源应用方案，创造最佳的节能效果。可以说，上海电力大学临港校区新能源智能微电网项目开拓了高校节能工作的一种全新的双赢的商业模式。

第八章。。。。。。。。。

# 南方电网的综合能源服务案例

## 第一节　分布式光伏(美的制冷顺德工厂32兆瓦光伏发电示范项目)

### 一、分布式光伏发电系统简介

分布式光伏并网发电系统一般由太阳能电池组件和并网逆变器等组成。光伏并网发电方式是将太阳能电池组件所发出的直流电通过逆变器转变成交流电能输送到电网中。系统采用的并网逆变器具有自动相位和电压跟踪功能,不会对电网造成影响。

图8—1是一个典型的分布式光伏发电系统,组成部分包括:①太阳能电池;②开关/保护/防雷;③电缆;④并网逆变器;⑤电度表(光伏电量)。

分布式光伏常用商业模式包括以下五种:

(1)工业园建筑业主提供屋顶,供光伏发电系统建设使用。

(2)服务商负责光伏项目的报批、投资、建设和运营。

(3)项目所发电力销售给建筑内单位使用,运营25年。

(4)给予建筑业主一定的售电电价优惠。

(5)项目可引入保险、基金等金融工具。

**图 8—1　典型分布式光伏发电系统**

## 二、美的制冷顺德工厂 32 兆瓦光伏发电示范项目

南网能源公司——美的制冷顺德工厂 32 兆瓦光伏发电示范项目采用 EMC 模式投建,布置在美的制冷顺德工厂 13 栋建筑 32.98 万平方米的屋顶,是当时单个厂区亚洲最大的光伏电站项目,也是南方电网区域内第一个分布式光伏电站项目。其厂房屋顶平面示意图和屋顶实物图如图 8—2 和图 8—3 所示,图 8—4 所示为光伏电站的监控系统。

该项目分布式光伏发电分成 26 组升压到 10 千伏,通过 7 个并网点并入到美的制冷顺德工厂配电系统中。在 25 年合同期内,项目总发电量约 8.36 亿千瓦时,年平均发电约 3 340 万千瓦时,所发电量由美的制冷工厂消化,少量富余

图 8—2 厂房屋顶平面示意图

图 8—3 美的制冷顺德工厂厂房屋顶实物图

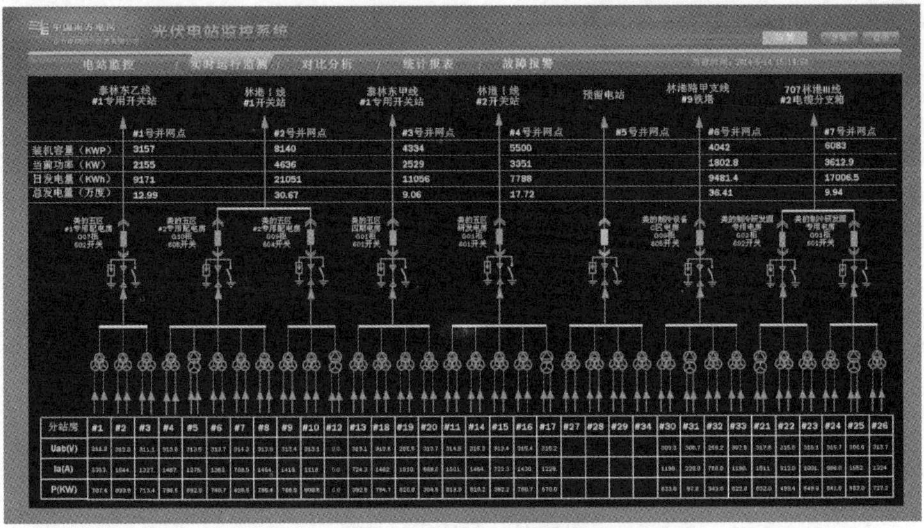


图 8－4　光伏电站监控系统

电量送入电网。

# 第二节　分布式能源(广州大学城超算中心项目)

## 一、分布式能源简介

分布式能源是指建设在需要用电、用热、用冷用户附近的能源站，根据能源“梯级利用”的原则，为用户提供安全、经济的电能、热能与冷能。图 8－5 对比了传统能源供应系统和综合能源供应系统。

分布式能源具有如下特点：

(1)电源靠近负荷中心：能源就地消化，减少能源传输损失。

(2)能源梯级利用：一次能源一次产生电能、蒸汽(冷水)、热水，提高使用效率。

(3)绿色清洁环保：粉尘、二氧化硫零排放，碳排放减少 50％，氮氧化物减少 90％。

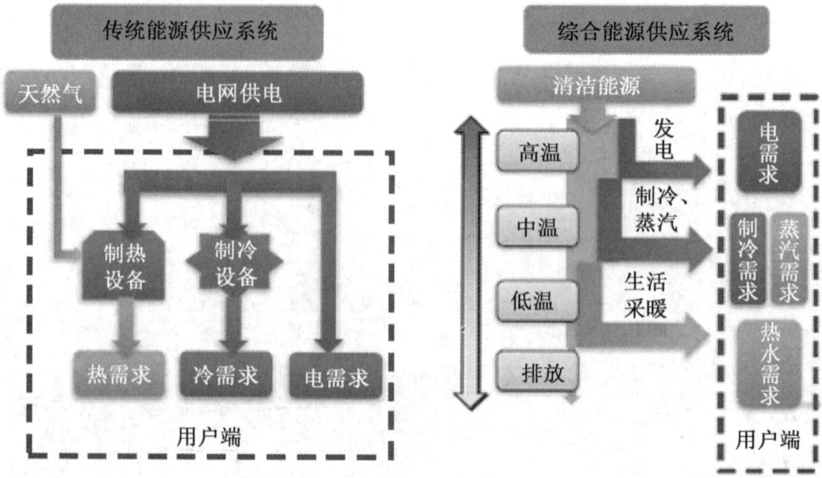


**图 8—5　能源供应系统**

图 8—6 显示了分布式能源的一般组成部分。

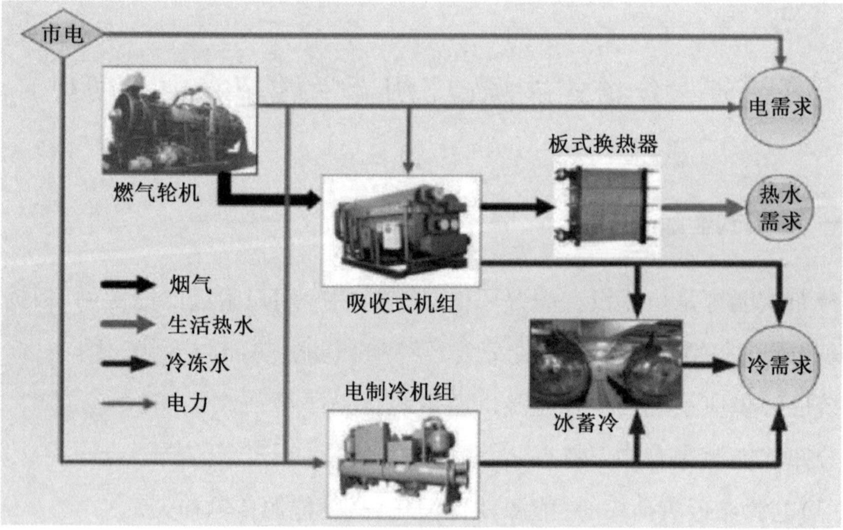


**图 8—6　分布式能源一般组成部分**

由图 8—6 可见，存在电需求的设备及电制冷机组所用电力除了来自市电之外，还由燃气轮机提供。

燃气轮机机组消耗天然气，提供电力和烟气。电力除了保障用电需求之外，还为吸收式机组和电制冷机组提供电能；烟气余热被吸收式机组利用，可产生冷，也可通过板式换热器产生热能，供应生活热水需求等。

冷需求的供应来自吸收式机组和电制冷机组，这些机组产生的冷除了满足冷需求之外，还有部分以冰蓄冷形式储存。

## 二、分布式能源优势

区域分布式能源系统在节能减排和运行效益方面，具有显著系统规模优势。

从宏观上讲，占总能耗 2/3 以上的工业和建筑物耗能中，各种温度的热能多于电能。2007 年中国工业终端能耗中，以煤为主的燃料供热占 65.4%，电力占 22.6%；建筑物物耗能中，65%是采暖和空调，15%是生活热水，14%是电，6%是炊事。

在传统供能模式中，使用天然气烧锅炉生产低品质热能，即“高能低用”，而使用天然气单纯用来发电，效率最高不过 45%～60%，其余近半的低温热能作为“废热”被排弃。

区域分布式冷热电联产能源系统采用“高能高用、低能低用、温度对口、梯级利用”的能源利用方式，效率高达 80%以上；采用分布式冷热电联供模式规划天然气发电，除了自身系统能源效率大大提高、发电成本大大降低以外，也使得占工业能耗 65%和民用建筑 80%的供冷热的能效成倍提高。因此，可以说这是一个整体系统规模化解决的最优方案。

从具体项目实施角度来看，一般建筑物维护结构节能，从保温隔热的设计构造入手以减少能量的损失，这种做法只是降低了单位面积供冷供热的需求负荷，而并没用改变一次能源供冷供热的效率。以建筑单体和小区为单位的节能系统采用地源热泵、水源热泵、燃气空调等形式的“楼宇型”分布式能源，缺点在于规模较小，负荷特性单一，设备设施利用率低。

总体来说，区域分布式能源系统具有如下优势：

(1)规模负荷大,运行效率高。

(2)大大减少了中央空调机房的用量和占地面积。

(3)减少了80%以上的维护管理人员,维护运行成本优势明显。

(4)利用夜间谷价制冰、蓄冰,白天峰值期发电上网,供冷用蓄冰制冷,不仅支持了电网调峰,也形成了三倍以上的峰谷电价差。

(5)体现出了城市优质生活。

## 三、广州大学城超级计算中心项目基本情况

图8—7所示为广州超级计算中心天然气分布式能源站。广州超级计算中心作为世界上最顶级的超级计算机,既是技术密集型设备,又是能源密集型设备。其用电需求为5万千瓦,冷需求为3.6万千瓦,全年用电量超过4亿千瓦时,用冷量超过3亿千瓦时。配套建设天然气分布式能源站,将为广州超算中心提供质优价廉、安全可靠的能源供应。

**图8—7 广州超级计算中心天然气分布式能源站**

广州超级计算中心天然气分布式能源站项目工程为广州超级计算中心能

源供应系统配套建设的分布式能源站，设置在大学城外环路外侧(北侧)，能源站占地面积约 4 788 平方米，规划安装以 4 台 4 300 千瓦燃气内燃发电机为主的冷热电三联供系统，同时结合采用电制冷技术，供应超算中心 35%左右的供冷、电力需求。

## 四、超级计算机(天河二号)简介

“天河二号”是由国防科学技术大学研制的超级计算机系统，是国家科技部“十二五”863 重大项目立项研制课题，以峰值计算速度每秒 5.49 亿亿次、持续计算速度每秒 3.39 亿亿次双精度浮点运算的优异性能位居榜首，在 2010—2016 年连续六度称雄，成为全球最快超级计算机。该项目用电报装总容量达 6.32 万千伏安，最高负荷约等于广州大学城五所高校总和。

“天河二号”投运 3 年来，南方电网公司致力为用户提供高质量的供电服务和完善的技术解决方案，有效保障了项目的电力供应。广州超级计算中心将建设成为融高性能计算、海量数据处理、信息管理服务于一体的世界一流的超算中心，广泛应用于高新产业和现代服务业、数字城市建设以及科研领域，还可应用于城市抗震减灾、基因组学研究、药物设计、生物分子动力学模拟、数字媒体和动漫渲染、舆情监控、应急智能决策等方面，也有望增强天气预报预测的准确性。

为保障可靠供电，南方电网公司采取的主要措施有：一是将用户负荷进行分级管理，由公用变电站新出 7 回 10 千伏专用线路给该项目进行供电，并且对一级负荷采取双电源供电和一路备供电源的供电方式，保障其供电质量和可靠性。二是积极做好超级计算机日常供电服务，成立专项团队定期对供电线路和设备进行巡维，确保设备健康水平；定期到超级计算中心走访，协助用户开展设备健康状态诊断，不断提升用户电力设施的维护水平。三是与用户共同强化应急预案演练和措施落实，提升应对突发事件的快速反应能力。

# 第三节　节能诊断与节能改造项目(太古可口可乐项目)

广东太古可口可乐有限公司是中国内地最大的可口可乐系列饮料生产商，由广东省食品进出口集团公司、中粮饮料(广州)有限公司以及太古可口可乐香港有限公司合资组建，总投资5亿多元人民币，主要生产、销售可口可乐系列饮料及其他食品、饮料，公司引进世界著名的德国KHS公司的先进生产设备和技术，年产可口可乐等系列产品45万吨，企业2012年用电规模1 500余万千瓦时，是当地用电大客户。

广东太古可口可乐有限公司积极响应国家节能减排号召，提出节能规划，计划用2～3年时间把该企业建设成为节约型"绿色工厂"。本节介绍广东太古可口可乐公司节能诊断与节能改造项目。

## 一、公司生产工艺与能耗设备概况

### (一)工艺概述

公司主要产品是可口可乐系列碳酸汽水，主要原材料有自来水、白砂糖、果糖、可口可乐浓缩液、$CO_2$，制作过程是将砂糖溶解，经高温杀菌，达到一定的白利度，经吸附、除味、过滤，与浓缩液按一定的比例调配为最终的糖浆。最后，糖浆生产线混比器将糖浆、处理水、$CO_2$按比例混合，进行灌注。一次包装有玻璃瓶、PET、易拉罐。灌注前，一次包装需要经过必要的清洗，特别是玻璃瓶需要经过洗瓶机的洗瓶和ASEBI电子验瓶机的检测，将不合格的空瓶剔除。产品灌注后，马上封盖、打码、包装、入仓。

### (二)主要能耗设备

太古可口可乐有限公司包含7条主要生产线，全厂设备总功率约5 978千瓦。如图8—8所示，其主要耗能部分是L4线、L5线、L6线、L8线、糖浆制造生产线、水线、空压机、中央空调系统等，部分设备(如氨机、运输带、洗瓶机、注入机、风桥等)已使用变频控制，而部分设备(如中央空调、空压机、冷却泵等)以自动加/卸载方式运行。①

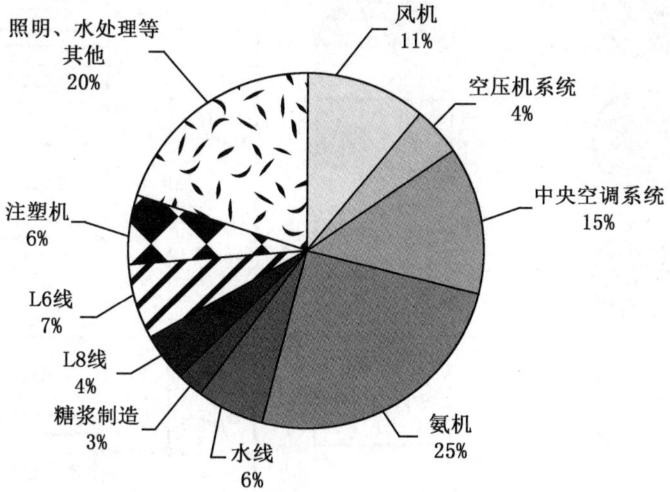


**图 8—8　主要能耗设备功率分布**

在太古可口可乐的设备功率分布中，氨机所占比重 25.2％为最大，生产线占 26％(L4 线＋L5 线＋L6 线＋L8 线＋水线＋糖浆制造)，而空压机、注塑机、空调、风机亦为主要的耗能设备。

## 二、公司生产工艺与能耗设备概况

太古可口可乐公司主要消费的能源是电力和天然气，均为外购能源，沼气由污水处理系统中产生并回收利用(如图 8—9 所示)。电力从社会电网购入，用于生产线、公用设备、照明及其他办公设施；天然气从燃气公司购入，主要用于天然气锅炉为生产工艺提供蒸汽；沼气由污水处理系统产生并回收用于沼气锅炉。

从图 8—10 可以看出，太古可口可乐能源消耗以外购能源为主，包括电力、天然气和重油，而沼气是由污水处理系统产生并回收利用，其中电力占企业能源总消耗量的 64.6％，天然气消耗占 34.2％。

① 李清明．广东太古可口可乐有限公司节能改造研究与实施[D]．吉林大学，2015.

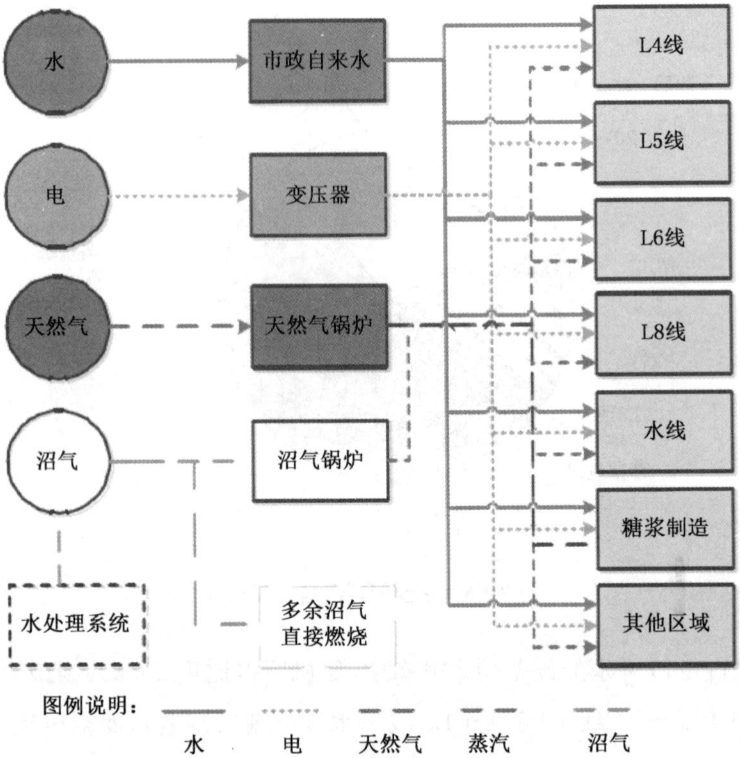


图 8—9 企业能源系统概况

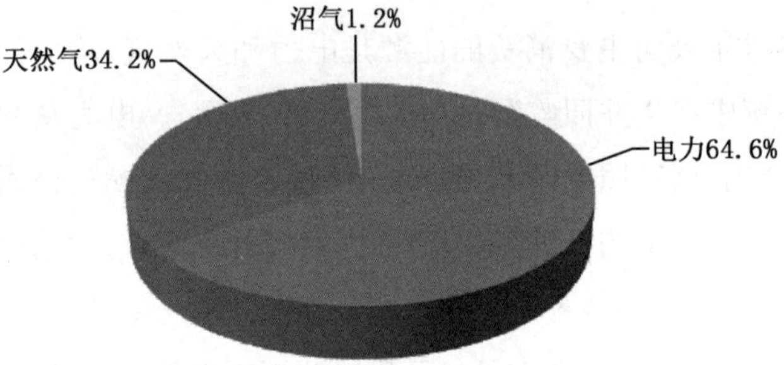


图 8—10 2013 年能源消费情况

## 三、节能诊断与改造

### （一）节能诊断

2013 年 12 月，在广州供电局有限公司及下属黄埔供电局的大力支持下，南网能源公司联合丹麦知名能源公司 SE Big Blue，耗时近一个月，为太古可口可乐进行了深度节能诊断服务。诊断范围涵盖配电系统、产品生产线、暖通系统、蒸汽系统、压缩空气系统等全部主要用能系统及设备；诊断内容包括用能情况及能源流程、能源消费结构、用能设备运行效率、产品综合能耗及实物能耗、能源管理情况、节能技改项目等十余项。通过对企业生产主要用能系统及设备的现场测试，对大量能耗数据、运行记录、设备台账资料的分析对比，对企业能源利用现状及能源管理体系建设情况的调查，最终形成了太古可口可乐的深度节能诊断报告。

### （二）变压器节能改造

2014 年 6 月 20 日，南方电网综合能源有限公司正式启动国内最大可口可乐生产商——广东太古可口可乐有限公司的节能改造工作，将其主电房 2 台服役 18 年、国家明令淘汰的 SCB8 型 2 000 千伏安变压器更换为 SCB13 型高效节能变压器，并对相应供配电设备实施进行更换改造。改造后，预计变压器自身损耗可降低 44.6%，年节省电量约 51 377 千瓦时，企业年内即可节省能源费用及获得政策补贴合计约 73 万元。

### （三）照明系统节能

基于深度节能诊断报告提出的节能改造和绿色运行建议，南网能源公司为太古可口可乐开展包括“更换 74 台高效电机、升级改造 3 条产品生产线、更换 700 余盏 LED 灯具、建设能效系统”等一系列节能服务，并协助企业申报国家或地方相关奖励和补贴，全面提升能效水平、建立行业能耗标杆、降低能源消费成本，打造食品饮料行业“绿色工厂”节能改造示范项目。

根据对太古可口可乐主厂区内的照明光源统计，可改造的节能灯具合计约 700 套，合计功率 54.052 千瓦，按实际使用时间测算，年用电量约 24.92 万千瓦时,电费约 21.18 万元(照明电价按 0.85 元/千瓦时计算)。针对灯具使用情况,在不改变原设计中灯具安装位置的情况下,采用一对一替换方案为 LED 照明灯具。预计照明系统可改造部分节电率约为 47.9%,年节电量约为 11.92 万千瓦时,年节省费用约 10.13 万元,预计投资 42.168 万元,投资回收期约 4.16 年。如果考虑原传统灯具使用寿命短、更换维护成本高等因素,更换为 LED 灯具的实际投资回收期会更短。

这些节能改造方案的实施,不但给企业带来巨大经济效益,而且对于改善环境、安全生产等环节也起到显著作用。

## 四、客户评价

广州太古可口可乐有限公司环保主任张春翔对南网能源公司的深度节能诊断、节能改造服务表示满意:“南网能源真正为客户着想、全程关注企业的用能,不仅联合外国专家帮我们深入诊断、发掘用能问题,还通过各类节能改造解决我们用能存在的问题。这次更换两台高效节能变压器,一年就帮我们省下能源费用 8 万多元,还协助我们申报广州市高效节能变压器推广财政补贴、香港‘清洁生产伙伴计划’示范项目资金共 64 万余元,旧变压器拆除还能获得回收资金约 6 万元,服务十分贴心。”

# 第九章。。。。。。。。。

# 国内综合能源服务其他典型案例

## 第一节　广州大学城华电新能源公司区域分布式能源系统项目[①]

### 一、项目建设背景及能源站概要

广州大学城坐落于广东省广州市番禺区新造小谷围岛及其南岸地区，远期规划面积为43平方公里，届时区域内总人口将达30余万，分两期建成。其中，小谷围岛内规划面积18平方公里，为大学城一期工程，含10所大学及中央商务区，拟建建筑面积约800万平方米，可容纳14万高校学生，总人口约25万。

广州大学城分布式能源站位于广州市番禺区南村镇，与广州大学城一江之隔，占地面积约为11万平方米，是广州大学城配套建设项目，为广州大学城18平方公里区域提供冷、热、电三联供，也是全国最大的分布式能源站，内景图如图9—1所示。能源站总体规划为4×78兆瓦，分两期建设，一期2×78兆瓦于

① 广州大学城分布式能源站详细介绍［EB/OL］．https://mp.weixin.qq.com/s/8DM6VttYRZixVLZF62Rgtg.

2008 年 7 月 28 日正式开工建设，2009 年 10 月 20 日通过 72 小时和“72＋24”小时试运行，满足并网运行条件，正式投入商业运营。能源站采用的燃气轮机发电机组为美国普惠公司的 FT8-3SwiftPac 双联机组（60 兆瓦）；余热锅炉为中国船舶重工集团公司第七〇三研究所生产的两台中压和低压蒸汽带自除氧、尾部制热水、卧式自然循环、无补燃型、露天布置的余热锅炉；蒸汽轮机发电机组供货商为中国长江动力公司（集团），分别选用一套带调整抽汽的抽汽凝汽式蒸汽轮机发电机组和一套双压补汽式蒸汽轮机发电机组，配套 18 兆瓦和 25 兆瓦发电机各一台。

**图 9—1　能源站内景图**

## 二、分布式能源项目的总体定位

该项目以天然气为一次能源，通过燃气—蒸汽联合循环机组发电 DES，以满足广州大学城区的各种需求。区域供冷系统 DCS 和热水系统 DES 总投资分别为 7 亿元和 12 亿元，10 年左右可收回投资。各大学冷、热用户可获得比市场价便宜 5％的优惠。与传统的火电厂、单体建筑设置传统的中央空调系统、锅炉供热系统相比，制冷总装机容量减少 45％～55％，电力装机容量减少 50 兆瓦；与设置分体空调相比，可减少电力装机容量 120 兆瓦，同时节约用地和建筑面积（10 所大学共节省设备用房面积 3.9 万平方米）。此外，该项目每年可减排二氧化碳 24 万吨、二氧化硫 6 000 吨，氮氧化物的排放比常规燃煤电厂减少 80%，且极大地降低了噪声污染，达到了高效节能、优化能源结构、控制污染、改善环境的目标。

### 三、区域供冷系统和集中生活热水系统的作用与工艺流程

燃气—蒸汽联合循环机组发电工作原理是由两台燃气轮机和一台发电机组成。两台燃气轮机通过联轴器直接连接一台双端驱动发电机（额定出力 60 兆瓦），通过叶轮式压气机从外部吸收空气，压缩后送入燃烧室。同时，气体燃料也喷入燃烧室与高温压缩空气混合，在定压下进行燃烧，生成的高温高压烟气进入燃气轮机膨胀做功，推动动力叶片高速旋转带动发电机，燃机效率可达 39%，排出的 479℃烟气进入余热锅炉循环利用。余热锅炉再生产出蒸汽供应给汽轮发电机进行发电。发电后的尾部烟气余热再生产高温热水，制造生活热水和空调冷冻水。其生产流程如图 9—2 所示。

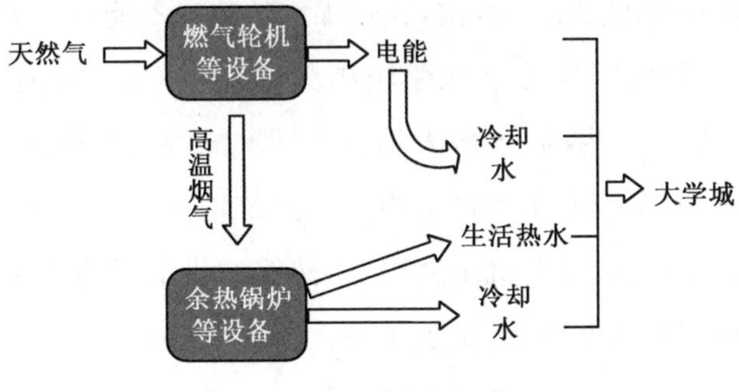


**图 9—2　大学城分布式能源站生产流程**

广州大学城区域供冷系统采用先进的冰蓄冷技术，规划总装机容量为 10.6 万冷吨，包含由 4 个冷冻站及相对应的冷冻水枝状管网、末端换热间组成的 4 个相对独立的系统。用户包括 10 所高校、广东科学中心、北亭广场、数字家庭和数字电视产学研孵化基地、南国会国际会议中心等。冷站冷量通过末端换热间内的板式换热器送往各单体建筑内的末端空调系统。末端换热间内设电动调节阀等自控装置及冷量计费装置，末端换热间与冷站、冷站与冷站之间通过

工业以太网形成自控传输网络。

大学城集中生活热水系统由热水制备站、一次热水主干管网、分散热力(加压)站、二次热水管网及单体热水系统组成,为开式循环系统。热水制备站热源主要为分布式能源站中的余热锅炉利用烟气余热换热,生产生活热水,送往分散热力站。用户用水终端采用预付费 IC 卡水表计量,少数团体用户采用机械式水表总表计量。

## 四、能源梯级利用和环保效应

能源站为了充分利用一次能源,提高机组的热效率,在燃气—蒸汽联合循环的基础上,还采取了以下措施实现能源的梯级利用,进一步提高能源的利用效率。首先,利用余热锅炉尾部烟气制备热媒水,余热锅炉尾部热水加热器把热媒水从 60℃加热到 90℃,一部分热媒水送到大学城热水制备站的水水热交换器加热高质水,向大学城用户提供水,另一部分作为能源站集控楼和办公楼中央空调溴化锂机组的热源。其次,在热媒水的热量不能满足大学城需求的情况下,从余热锅炉抽低压蒸汽,供大学城热水制备站汽水热交换器制备热水用。现已向广州大学城区域内的 11 所大学及大学城能源站周围用户约 20 万人提供全部生活热水、空调冷冻水和部分电力。系统输入一次能源后,经燃气轮机发电机组发电、蒸汽轮机发电机组发电、余热锅炉供低压蒸汽和利用余热锅炉尾部烟气制备热媒水几个环节,实现了一次能源的梯级利用,高品位的一次能源用于发电,低品位的高温烟气用于二次发电和供热制冷,系统的综合能源利用效率达到 80%以上。??

能源站以洁净的 LNG 为燃料,采用高效的燃气—蒸汽联合循环机组发电,以溴化锂蒸汽制冷,利用烟气余热制备生活热水,大大减少了氮氧化物、二氧化硫、总悬浮颗粒物等污染物的排放,其中氮氧化物排放是同容量常规燃煤电厂的 1/5,二氧化硫、总悬浮颗粒物的排放几乎为零。同时,锅炉补给水采用 RO 膜+EDI(电去离子)系统制水,无强酸性、强碱性废水产生,生产、生活产生的废水经过处理后用于厂区内清洗、浇灌等,实现废水零排放,与同等容量的小火电机组相比，每年可减少温室气体二氧化碳排放 24 万吨，减少二氧化硫排放 6 000 吨。

## 五、综合效益评价

能源站是为满足大学城用户多种能源需求而设计的，在消耗一次能源的同时，实现了冷、热、电联产，最大限度地提高了能源的利用效率。由于能源利用效率的大幅度提高，以及节能调度排序的优势，能源站一投入运营便取得了良好的经济效益，项目公司实现了当年投产、当年赢利的良好开局。在取得经济效益的同时，大学城能源站保证了大学城区域用户特别是十几万师生的热能需求，为大学城的正常、稳定运行提供了能源保障，取得了良好的社会效益。能源站采用了能源的梯级利用技术，各项排放指标、氮氧化物指标远远低于国家排放标准，生活污水及工业污水基本做到零排放，在国内具有很好的示范效应和影响力。该项目作为试点，得到了时任广东省委书记张德江的专门批示和广东省经贸委的大力支持，享受用地由政府划拨，有关冷、热管网由市政投资等一系列优惠政策，并获得了 2010 年“中国分布式能源十年标志性项目”称号。

## 六、技术经济性分析

### （一）设备成本（固定成本）

几种不同的天然气分布式能源的建造及维护成本参见表 9—1。

**表 9—1　　天然气分布式能源不同燃机的成本比较**

| | 燃气内燃机 | 燃气轮机 | 微型燃气轮机 |
|---|---|---|---|
| 技术程度 | 市场商业化 | 市场商业化 | 市场早期进入 |
| 容量（兆瓦） | 0.01～8 | 0.5～50 | 0.03～0.25 |
| 发电效率 | 30%～43% | 22%～37% | 23%～26% |
| 总热电联产效率 | 69%～85% | 65%～75% | 61%～67% |
| 纯发电建造成本（美元/千瓦） | 700～1 000 | 600～1 400 | 1 500～2 300 |

续表

| | 燃气内燃机 | 燃气轮机 | 微型燃气轮机 |
|---|---|---|---|
| 热电联产建造成本（美元/千瓦） | 900～1 400 | 700～1 900 | 1 700～2 600 |
| 运转 & 保养费用（美元/千瓦） | 0.008～0.018 | 0.004～0.01 | 0.013～0.02 |
| 有效性 | >96% | >98% | 95% |
| 设备生命周期(年) | 20 | 20 | 10 |
| 使用燃料 | 天然气、生物质气体、液体燃料 | 天然气、生物质气体、柴油 | 天然气、生物质气体 |
| $NO_X$ 排放量（小时/兆瓦时） | 0.2～6 | 0.8～2.4 | 0.5～1.25 |
| 热能回收用途 | 热水、低压蒸汽、区域供热 | 直接供热、热水、高低压蒸汽、区域供热 | 直接供热、热水、低压蒸汽 |
| 热能输出（英热/千瓦时） | 3 200～5 600 | 3 200～6 800 | 4 500～6 500 |

（二）气价和电价（可变成本与经济性）

作为天然气分布式能源系统唯一的燃料输入，天然气价格影响着系统的运行成本。天然气分布式能源是分布在用户端的供能系统，系统输出主要满足用户自身的电、冷、热负荷需求，能源总利用效率达70%之上，用户冷、热负荷无需使用电能获得，从而节省电量，减少相应支出，故电价直接影响着系统的效益。因此，天然气价格决定了系统的主要成本，而电价则决定了系统的大部分收益。项目用户当地的气、电价格差异如何，将是影响项目投资回收期和收益率的最关键因素。

广州大学城燃气分布式能源站装机容量为156兆瓦，2011年机组负荷率为82.12%，系统的综合能源利用率为78%。

（1）平均年利用小时数。2009—2012年，平均年利用小时数依次为1 078小时、4 433小时、4 083小时、4 104小时。

（2）平均上网电价。截至2012年底，广州大学城分布式能源站的上网电价为782.2元/兆瓦时。

（三）运营管理模式

广州大学城依据广东省和广州市政府授予的特许经营权，以分布式能源系统为基础成立能源服务公司，向大学城范围内提供冷、热、电等能源服务。冷、热、电价格由能源服务公司依据工程投资、电力公司测算的上网价格、当年经营成本和内部收益率等若干指标提出，政府组织相关部门和10所大学采取价格听政会的形式讨论，并由广州市物价局核定，最终由能源公司与各所大学签订供需合同。能源服务公司通过能源站生产的冷、热和电力向用户提供能源产品，同时能源站的电力供给不能满足用户需求时向广东电网买电，当能源站有剩余发电能力时，向大电网卖电。大电网为能源站提供了备用服务，能源服务公司应交纳合理的备用服务费。

（四）定价模式

现阶段，分布式能源站的气价、电价及热价主要受项目的经济效益指标及设备运行模式的影响（以广州大学城的定价模式为例）。

确定气价的主要依据：根据穗学指办记〔2005〕367号及业主2006年2月25日传真，广州市煤气公司承诺每年10万吨的气量按1.6元/立方米（不含税）供给大学城能源站，其余部分按增量考虑，增量的气价取2.26元/立方米（含税）。

根据热电冷负荷需求确定的机组运行模式，在预期的开机模式下，计算的发电设备年利用小时数为6 260小时，根据与业主协商的有关会议纪要原则，财务评价发电设备年利用小时数基准按6 260小时考虑，并对不同利用小时数采用不同的气价进行敏感性分析。

当发电设备年利用小时数为6 260小时，能源站年耗气量21 047万立方米，10万吨的气量相当于13 150万立方米，即13 150万立方米气的价格为1.60元/立方米（不含税），其余的7 879万立方米气的价格为2.26元/立方米（含税），经测算本财务评价的气价取1.750元/立方米（不含税）。

在上述条件及资本金内部收益率取8%的基础上测算的主要经济效益指标如表9—2所示。

表 9—2　　广州大学城分布式能源站的主要经济效益指标

| 序号 | 项目 | 单位 | 指标(FT8-3) |
|---|---|---|---|
| 1 | 工程静态投资 | 万元 | 69 988 |
| | 静态投资单位投资 | 元/千瓦 | 4 486 |
| 2 | 建设期利息 | 万元 | 1 742 |
| 3 | 工程动态投资 | 万元 | 71 730 |
| | 动态投资单位投资 | 元/千瓦 | 4 598 |
| 4 | 全部投资 | | |
| | 内部收益率 | % | 8.06 |
| | 净现值 | 万元 | 5 340 |
| | 投资回收期 | 年 | 11.75 |
| 5 | 自有资金 | | |
| | 内部收益率 | % | 10.26 |
| | 净现值 | 万元 | 5 340 |
| | 投资回收期 | 年 | 11.75 |
| 6 | 资本金 | | |
| | 内部收益率 | % | 8 |
| | 净现值 | 万元 | 2 193 |
| | 投资回收期 | 年 | 16.35 |
| 7 | 投资利润率 | % | 3.79 |
| 8 | 投资利税率 | % | 8.29 |
| 9 | 资本金净利润率 | % | 13.35 |
| 10 | 发电单位成本 | 元/千瓦时 | 0.444 |
| 11 | 供热单位成本 | 元/吉焦 | 58 |
| 12 | 平均上网电价(不含税) | 元/千瓦时 | 0.495 |
| 13 | 平均上网电价(含税) | 元/千瓦时 | 0.579 |
| 14 | 运行期供热价(不含税) | 元/吉焦 | 60.00 |
| 15 | 运行期供热价(含税) | 元/吉焦 | 67.79 |

# 第二节　上海迪士尼综合能源管理系统

## 一、项目概况

上海迪士尼乐园是全球首座应用天然气分布式冷热电联供技术的迪士尼乐园，整个乐园内所使用的“能量”均来自该项技术。冷热电联供技术是在热电联供的基础上发展起来的，是分布式能源发展的主要方向和形式，也是世界第二代能源技术发展的重要方向之一。它是一种建立在能量梯级利用基础上的综合产、用能系统，分散在用户端附近，首先利用一次能源驱动发动机供电，再通过各种余热利用设备对余热进行回收利用，最终实现更高能源利用率、更低能源成本、更高供能安全性以及更好环保性能等多功能目标，其系统结构如图9—3所示。冷电联供技术利用的主要能源为天然气，天然气是清洁高效的能源，但传统天然气发电效率只有40%左右，而天然气冷热电联供能源系统可以将能源利用率提高到80%以上。

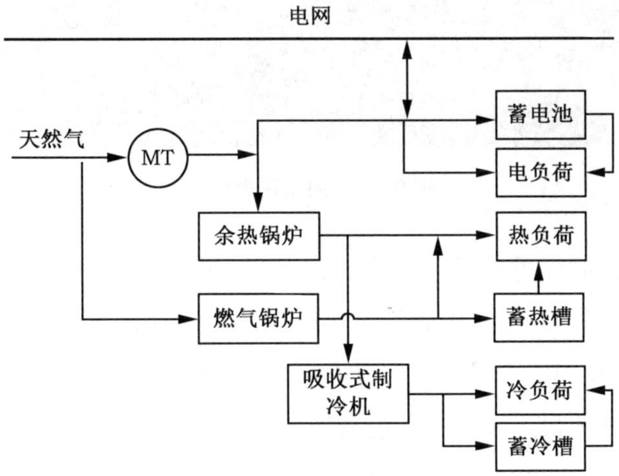


**图9—3　冷热电联供系统**

图9—4所示为上海迪士尼能源站，上海迪士尼综合能源管理系统项目位

于上海国际旅游度假区核心区，占地面积约 2 万平方米，总装机容量约 35.2 兆瓦，按照园区冷热负荷逐年需求情况，布置 8 台 4.4 兆瓦燃气内燃机，分两期安装，一期安装 5 台，二期安装 3 台，并留有扩建余地。该项目最大限度利用发电余热制冷制热，实现能源梯级利用，保持系统的效率最高。在保障稳定、可靠的冷热供应前提下，采用多余电力上网的方式。为保证园区供能安全，该项目还具备黑启动功能。项目建成后，能源站通过消耗 1 份天然气清洁能源同时产生电、冷、热、生活热水、压缩空气 5 份能源，以解决乐园核心区 3.9 平方公里的能源需求，一次能源利用率可达到 80%以上，将度假区的能源利用率整整提高了一倍，年上网电量约为 1.7 万千瓦时，每年可节约标准煤约 2.15 万吨，每年可减少二氧化碳排放量约 7.5 万吨。

**图 9—4　迪士尼能源站**

分布式能源的先进技术包括太阳能利用、风能利用、燃料电池和天然气冷热电三联供等多种形式，其中燃气冷热电三联供因其技术成熟、建设简单、投资相对较低，已经在国际上得到了迅速的推广，上海迪士尼度假区就是典型的大型分布式能源站项目。园区以绿色清洁的天然气作为主要一次能源，综合使用太阳能、地热能等非化石能源，可再生能源利用率将不低于 5%。

## 二、项目特点

### （一）采用多系统集成技术

分布式能源的关键在于根据用户的冷、热需求确定生产供应量。为了精准预测需求，上海迪士尼乐园将采用智能优化控制系统，实现集中控制系统与用户侧能源管理系统有效集成，并协调、控制多种设备联合运行，保证站内各系统始终处于高效运行状态，更快更好地响应园区能源需求变化。系统配备了系统总管网，设置了温度传感器、压力传感器和超声波流量计，可实现 9.9℃大温差，降低系统的整体能耗，提高余热设备效率；当总管网的水温、水压发生变化时，传感器和流量计接收装置会立即将相关数据发送回系统终端。此外，系统还可根据采集到的供能、蓄能和能量使用实时数据以及园区当日游客量等信息，通过冷热调峰设备满足用户侧不同时段的能源需求，同时，通过水蓄冷、蓄热技术的低谷收集、高峰释放，提高整个系统的能源利用效率；通过大数据分析技术，准确地分析和预测园区的能源需求，提供各主要设备的最优经济运行方案，实现按需产能。

### （二）彰显绿色环保价值

该项目符合国家和上海市关于大力扶持天然气分布式发电的政策导向，采用燃气内燃机配套余热设备和蓄能设备，实现能源梯级利用，不仅能提高能源利用效率，有效降低能源消耗，而且对于保护地区生态环境、实现“绿色低碳园区”的建设目标具有重大意义。

在出行方面，上海迪士尼乐园选择新能源汽车作为主要交通工具。度假区内部的接驳巴士和通往上海本市的两大机场、火车站、长途汽车站、旅游集散中心的商旅快线都采用新能源汽车，园区内的环卫车采用纯电动车型。配套设施方面，为了满足驾驶混合动力汽车及电动汽车前来的旅客需求，迪士尼度假区外围的 P4 停车站、郊野公园和度假区指挥部等其他公共停车场区域已经建成了 8 座“城市公共快充站”，乐园还在地下车库 10％的车位装设了充电桩。

服务于上海迪士尼乐园的“能源站”已成为中国清洁高效利用能源的低碳

节能样板，并获得了由中国能源研究会、中国可再生能源学会等联合授予的“中国分布式能源优秀项目特等奖”。通过天然气清洁能源的高效梯级利用，该项目既满足了上海国际旅游度假区核心区域内所有能源需求，每年还可以节省 21 883.08 吨标准煤，减排二氧化碳量 75 541.87 吨，相当于每年少砍伐木材 4 万吨。

（三）保障区域电网安全

该项目以高效、环保、节能的方式集中向园区供能，改善了区域用能方式，保护了核心区电网的安全运行。同时，在区域电网故障时，该项目的黑启动功能可以保证区域内用户的用能安全，避免过分依赖区域外的能源供应，可在关键时刻对区域电网起到较强的支撑作用。

## 第三节　国网客服中心

国网客服中心位于天津市东丽区东丽湖边，于 2015 年 6 月投运，总建筑面积达 14.28 万平方米，包括运行监控中心、呼叫中心、生产区服务中心、生活区服务中心等 10 栋楼宇，日常可以容纳 2 600 余人办公和生活。作为集生产、办公、生活为一体的大型园区，北方园区已经实现了绿色复合型能源网建设与智慧服务型创新园区建设，并取得绿色建筑标识认证。

园区以电能为唯一外部能源，通过建设光伏发电、地源热泵、冰蓄冷等多种能源转换装置，并创新性地使用光伏发电树、发电单车以及国内首个应用于工程实践的发电地砖等，规模化高效应用区域太阳能、地热能、空气热能等可再生能源，依托绿色复合能源网运行调控平台，实现对园区冷、热、电、热水的综合分析、统一调度和优化管理。

绿色复合能源网运行调控平台主要包括光伏发电、地源热泵、冰蓄冷、太阳能空调、太阳能热水、储能微网、蓄热式电锅炉 7 个子系统。

（1）光伏发电系统：总容量为 813 千瓦，其中在 8 栋楼的屋顶安装装机容量 785 千瓦的多晶硅光伏组件，屋顶及连廊南立面安装了装机容量 28 千瓦的薄膜光伏。

(2)储能微网系统:由 50 千瓦×4 小时铅酸电池储能、48 千瓦光伏发电以及 40 千瓦公共照明组成。

(3)太阳能空调系统:可以供冷、供暖以及提供生活热水。屋顶铺设 630 平方米槽式集热器,夏季供冷时,由高温导热油驱动溴化锂吸收式冷水机组制备冷冻水;冬季供热时,通过油—水换热器进行热交换产生空调热水。配置两台总制冷量为 1 060 千瓦的风冷冷水机组及 3 台总输入功率 57 千瓦的空气源热泵作为后备冷热源。

(4)太阳能热水:利用太阳能集热器制备生活热水。在屋顶铺设约 1 470 平方米的承压玻璃真空管(U 形管)。蓄热式电锅炉的蓄热水箱高温水作为热水补充。

(5)冰蓄冷系统:与地源热泵和基载制冷机组配合,在夏季为园区供冷。两台双工况机组总制冷量 6 300 千瓦,制冰量 4 284 千瓦,放置在地下室集中能源站;采用蓄冰盘管形式,蓄冰总量 10 000 冷吨/时,放置在地下。

(6)地源热泵系统:与冰蓄冷和基载制冷机组配合,在夏季为园区供冷;与蓄热式电锅炉配合,在冬季为园区供暖。三台地源热泵机组放置在集中能源站,总制冷量 3 585 千瓦,制热量 3 801 千瓦;室外 629 口地源热泵井,分布在八个区域。

(7)蓄热式电锅炉系统:与地源热泵配合冬季为园区供暖,同时作为太阳能热水的补充热源。四台电锅炉总制热量 8 280 千瓦,放置在集中能源站,三组蓄热水箱总体积 2 025 立方米,放置在地下。

据悉,该平台每天零点对前一天园区的能源使用状态进行综合分析,并且根据节能或经济等不同的需求模式,生成当天园区各能源子系统的综合运行方案,实现园区内多种能源的优化协调、经济运行。2015 年 6 月 29 日当天显示的整个北方园区能效比高达 4.97,可再生能源占比达 43.57%。其在智能电网、微电网运行调控、分布式电源接入、即时协同等方面开展了大量创新技术的研究和应用,取得了一定成果。

园区内各种能源系统的布局原则为，能打地源热泵的地方全部打井，屋顶能铺光伏的全部铺光伏，并辅以蓄冷蓄热设备，整体经济性较好。由于天津风资源并不是很好，利用天然气的风险也较大（天然气价格又不稳定，难以保证经济性），因而在该系统中没有体现。

就国网客服中心北方园区的经济效益而言，目前该区已投运三年，运行效果良好，经济效益也初显成效。其中，北方园区冰蓄冷系统、地源热泵系统、蓄热式电锅炉系统、太阳能热水系统、光伏发电系统、太阳能空调系统、运行调控平台7项的年效益总计达987.7万元。地源热泵系统效益最为明显，其次是光伏发电系统，具体见表9—3。

**表9—3 国网客服中心北方园区综合能源系统经济效益分析**

| 子系统名称 | 年节省运行费用（万元） | 年节约电量（含削峰填谷电量）（万千瓦时） |
|---|---|---|
| 冰蓄冷系统 | 46.1 | 103.4 |
| 地源热泵系统 | 518.5 | 575.9 |
| 蓄热式电锅炉系统 | 13.96 | 37.45 |
| 太阳能热水系统 | 84.67 | 94.05 |
| 光伏发电系统 | 159.26 | 107.1 |
| 储能微网系统 | — | — |
| 太阳能空调系统 | 52.67 | 57.4 |
| 运行调控平台 | 112.45 | 124.9 |
| 总计 | 987.7 | 1 100.2 |

从经济效益占比看，地源热泵经济性最好，占比为53%；其次，光伏发电系统、运行调控平台、太阳能热水系统节省费用排在第二阶梯，分别占16%、11%和9%；太阳能空调系统、冰蓄冷系统和蓄热式电锅炉系统分别仅占5%、5%和1%。

从节约成本角度看，按目前国网客服中心北方园区能源系统试运行数据计算，北方园区每年累计节约电量约1 100.2万千瓦时，年节约电费共计987.7万元，预计到2020年将节约5 056.2万元，到2022年节约7 078.6万元，具体如

图 9—5 所示。

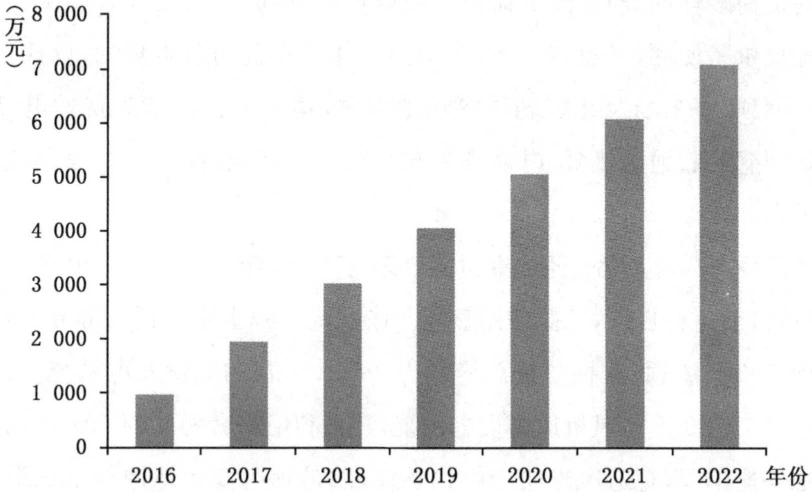


**图 9—5　2016—2022 年北方园区年节约成本趋势**

从环境效益看，按目前北方园区能源系统运行一年节约能源的数据，折算成标准煤 3 531 吨左右，减排二氧化碳约 1 万吨、二氧化硫约 73 吨、氮氧化物约 40 吨。

值得注意的是，国网客服中心还采用了“7＋1”综合能源托管服务模式，是国内率先以电为中心、灵活接纳多种能源形式的综合能源供应系统，创新屋顶光伏、光储微网、太阳能空调、太阳能热水、冰蓄冷空调、地源热泵、蓄热式电锅炉 7 个能源子系统集成应用，并依托能源调控平台提供能源优化和托管服务。这种以电为中心、多方共赢的能源托管模式成为天津乃至全国重点园区模仿的标杆，并正在宝坻中关村科技城等 6 个新建重点园区全面复制应用。

## 第四节　北辰商务中心绿色办公综合能源示范工程

北辰商务中心办公大楼综合能源示范工程是天津唯一的国家级产城融合示范区。作为这一示范工程的主要建筑北辰商务中心大楼，是北辰经济技术开发区管委会所在地，同时也有部分园区企业进驻。它利用产业、城镇融合发展带来的负荷多样性，即居民负荷和工商业负荷的互补性，为综合能源供应和灵活调配提供了便利。该示范工程由国网天津城东公司负责规划、设计，利用商务中心屋顶、停车场及相邻湖岸等场地资源，建设了太阳能光伏发电、风力发电、风光储微网、地源热泵、电动汽车充电桩五个系统，以及一个综合能源智慧管控平台。

北辰商务中心大楼综合能源示范工程于2016年11月动工，2017年5月投入运行，目前运行良好，示范作用显著。该示范工程主要包括六部分内容：一是利用商务中心屋顶、车棚建设总容量为286.2千瓦的光伏发电系统；二是利用湖岸建设7台5千瓦风机风力发电系统；三是利用一套容量为50AH的磷酸铁锂电池储能单元，打造风光储一体化系统；四是利用3台地源热泵机组建设供冷供热系统；五是在大楼两侧构建电动汽车充电桩系统，并同步开展“津e行”电动汽车分时租赁业务；六是在以上五大系统的基础上，搭建综合能源智慧管控平台。它能够统筹商务中心能源生产、储存、配置及利用四个环节的能源监测、控制、调度和分析功能，同时提供发电、供热、制冷、热水等多种服务，促进清洁能源即插即用、友好接入，实现多种能源互联互补、协同调控、优化运行，保障商务中心能源绿色高效利用。

利用综合能源智慧管控平台可以实时监测控制各产能系统的出力，实现三种形式的能源互动：第一种是储能系统与光伏发电系统互动，利用储能系统来平滑光伏出力；第二种是储能系统与电网互动，实现削峰填谷，利用夜间低谷电蓄能，在白天用电高峰时为商务中心供能，不仅可以转移用电高峰负荷，提高电网运行的经济性，还能通过峰谷电价差为用户节省一笔电费支出；第三种是商务中心温度趋优控制，利用综合能源智慧管控平台实时监测大楼房间的温度变化，调节地源热泵冷热出力，实现办公环境舒适度和节能降耗的最优平衡。

北辰商务中心大楼综合能源服务实现了多种能源互联互补、管控平台优化调控，能效比达到2.38，综合能源利用效率提升19%，新能源自发自用、储能系统、地源热泵以及综合能源管控平台的智能控制成效明显。6月28日当天，可再生能源占比为37%(其中地热能占29%、太阳能占8%、风能占0%)、市电占63%。单从用电量角度看,截至2018年6月底,该系统中总的用电量为429.74万千瓦时,其中使用新能源发电30.5万千瓦时,剩下的全部来自市电,新能源电量占比已达7%。

从经济效益来看,该示范工程共投资约1 000万元,扣除天津市政府240多万元的项目补贴,预计不到7年能收回全部投资成本,好于预期。其中,光伏发电系统自2017年5月8日投运,截至2018年6月底,光伏总发电量282 869千瓦时,其中上网电量3 360千瓦时、自发自用电量279 509千瓦时,总节约费用约37.16万元;风力发电系统自2017年9月30日正式投运,截至目前,发电量约69 156千瓦时,节能费用约6.08万元;储能系统自2017年5月8日投运,截至目前,节能费用约1.53万元;地源热泵供热(冷)系统自2017年5月8日投运,截至目前,地源热泵利用地热能为商务中心供冷、供热,较传统的供冷、供热运行费用节约约54.56万元。综上所述,该示范工程自2017年5月8日投运,截至2018年6月底,节约能量208万千瓦时,节能费用141.06万元,减少温室气体二氧化碳排放量2073.1吨。

目前,国网天津城东公司正在积极推进产城融合示范区5.9平方公里核心区城市能源互联网规划工作。除光伏、风电、地源热泵,未来城东公司还计划在该区域引入综合能源站等新型供能方式以及智能家居的理念,优化能源综合供应策略,进一步提升能源供应效率,建设成生态、绿色的智慧园区。

## 第五节　苏州同里新能源小镇能源变革示范项目

城市拥有全球超过一半的人口,消费了全球2/3以上的一次能源。城市是能源消费的主体,城市能源变革引领国家能源转型。如何在转变城市发展方式、能源发展方式上,走出一条有中国特色的、世界共享的创新之路?苏州给出了答案。

2018年10月18日,“一带一路”能源部长会议和2018年国际能源变革论坛在苏州同里召开。期间，由国家电网公司打造的同里综合能源服务中心示范工程建成投运，15 项世界领先的能源创新示范项目悉数亮相，展示先进能源电力技术，打造清洁低碳、安全高效、绿色智能、互动共享的未来城市能源系统典型构建模式，引领城市能源变革重要方向。

建设同里综合能源服务中心示范工程是国家电网公司以习近平新时代中国特色社会主义思想为指导，贯彻能源"四个革命、一个合作"战略思想，推动国际能源变革，构建清洁低碳、安全高效能源体系的重要实践，也是落实创新驱动发展战略、深入开展大众创业万众创新、建设国家级双创示范基地的重要抓手。2016 年 12 月，国家电网公司与苏州市政府签订合作协议，支持苏州国际能源变革发展典范城市建设，打造苏州城市能源变革创新示范区。同里综合能源服务中心是苏州创新示范区最重要的综合示范工程，谋划建设一批世界级能源创新项目，集中呈现未来城市能源系统的核心要素，展示未来城镇能源供应新理念、能源配置新形态、能源消费新模式、能源服务新体验，打造未来能源自由交换示范区。

同里综合能源服务中心是同里新能源小镇建设的一期工程，占地面积约 3.5 万平方米，中心拟建设一批示范项目，以展示用能方式的变革；二期工程是把中心打造成服务于同里新能源小镇和同里镇开发区建设的服务中心，根据同里新能源小镇建设规划，服务面积约 17 600 万平方米。从建设定位来说，整个区域将建成绿色智能的能源微网——智慧的、以电为中心、电网为平台、多能互补智能配置的绿色能源微网，冷、热、电同时提供，是一个集能源生产、服务、展示、研发、办公为一体的具有江南水乡特色的绿色园区。

同里综合能源服务中心示范工程包含能源供应、能源配置、能源消费、能源服务四大类共 15 项创新示范项目。其中，能源供应类项目包括多能综合互补利用项目、高温相变光热发电等，打造"清洁低碳"的城市能源供应解决方案；能源配置类项目包括微网路由器、源网荷储协调控制系统等，将电能"安全高效"地输送到用户家中；能源消费类项目包括绿色充换电站、"三合一"电子公路等，集中展示了"绿色智能"的用能新技术、新理念、新模式；能源服务类项目包括综合能源服务平台、综合能源展示中心等，强化“互动共享”的综合能源服务新体验。

同里综合能源服务中心示范工程建成后，整体构成“电网为平台、电气化为核心、多能协同互补”的区域能源互联网，形成了一个集能源管理、智慧服务、科技研发、创新展示等功能为一体的江南水乡绿色低碳园区，将为小镇居民生活带来不同凡响的新体验。未来以同里综合能源服务中心为样板，苏州创新示范区将建设成为城市能源变革的思想发源地、理念传播地、技术推广地、产品应用地和产业聚集地，打造中国引领国际能源变革的“金色名片”。

同里综合能源服务中心能流如图 9—6 所示。

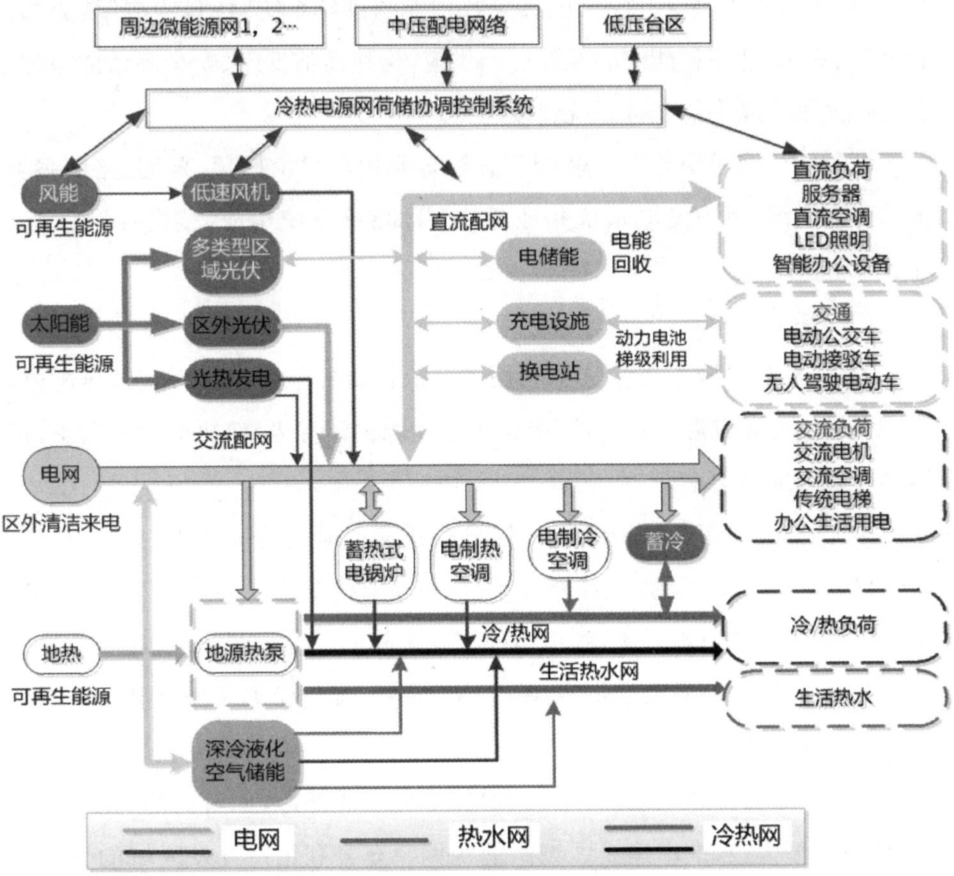


**图 9—6　同里综合能源服务中心能流**

## 一、多能综合互补利用项目

（一）项目简介

多能互补集成优化示范工程主要有两种模式：一是面向终端用户电、热、冷、气等多种用能需求，因地制宜、统筹开发、互补利用传统能源和新能源，优化布局建设一体化集成供能基础设施，通过天然气热电冷三联供、分布式可再生能源和能源智能微网等方式，实现多能协同供应和能源综合梯级利用；二是利用大型综合能源基地对风能、太阳能、水能、煤炭、天然气等多种能源进行采集，根据能源的特性不同进行再合理利用。换句话说，用能的方式在这个系统下将变得多种多样，将供电、供冷、供热等各种能源供应系统“各自为战”转为“万物皆能”模式，实现多种能源的互补协同供应，构建清洁低碳、安全高效能源体系，推进风光水火储多能互补系统建设运行。

同里综合能源服务中心多能互补综合利用项目由屋顶、幕墙、路面多类型光伏发电系统、风力发电系统和地源热泵冰蓄冷系统组成，装机容量总计 477 千瓦。

（二）项目创新点

第一，提升区域可在生资源利用率。依托服务中心内交直流低压配电网，实现区域内光照资源、风力资源等可再生能源灵活接入，解决电力源需求，提升清洁能源就地消纳率。

第二，充分发掘多种能源互补优势。开发本地低品位热能资源，项目二期将建设 2 200 千瓦地源热泵冰蓄冷系统，与高温相变储热、压缩空气储能等项目配合，形成集中式供能系统，利用多种能源之间的互补优势，实现区域内冷/热、热水的自给自足、高效清洁供应，减少能源损耗，提高能源综合利用效率。

（三）项目应用前景

以服务中心区域内光伏、风机、地热等分布式能源，配备储能、充电桩等设备，作为典型模板，推广建立区域微能源网。充分利用待开发区域的分布式可再生资源，电力采用就地生产、就地消纳的供应形式，冷热采用集中式、分布式供应相结合的供给模式，在微能源网内实现自发自用和能量平衡。

## 二、预制舱式储能系统

### （一）项目简介

预制舱式储能相当于一个超大型的“充电宝”，创新性地结合了锂离子电池和超级电容技术各自的优势，可综合解决电力应急供应、电能质量问题，使得整套储能系统性能最优（见图 9—7）。用电低谷时，电网给这个“充电宝”充电；用电高峰时，“充电宝”释放电能，起到电能削峰填谷的作用。该技术能改善电网尖峰负荷特性，减少为满足尖峰负荷的新增投资，提高电网和电源整体运行效率。一块电池能够给一个城市供上电，预制舱式储能就是一个大型的“城市充电宝”。该系统能够提升电网接纳新能源能力、电网平衡能力，提高电网和电源整体运行效率以及供电可靠性。该项目由两套混合储能系统组成。一套含 20 千瓦×15 秒超级电容储能和 200 千瓦×2 小时锂电池，通过±375 伏直流母线接入系统；另一套含 80 千瓦×15 秒超级电容储能和 400 千瓦×2 小时锂电池，通过±750 伏直流母线接入系统。

**图 9—7　预制舱式储能系统**

（二）项目创新点

第一，超级电容与锂电池混合储能系统可同时满足微电网系统对能量特性和功率特性的需求，提高分布式电源的安全并网运行能力，解决微电网电压和频率波动问题。

第二，利用滤波器将波动的储能系统整体功率指令分解为高频分量和低频分量，然后将其分别分配给功率特性好的超级电容和容量较大的锂电池，从而达到协调和匹配两种储能功率的目的。

（三）项目应用前景

电储能技术是智能电网的重要组成部分，也是提高可再生能源占比和实现能源互联网的关键支撑技术，可广泛地应用于电力系统各个环节。

在电源侧，储能可以有效平抑新能源发电的波动性、间歇性和反调峰特性，提升电网接纳新能源能力。

在电网侧，储能可以提升电网瞬时、短时和时段三方面的平衡能力，是扩大“源网荷储”系统响应规模的重要手段。

在用户侧，储能可以提高用户的供电可靠性和电能质量，实现削峰填谷和需求侧管理，平滑用电负荷，降低用电成本。

## 三、高温相变储能

（一）项目简介

高温相变储热冷热联供装置采用自主研发的复合高温相变砖作为储热介质，将高温相变储热技术、高效气水换热技术、吸收式制冷技术相结合，实现热、冷综合利用，装置电热效率可达 95%以上（见图 9－8）。高温相变储热冷热联供装置由 4 兆瓦时高温相变储热装置、300 千瓦高效气水换热器和 179 千瓦溴化锂机组构成，相当于一个“城市电暖宝”。通俗来说，就是将低谷时多余的电用来发热，变成热能储存起来。不过存储的介质是一种新材料——陶瓷基复合相变材料，它的能量储存密度很大，相当于是一个超大型的电暖宝。一个普通家用电暖器的功率大致是 1 千瓦，而这个大型的电暖宝足够给 500 户家庭整夜供暖。

**图 9—8　高温相变储热系统**

（二）项目创新点

堆叠式高温相变蓄热体结构，优化蓄热体内部流场；集成溴化锂机组，可实现冷热联供，设备利用率高；控制功能先进，具有根据气候自动补偿、分时段控制等功能，实现热冷的按需供应，提升系统运行经济。

（三）应用前景

工程首次采用相变蓄热技术结合吸收式制冷技术，实现热能的高密度存储与综合利用，零污染，零噪音。高温相变储热装置分为夏季供冷和冬季供暖两种工况，提高了设备利用率和效益，以热能高效存储为核心，实现用户用冷用热负荷的灵活可控，发挥移峰填谷作用，推进再电气化，服务新能源发展。

## 四、压缩空气储能

（一）项目简介

压缩空气储能项目采用深冷液化空气储能项目，由压缩液化单元、蓄冷蓄热单元和膨胀发电单元组成，具有储能容量大、成本低、寿命长、无污染等特点，相当于是一个“空气电池”，具有夏季供冷、冬季供暖及高洁净度供风等多种服务模式(见图 9—9)。用电低谷时，利用多余的电能压缩空气，将空气液化，将电能转化为空气势能进行存储；用电高峰时，再将空气势能释放，通过推动汽轮机进行发电，转化为电能。液化和汽化都伴随着放热和吸热，就好比是一个小空调。利用这两种特性，“压缩空气储能”还具有可供冷、供暖以及净化空气的功能。装置可提供 500 千瓦时电力，夏季供冷量约 2.9 吉焦/天，冬季供暖量约 4.4 吉焦/天，满足 2 500 平方米用户的供热、供冷要求。

**图 9—9　压缩空气储能**

(二)项目创新点

第一，实现园区冷热电气综合供给，通过能量梯级利用，利用溴化锂制冷和膨胀制冷等技术，实现供热、供冷、供电、供洁净空气，满足用户多样化能源需求。

第二，超低温蓄冷技术克服罐内温度均一化问题，研制了可实现低品位冷能储存和利用的深冷储冷装置，储冷最低温度可达－150℃。

第三，低损耗换热技术采用板翅式换热器设计方法，设计了紧凑型的高效蒸发器，实现了高压力、小温差换热。

第四，高负荷、宽工况级间再热膨胀发电机组设计，从空气热力学特性、膨胀机设计、热力系统匹配等方面实现技术突破，解决透平膨胀机偏离额定工况时效率严重下降的普遍难题，实现透平膨胀机负荷高效、宽范围灵活调节。

（三）项目应用前景

压缩空气储能可广泛应用于数据机房、精密仪器制造、医疗设施等关键部件，为其提供保障性电源，还可用于空调系统为建筑提供新风和冷量。未来，通过模块化设计，压缩空气储能规模，可提升至百兆瓦级，满足用户冷热电气多种用能需求，有效支撑清洁能源大规模发展和能源互联网建设。

在美丽的金鸡湖畔，已经建成了 100 座“家庭储能站”，星罗棋布地分布在金鸡湖周边的居民社区中。这批“家庭储能站”由即插即用装置、储能云平台、客户端移动应用、用户储能、电动汽车双向充放电桩组成，是国网苏州供电公司基于能量信息化和互联网技术构建的首批适合普通储能用户参与的灵活互动的智能用电新模式。自运用以来，试点用户通过峰谷电价差，实时调整充放电行为，增加了用户收益；电网通过海量分布式储能，探索了用户与电网互动互济新模式。

## 五、世界首创“三合一”电子公路

（一）项目简介

“三合一”电子公路——“不停电的智慧公路”，集光伏发电、无线充电、无人驾驶为一体，为世界首创，总长约 500 米（见图 9－10）。它采用新型透明混凝土柔性材料，承重能力达 50 吨以上，下雪时，路面可以自行融雪化冰，并有 LED 路面智能引导。通过智能技术探索能源与交通的融合，项目面向能源新业态、交通新模式，采用路面光伏发电、动态无线充电等新技术，为无人驾驶车辆进行动态充电，有效促进车、路和交通环境的智能协同，无线充电效率（国内领先达到 85％以上）、无人驾驶级别、电磁辐射防护、路面基础材料和智慧交通等方面形成多个国际领先的创新点，解决了电动汽车续航的后顾之忧，为智慧交通奠定了基础，是建设世界一流能源互联网的成功尝试。

**图 9—10 “三合一”电子公路**

（二）项目创新点

第一，国际首次实现光伏公路、动态无线充电和无人驾驶三项技术的融合应用。

第二，引入了国际最高级别的 Level-4 级无人驾驶车辆，且具备动态无线充电功能，85%的动态充电效率达到了国际领先水平。

第三，动态无线充电采用无缝切换技术，0.2μT 的电磁辐射量远低于国际标准限值 27μT。

第四，新型透明混凝土柔性路面材料的承压和耐磨能力不低于二级公路水平。

第五，集成智能路侧设施、LED 路面标识、电子斑马线等元素，体现智慧交通理念。

（三）项目应用前景

“三合一”电子公路创造了能源即时生产和消费的新模式，开启了光伏发电、电动汽车、无人驾驶、人工智能等产业发展的新方向，为新技术研发、新材料研制、新标准研究提供了新路径，是未来建设新能源利用综合体和新型智慧城市的有益探索，也为现代生活带来了更安全、便利、舒适的新体验。

## 六、绿色充换电站

### （一）项目简介

多功能绿色充换电站项目首次将自发自用理念引入到充换电站，综合应用充放电系统、换电系统、光伏发电系统和电池梯次利用系统等技术，主要设备接入±750伏直流母线（见图9－11）。充换电站可为公交车、乘用车提供全自动换电和快速充电服务，实现新能源消纳、退役电池梯次利用和充换电站的经济高效运行。站内机器人可为公交车、乘用车提供全自动换电和快速充电服务，充换电站还配备了光伏发电装置，保证能源的自产自销，就算脱离大电网，它也能独立完成发电、充电和放电。

**图9－11 绿色充换电站**

### （二）项目创新点

第一，通过能量存储和智能化最优控制，实现“光、储、充、换、放”一体化运营，实时调节站内直流配网、光伏、储能、充放电的能量流向，实现清洁能源消纳和电站的经济运营，并可根据需要与电网灵活互动。

第二，利用智能视频识别技术，为进站换电车辆提供自动导引，并通过智能调配，安全、高效地实现换电过程全自动控制，让用户享受智能化服务。

第三，充放电、储能和光伏发电共用直流母线，实现直流负荷与直流电源直接相连，减少电能变换环节，实现充换电过程的降本增效。

第四，通过动力电池回收养护和筛选重组，对退役动力电池进行梯次利用，提升电池全寿命综合利用率，实现电池全寿命周期价值最大化。

第五，应用双向充放电机，实现电动汽车与电网间能量双向流动，使得电动汽车能够参与电网互动。

（三）项目应用前景

自发自用的光储充换放一体化绿色充换电站可实现清洁能源就地消纳，也为退役动力电池再利用提供了重要途径，直流负荷的使用降低了传输损耗，是新能源利用和电动汽车充换电技术的发展方向，在能源变革发展中具有广泛的应用前景。

此外，随着同里国家湿地公园、地铁站、公交站、同里停车场公交充电站的相继建成，目前，同里地区已建成规模达到100台的充电桩群，其中分散式交流桩73台、快充站4座、公交大巴充电站3座，同时，古镇拥有国内最为密集、充电半径600米的充电设施集群，满足了同里公交、旅游电动大巴及社会车辆的多种充电需求。在绿色交通智慧管理方面，同里建成车联网平台，电动汽车充电设施与岸电设施100％接入管理，实现实时监测、实时结算、智慧运营，打造同里绿色交通服务一张网。

同里有“水乡”之称，湖泊、河道众多，目前，辖区内湖泊、河道等各类码头的岸电装置覆盖率100％，景区内游船全部实现无油化，为古镇水域的清洁发展提供了有力保障。

## 七、负荷侧虚拟同步机

（一）项目简介

负荷侧虚拟同步机系统通过控制双向充电机和路灯，实现设备负荷自主快速响应调控；是一种基于先进同步变流和储能技术的电力电子装置，可调频与调压，增强大电网的频率及电压稳定性；模拟出的同步机特性指标世界领先，负荷柔性可控且控制策略灵活。参与同步机虚拟的有充换电站西侧的 4 台直流充电机与中心主干道两侧的 118 盏 LED 路灯。同时展示的虚拟同步机路灯还具备双调光、智能环境监测、雾化降霾、信息发布和智能充电桩等功能。

（二）项目创新点

负荷虚拟同步机系统既可接受上层调度指令，也可自主响应，针对不同设备、应用场景灵活调整系统阻尼与惯量；高频采集电网频率与电压变化，通过改变自身响应特性实现有功无功同步支撑，实现能量双向流动，主动参与电网调频调压，快速应对电网发生的频率、电压异常状态，提高电网运行的可靠性、稳定性。

（三）项目应用前景

因电力电子设备响应迅速，负荷侧虚拟同步机对于电网故障的实时支撑能力超越传统同步机组；因其具备负荷控制功能，可适应多类型应用场景。虚拟同步机结合汽车电池双向充放电功能，实现大容量需求响应，对调频调压、削峰填谷起到重要作用，可增强电网稳定性，缓解传统备用电源的建设压力，极大地降低电网运行成本。

## 第六节　江苏南瑞集团开展综合能源服务案例

### 一、南瑞集团简介

南瑞集团积极响应国网公司“建设具有卓越竞争力的世界一流能源互联网企业”的战略目标，针对研发资源分散、产品重叠、技术共享和系统规划能力不足的问题，以原集团技术中心、国电南瑞装置研发中心和系统研发中心及相关单位研发资源为基础，整合成立南瑞研究院，深化研发一体化管控模式，加强研发顶层规划和设计，形成以集中开展技术研究和产品研发为主体，各产业公司工程应用开发为补充的两级协同研发体系（见图 9—12）。

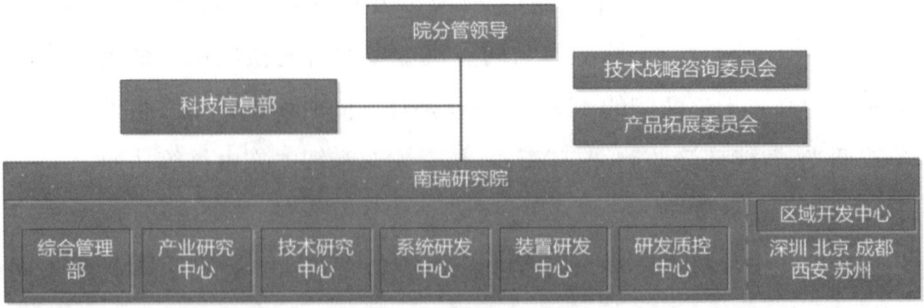


**图 9—12　南瑞集团结构**

南瑞研究院由产业研究中心、技术研究中心、系统研发中心、装置研发中心、研发质控中心和综合管理部组成，针对共性平台技术、核心零部件、战略新兴技术和关键装备等方向，形成闭环的科研体系，集中开展技术研究、产品研发和产业培育（见图 9—13）。

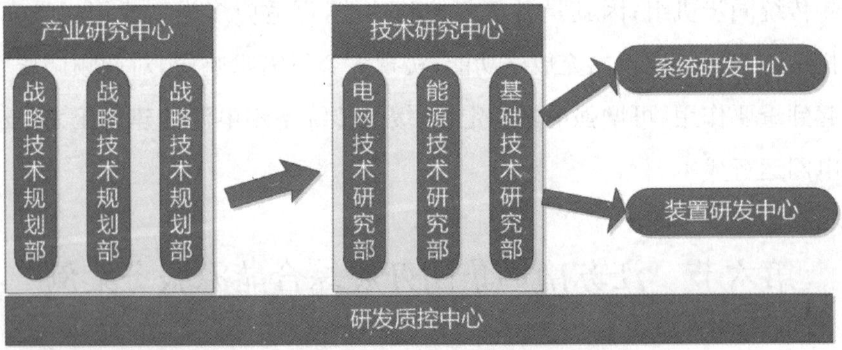


**图 9—13　南瑞研究院结构**

## 二、前海蛇口自贸区供电公司案例

### （一）前海蛇口自贸区供电公司基本情况介绍

前海蛇口自贸区地处深圳蛇口半岛西侧，珠江入海口东岸，总用地面积 28 平方公里。前海蛇口自贸区以体制机制创新为突破，规划理念创新为先导，促进“粤港澳大湾区”现代服务业紧密合作和融合发展，致力于打造“东方曼哈顿”。

2015 年 11 月，全国首家增量配电网混合所有制供电企业——深圳前海蛇口自贸区供电有限公司组建成立。2016 年 11 月 27 日，项目纳入国家发展和改革委员会首批增量配电业务改革试点；11 月 29 日，项目进一步纳入全国首批国有企业混合所有制改革试点。

前海蛇口供电公司由南方电网公司深圳供电局、招商局集团招商地产、中广核集团能之汇投资有限公司、文山电力股份有限公司、前海控股公司联合组建，注册资金 1 亿元人民币，主要负责前海蛇口自贸区总面积约 28 平方公里范围内配售电及从事综合能源供应等业务。作为一家混合所有制供电企业，前海蛇口供电公司汇聚了电力、能源领域多家优质企业的资源，将通过各方的股权合作，致力于打造具有高效法人治理结构的现代企业制度，促进供电企业转型升级。

(二)前海混合所有制配电网建设思路

国家发展和改革委员会对前海公司批复要求：推进深圳前海混合所有制改革试点工作，打造增量配电网混合所有制供电企业样板，形成具有引领性、示范性的改革范例。

针对国家发展和改革委员会要求，南瑞集团提出了“一个区域、一张电网、一套系统、智能服务”的整体建设思路，通过智能化一二次设备实现高效、绿色的一张现代电网，采用自动化、信息化融合的一套系统实现智能、可靠的现代电网，通过综合能源服务实现增量配售电业务的全面服务。

1. 一张网覆盖一个区域

一张电网：前海综合应用 220/20 千伏电压层级、二线合环＋联络配网接线模式、光纤差动保护＋开关保护模式等先进技术，并通过“两化一型”方式开展电网网络建设。规划建设 11 座 220 千伏变电站，预留 1 座 500 千伏变电站。在满足前海电力供应的基础上，到 2020 年实现供电可靠率高于 99.9995%、客户平均停电时间小于 2.5 分钟，达到国际顶尖水平。以智慧能源系统为基础，以引导智慧用能、引领能源互联、接驳智慧交通、支撑智慧城市为目标，在前海打造可展示、可复制、可推广的顶尖城市智慧能源系统解决方案(见图 9－14)。

**图 9－14 前海自贸区供电网格图**

2.“一套系统”总体结构及信息化架构

“一套系统”的业务体系从能量全过程、资产全生命、客户全方位等维度，全面分析前海供电的业务体系智能化需求，广泛应用云计算、大数据、物联网、移动互联等新技术，涵盖电网实体、智能感知和智能控制、信息通信基础设施、全业务数据中心、集中应用服务、各类业务应用等层次内容，实现电力流、业务流和信息流的一体化深度融合，分为电网实体层、智能感知层、基础设施层、数据中心层、应用服务层和业务应用层，其总体结构和架构如图 9－15、图 9－16 所示。

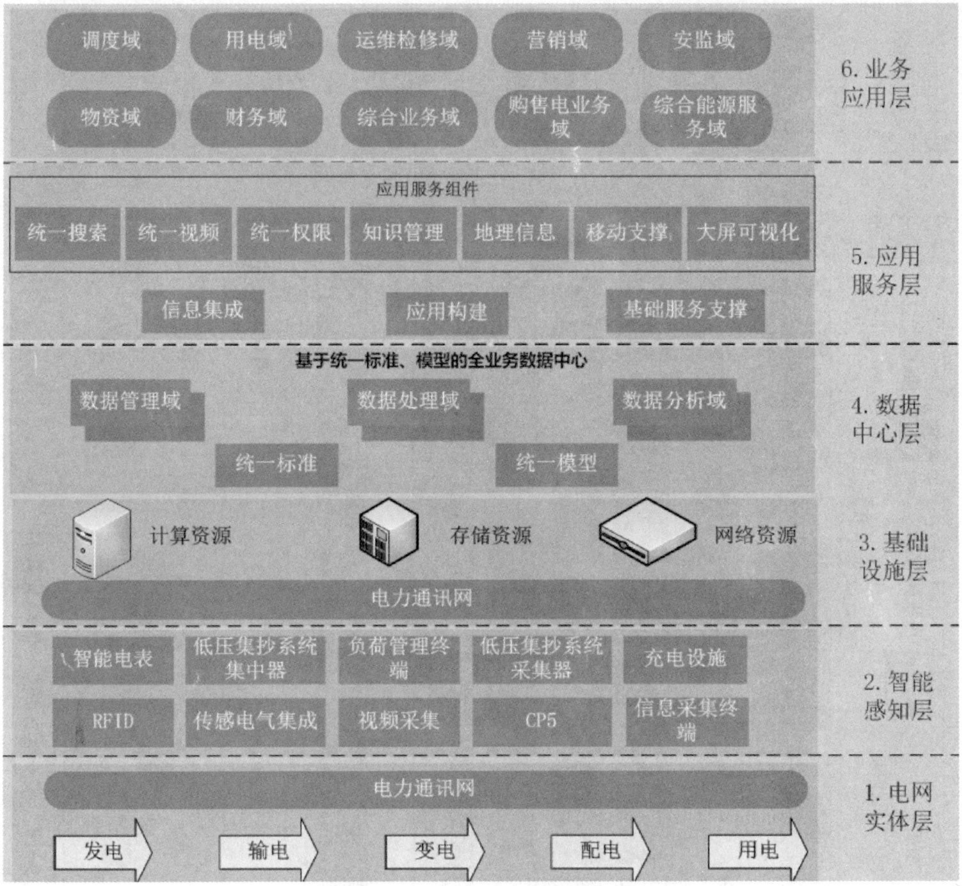


**图 9—15　“一套系统”总体结构**

3.“智能服务”体系蓝图

(1)强化供电业务——建立以客户为中心的服务体系,通过营销、配电、调度、用电四个方面,给客户提供优质高效的供电服务。

(2)拓展新型业务——拓展清洁能源购电、售电套餐、区内售电、区外售电等市场化售电服务,以及前延服务、承接工程、能源互联、能源数据等综合能源服务。

(3)创新管理模式——通过涵盖规划设计、物资采购、工程建设、生产运维、退役报废等阶段的资产全生命周期管理体系实现风险、效能、成本综合最优。

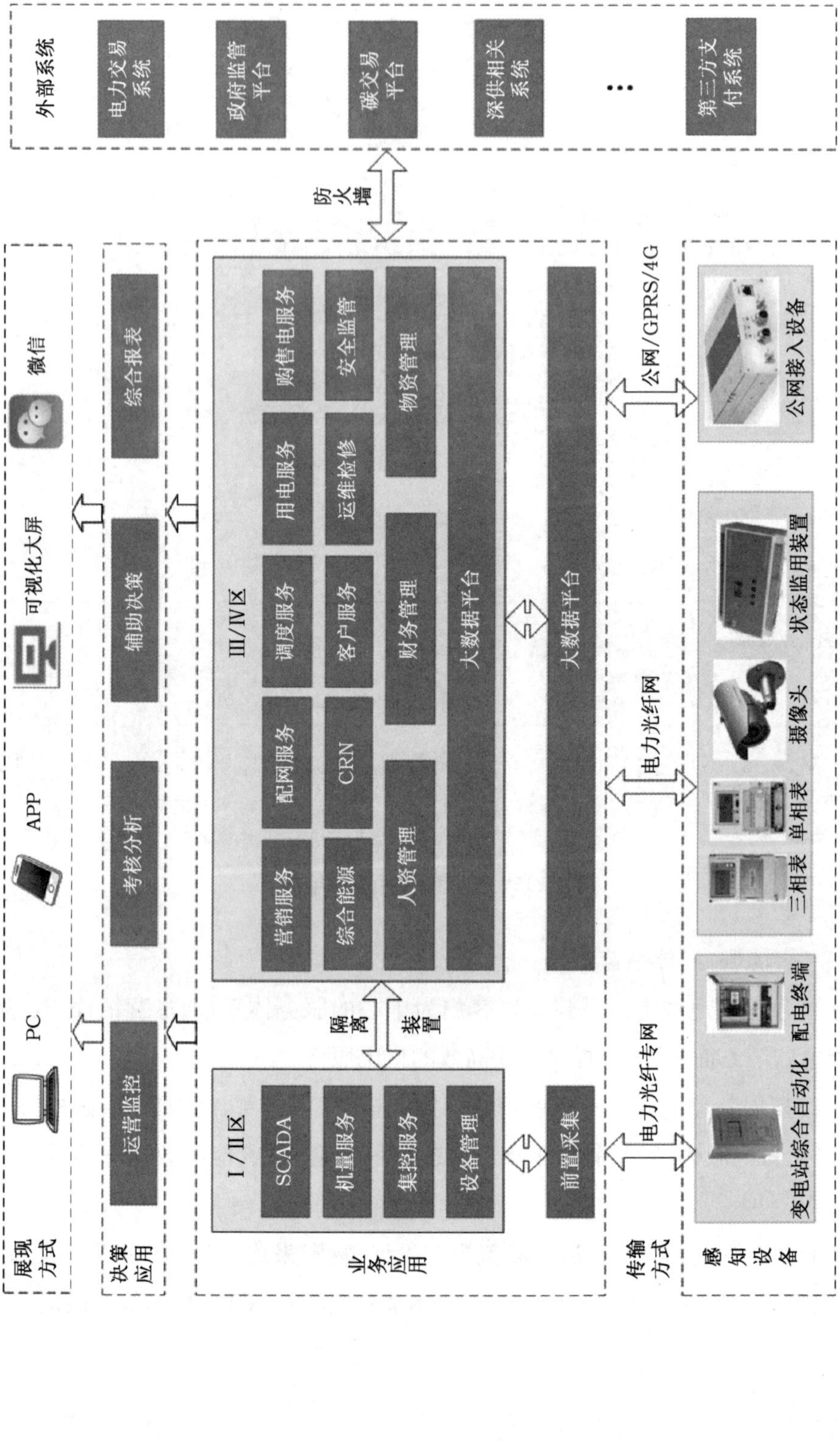


图 9-16　“一套系统”信息化架构

“智能服务”体系蓝图如图 9—17 所示。

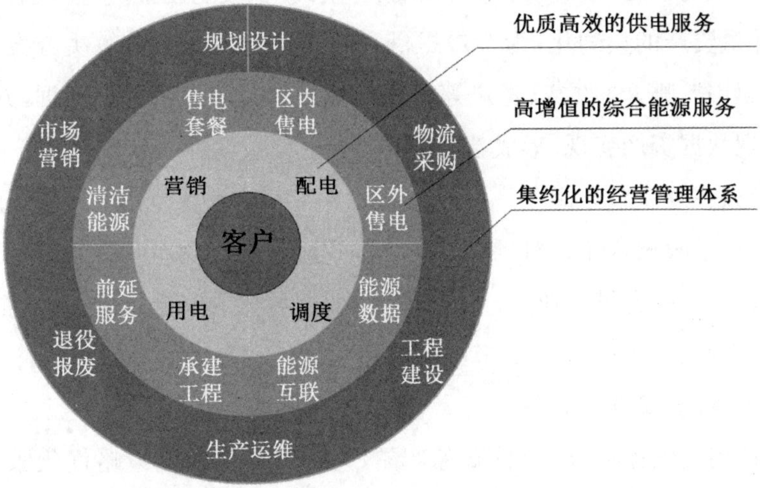


**图 9—17　“智能服务”体系蓝图**

## 三、综合能源服务

定位：以供电业务、市场化售电为基础，对接现代产业体系，整合利用各种资源，从轻资产运营角度切入，建立资产纽带，把用能服务往前延、向后伸，从业务体系塑造、价值链定位、资本资源整合三个维度构建综合能源产业链，打造高品质的综合能源服务公司。

（一）能源工程建设业务

组建配网工程建设公司，承接分布式能源工程、配电网工程、管线施工、能源站建设、能源托管、应急抢修等业务。同时，作为业务创新的载体，开展供配电装备的代理、采购、检测、回收、租赁等全过程业务，建设配电装备生态圈。

（二）“四网融合”增值业务

发挥电力应用最广泛、最基础、最核心的优势，开展区域内电力通信光纤、综合管廊等管线设施的运维与租赁，为各大电信运营商等公司提供通信光纤和通道服务，同时开发和运维信息化系统，获取服务收益。

（三）“多表合一”增值业务

采取“政府主导、政企协作、共赢发展”模式，积极主动推进“多表合一”。实现能源计量资产的集约化，为客户提供一站式综合能源服务解决方案，涵盖报装、过户、计费、账单、收费、客户等内容。基于掌握的海量客户数据，开发数据产品，实现数据资产变现，形成新的盈利点。

（四）公共事业服务业务

探索通过股权合作、项目制、业务等方式，与供水、供冷和燃气公司合作，开展电、水、冷、气联合供应业务。通过专业化、精益化的安全运维，降低企业联盟的运营成本，提升企业绩效。

（五）能效管理服务业务

打造“用电服务管家”套餐服务产品，为客户提供用电策略优化服务、用能诊断、节能服务、电能替代方案、合同能源管理服务等，为客户提供个性化、差异化服务。

（六）能源数据服务业务

深度融合云计算、互联网＋、大数据等信息技术，和政府机构、银行、大型电商、互联网企业等开展数据交换和共享，实现业务融合。通过数据开展多维度的分析和应用，实现数据价值最大化，提升需求侧管理和数据资产的变现能力。

（七）能源金融业务

成立能源产业基金，发挥现代金融服务业优势，结合能源项目建设运营融资和资金池管理的需求，开发相关金融产品，推进项目证券化。

（八）其他新兴业务

在综合能源业务的基础上，研究提前布局前沿业务，如咨询顾问、智能微网、储能与电动汽车、碳交易、绿证交易、电力期货等。

# 参考文献


[1]王佳丽．世界能源未来何去何从——2018 全球主要能源展望报告分析[J]. 能源，2018 (9)：92—96.

[2]张宁，邢璐，鲁刚．我国中长期能源电力转型发展展望与挑战[J]. 中国电力企业管理，2018(13)：58—63.

[3]刘国华，谷屹，孙庆丰，等．新能源发展趋势研究[J]. 石油石化绿色低碳，2018，3(1)：6—14.

[4]吴建中．欧洲综合能源系统发展的驱动与现状[J]. 电力系统自动化，2016，40(5)：1—7.

[5]曾鸣．构建综合能源系统[J]. 中国电力企业管理，2018(10)：57—59.

[6]刘满平．新能源产业的六大挑战和八大趋势[J]. 中国石化，2018(8)：33—36.

[7]汪波，李朝前．全球可再生能源发展现状及趋势[J]. 中国物价，2018(5)：44—47.

[8]张化冰．从国家层面以系统政策推进中国能源转型——访中国社会科学院工业经济研究所能源经济研究室主任朱彤[J]. 电力设备管理，2018(7)：32—36.

[9]高虎，肖新建．2017 年我国非化石能源发展形势及展望[J]. 中国能源，2018，40(1)：23—26.

[10]彭澎．“531”新政下的光伏市场[J]. 中国电力企业管理，2018(16)：45—47.

[11]王康鹏，史雅桑．531 新政最后的四个机会[EB/OL]．https://news. solarbe. com/201806/13/288951. html.

[12]陈向国．能源系统发展面临的问题及挑战[J]．节能与环保，2017(11)：18—19.

[13]余晓丹，徐宪东，陈硕翼，等．综合能源系统与能源互联网简述[J]．电工技术学报，2016，31(1)：1—13.

[14]封红丽．国内外综合能源服务发展现状及商业模式研究[J]．电器工业，2017(6)：34—42.

[15]封红丽．国内综合能源服务发展现状调研[EB/OL]．https://mp. weixin. qq. com/s/1g6htpF1V3yn8BA1Q4-8Tw.

[16]国家电网营销〔2017〕885 号. 国家电网公司关于在各省公司开展综合能源服务业务的意见.

[17]丰丹，黄金．论“新电改”背景下综合能源服务市场的催生[J]．人力资源管理，2018(3)：311—312.

[18]封红丽．电力企业向综合能源服务转型的思考[EB/OL]．http://shupeidian. bjx. com. cn/news/20180709/911407. shtml.

[19]电力企业向综合能源服务转型[EB/OL]．http://www. sohu. com/a/216008810_743972.

[20]王伟亮，王丹，贾宏杰，陈沼宇，郭炳庆，周海明，范孟华．能源互联网背景下的典型区域综合能源系统稳态分析研究综述[J]．中国电机工程学报，2016，36(12)：3292—3306.

[21]丰丹，黄金．论“新电改”背景下综合能源服务市场的催生[J]．人力资源管理，2018(3)：311—312.

[22]售电公司应该发展综合能源服务[EB/OL]．http://shoudian. bjx. com. cn/news/20180517/898253. shtml.

[23]王文希．售电公司如何切入综合能源服务，分取万亿市场蛋糕？[EB/OL]．http://www. escn. com. cn/news/show-557458. html.

[25]综合能源服务业务的四种布局方式[EB/OL].http://www.ne21.com/news/show-102732.html.

[26]黄建平,俞静,陈梦,赵伟博,王思羽.新电改背景下电网企业综合能源服务商业模式研究[J].电力与能源,2018,39(03):344－346,399.

[27]封红丽.电力及其他相关企业向综合能源服务转型研究[EB/OL].http://shoudian.bjx.com.cn/news/20180326/887626-2.shtml.

[28]中国"十三五"电力发展前景研判以及电力格局展望[EB/OL].http://news.bjx.com.cn/html/20160516/733440-2.shtml.

[29]中国城市供热行业发展监测分析与市场前景预测报告(2015—2020)[EB/OL].https://wenku.baidu.com/view/4aca3f9114791711cd79175a.html.

[30]2018年中国天然气行业市场需求预测及发展前景分析[EB/OL].ttp://finance.eastmoney.com/news/1350,20180802918765215.html.

[31]天然气消费市场潜力巨大[EB/OL].https://mp.weixin.qq.com/s/Rzmts5luIAuXfnE2zV6V-A.

[32]刘勇.储能技术路线及目前市场前景分析[EB/OL].http://toutiao.manqian.cn/wz_19ves631x_Jv.html.

[33]2018年中国储能电池市场发展现状及发展趋势分析[EB/OL].http://www.chyxx.com/industry/201804/627527.html.

[34]储能行业发展前景分析[EB/OL].https://baijiahao.baidu.com/s?id=1606874860024131477&wfr=spider&for=pc.2018.07.

[35]刘英军,刘畅,王伟,胡珊,郝木凯,徐玉杰,刘嘉,吴艳.储能发展现状与趋势分析[J].中外能源,2017,22(4):80—88.

[36]智能微电网发展前景之分析[EB/OL].https://www.sohu.com/a/221663884_99901228.

[37]封红丽.综合能源服务的市场潜力分析[EB/OL].http://shoudian.bjx.com.cn/news/20180326/887626.shtml.

[38] 全球微电网市场规模及发展前景分析[EB/OL]. http://www.escn.com.cn/news/show-476717.html.

[39]宁翔. 国内分布式光伏发电产业现状与发展前景[J]. 节能,2017,36(11):14—19.

[40]能源经济效率偏低:节能服务行业潜在效益十分可观[J]. 宁波节能,2017(6):36—37.

[41] 新能源与电动汽车协同发展潜力巨大[EB/OL]. http://www.tyncar.com/News/hy/20170713_28126.html.

[42]丁宇. 省级电网公司促进用户侧节能减排的思路分析[J]. 电力需求侧管理,2011,13(3):10—14.

[43]肖云鹏,王锡凡,王秀丽,别朝红. 面向高比例可再生能源的电力市场研究综述[J]. 中国电机工程学报,2018,38(3):663—674.

[44]削峰填谷——用户侧电池储能应用和收益简析[EB/OL]. https://mp.weixin.qq.com/s/NZEwR2iSGpNlaJZnVjK0qQ.

[45]施泉生,丁建勇. 电力需求侧管理[M]. 上海:上海财经大学出版社,2018.

[46]贾宏杰,穆云飞,余晓丹. 对我国综合能源系统发展的思考[J]. 电力建设,2015,36(1):16—25.

[47]吴建中. 欧洲综合能源系统发展的驱动与现状[J]. 电力系统自动化,2016,40(5):1—7.

[48]侯乎睿,王秀丽,锁涛,等. 英国电力容量市场设计及对中国电力市场改革的启示[J]. 电力系统自动化,2015,39(24):1—7.

[49]时珊珊,苏义荣,改传跃. 智能社区低碳能源管理系统方案研究[J]. 华东电力,2014,42(12):2918—2921.

[50]德国最终选择 RegModHarz 作为“虚拟电厂”示范项目[EB/OL]. http://www.in-en.com/article/html/energy-2256040.shtml.

[51]彭克,张聪,徐丙垠,等. 多能协同综合能源系统示范工程现状与展

望[J]. 电力自动化设备，2017，37(6)：3—10.

[52]栾昊，刘进．浅谈未来售电公司经营模式[J]. 能源，2015(11)：106—109.

[53]叶县柏叶新城[EB/OL].(2016-07-18)[2017-01-22].

[54]Wang J J，Fu C，Yang K，et al. Reliability and availability analysis of redundant BCHP (Building Cooling，Heating and Power) system[J]．Energy，2013，61(4)：531—540.

[55]广州大学城分布式能源站详细介绍[EB/OL]． https://mp. weixin. qq. com/s/8DM6VttYRZixVLZF62Rgtg.

[56]封红丽．国内外综合能源服务发展现状及商业模式研究[J]. 电器工业，2017(6)：34—42.

[57]曹重．南方电网开展综合能源服务的实践及成效[J]. 电力需求侧管理，2016，18(3)：1—4.

[58]姜隅琼．协鑫首提能源互联网路线图——微能源网项目已上报能源局[EB/OL]. http://business. sohu. com/20151109/n425741299. shtml.

[59]史燕君．远景全球布局能源互联网生态系统[EB/OL]. http://finance. sina. com. cn/roll/2016-05-30/doc-ifxsqtya6519374. shtml.

[60]东润环能携手阿里云共建“能源云”探索能源互联网[J]. 电气时代，2016(5)：59.

[61]阳光电源阿里云 PV-Tech 圆桌会议详解“智慧光伏云”打造[J]. 电源世界，2015(9)：18.

[62]李清明．广东太古可口可乐有限公司节能改造研究与实施[D]. 吉林大学，2015.